河南财经政法大学统计与大数据学院论丛

本书的出版得到河南省高等学校人文社会科学重点研究基地“河南教育统计研究中心”、刘定平教授“中原千人计划”专项、国家社会科学基金项目（19BTJ051）和河南省教育厅人文科学研究项目（2020-ZZJH-044）的资助

中国绿色发展水平的时空分析及影响因素研究

The Spatial-temporal Analysis and Influential Factors of China's Green Development

郝淑双 / 著

经济管理出版社
ECONOMY & MANAGEMENT PUBLISHING HOUSE

图书在版编目（CIP）数据

中国绿色发展水平的时空分析及影响因素研究/ 郝淑双著 .—北京：经济管理出版社，2020. 8
ISBN 978-7-5096-7359-1

Ⅰ. ①中… Ⅱ. ①郝… Ⅲ. ①绿色经济—经济发展—研究—中国 Ⅳ. ①F124. 5

中国版本图书馆 CIP 数据核字（2020）第 152423 号

组稿编辑：杨　雪
责任编辑：杨　雪　王莉莉　陈艺莹
责任印制：黄章平
责任校对：陈晓霞

出版发行：经济管理出版社
（北京市海淀区北蜂窝 8 号中雅大厦 A 座 11 层　100038）
网　　址：www. E-mp. com. cn
电　　话：（010）51915602
印　　刷：唐山昊达印刷有限公司
经　　销：新华书店
开　　本：720mm×1000mm/16
印　　张：14. 5
字　　数：207 千字
版　　次：2020 年 10 月第 1 版　　2020 年 10 月第 1 次印刷
书　　号：ISBN 978-7-5096-7359-1
定　　价：58. 00 元

前言

多年的经济高速增长铸就了世界第二大经济体的“中国奇迹”，但“高消耗、高投入、高污染”的增长难以持久。粗放型发展方式不但使我国大量资源面临耗竭，而且造成大范围雾霾、水体污染、土壤重金属超标、生态破坏等严重的生态环境问题。绿色发展立足于平衡发展需求和资源环境有限供给之间的矛盾，着力解决当前生态环境保护中的突出问题，成为我国现阶段经济社会发展的必然选择。2012 年，党的十八大明确提出将生态文明建设写入党章，并把绿色发展作为生态文明建设的重要发展方式之一，既体现了我们党和国家对于生态文明的高度重视，又凸显了绿色发展对推进生态文明建设的重要意义。我国幅员辽阔，由于地理、历史等方面的原因导致各地区社会经济发展存在巨大差异，工业化水平也处于不同阶段。因此，各区域的绿色发展状况显著不同。全面认识中国绿色发展的时空格局，深入探讨绿色发展的主要影响因素及空间效应，不仅对探索绿色发展具有重要的理论意义，而且有助于地方政府找出绿色发展进程中存在的问题及其空间关联性，为绿色发展的区域协调政策制定提供参考依据，对促进我国绿色发展的全面实现具有重要的现实意义。

本书的章节安排如下：

第一章，绪论。本章首先介绍了研究背景与研究意义；其次对绿色发展相关理论的国内外研究现状进行综述，并简要介绍了本书的研究思路以及研究方法。

第二章，绿色发展的理论概述。本章对绿色发展的内涵进行界定，并对绿色发展的相关理论进行梳理，在此基础上，从系统论的视角构建了绿色发展的理论分析框架，详细阐述了绿色发展模式下资源—经济—生态环境系统的循环规律。从系统论的观点看，绿色发展模式旨在促进资源、经济、生态环境系统各要素之间的协调作用产生的结构有序与功能协调的动态平衡，从而实现资源—经济—生态环境系统的良性循环，人与自然和谐发展。绿色发展的系统论为我国区域绿色发展评价指标体系构建及绿色发展系统内部相互关系的研究奠定了理论基础。

第三章，中国区域绿色发展水平测度。本章构建了中国省际绿色发展水平的评价指标体系，并针对四种常见的综合评价方法利用 Shannon-Spearman 测度方法及 Bootstrap 抽样技术，获得信息损失值（SSM）的置信区间，根据 SSM 值的精度和可靠性、组合指标与原始数据的相关性以及组合指标的区分度，进行综合评价方法优良性的选择，从而保证了所选评价方法的合理性。在此基础上，对 2006~2015 年 30 个省、区、市的资源利用指数、环境治理指数、环境质量指数、生态保护指数、增长质量指数、绿色生活指数及绿色发展总指数进行测算。

第四章，中国绿色发展水平的时空分析。本章利用空间马尔科夫链方法从资源利用、环境治理、环境质量、生态保护、增长质量、绿色生活等多个维度全面分析中国区域绿色发展水平的变化规律，揭示中国区域绿色发展水平变化的空间效应。

第五章，中国绿色发展系统内部的动态协调关系。本章利用面板向量自回归模型研究中国绿色发展系统内部的动态关系，利用脉冲响应函数和方差分解等方法分析各变量的波动来源和效果；并根据耦合协调模型考察各区域资源、经济、生态环境之间的协调性。

第六章，中国绿色发展水平的影响因素研究。本章结合绿色发展的内涵本质，从发展经济学的理论出发，分析绿色发展水平的影响因素。运用 Moran's Ⅰ指数法对省级层面绿色发展指数的空间相关性进行检验，在此基础上通过构建空间计量经济模型分析技术进步、产业结构、环境规制等方面对我国绿色发展水平的影响及其空间效应。另外，由于中国东、中、西部的区位特征、经济发展水平等方面存在明显差异，本章进一步研究各影响因素对绿色发展水平的影响和区域差异性。

第七章，结论与政策建议。本章归纳全书研究所得出的主要结论，根据研究结论提出政策建议，并提出本书的进一步完善方向。

本书的出版得到河南省高等学校人文社会科学重点研究基地“河南教育统计研究中心”、刘定平教授中原千人计划专项、国家社会科学基金项目（19BTJ051）和河南省教育厅人文科学研究项目（2020-ZZJH-044）的资助，在此表示衷心的感谢!

鉴于笔者的能力和时间有限，本书的内容难免有不足和纰漏，恳请读者不吝赐教，提出宝贵意见。

郝淑双

2019 年 12 月

目录

第一章 绪论

第一节 研究背景及意义

一、研究背景

1. 国际背景

300 年来的工业文明带来了生产力的巨大飞跃，使人类征服和改造自然的能力大幅提高，创造了原始文明和农业文明无法与之相比的巨大物质财富。但与此同时，人类对自然大规模的开发利用、控制和征服造成了严重的生态破坏和环境污染问题，全球陷入生态环境危机之中。目前，全球生态遭到严重破坏，出现了土地荒漠化不断扩大、森林面积锐减、淡水供给不足等问题。目前，全球荒漠化面积已达 3600 万平方公里，占整个地球陆地面积的 1/4。更严峻的是，荒漠化土地面积以每年 5 万~7 万平方公里的速度在不断扩大①。据联合国粮农组织统计，森林面积占陆地总面积从 20 世纪 90 年代的 31.6%下降为 2015 年的 30.6%；2010~2015 年，全球平

① 宋家慧．世界防治荒漠化和干旱日：这个日子，需要我们重视！［EB/OL］．［2019-10-15］．http：//www. xinhuanet. com /world/2019-06/17/c_ 1210160893. htm.

均每年有 650 万公顷的森林被毁坏[①]。2018 年联合国世界水资源发展报告指出，在整个 21 世纪初期，大约有 19 亿人（占全球人口的 27%）生活在潜在的严重缺水地区，到 2050 年，这一数字可能会增加到 27 亿~32 亿[②]。

同时，环境污染问题也日益严重，2015 年联合国环境规划署发布的《全球废物管理展望》指出，全球城市每年产生 70 亿~100 亿吨废物；到 2030 年，低收入的非洲和亚洲城市产生的废物有可能上升甚至翻倍[③]。根据联合国环境规划署发布的第六期《全球环境展望》报告，2015 年空气中的人为汞排放量约为 2220 吨；在全球范围内，人为排放的二氧化碳在 1990~2014 年增长了 40%以上；2016 年全球有 600 万~700 万人因空气污染而提前死亡；估计每年由于污染造成的福利损失达 4.6 万亿美元，约占全球经济产出的 6.2%[④]。而且地球物种因环境污染而不断灭绝，地球生物的多样性正逐渐减少。2018 年地球生命力报告指出，衡量全球脊椎动物物种种群数量的地球生命力指数在 1970~2014 年平均下降了 60%，而且淡水物种的种群减少率高于陆生或海洋物种[⑤]。

日益严重的生态环境问题触发了人类对工业文明及人与自然关系的反思（黄茂兴和叶琪，2017）。1962 年，美国海洋生物学家蕾切尔·卡森出版的《寂静的春天》一书唤醒了全世界的环境保护意识。1972 年，联合国在瑞典首都斯德哥尔摩召开了人类历史上第一次环境会议，并发表了《人

---

① Food and Agriculture Organization of the United Nations. Global Forest Resources Assessment 2015: Land and Soil [R/OL]. Italy: Food and Agriculture Organization, 2015 [2017-06-12]. http://www.fao.org/3/a-i4808e.pdf.

② United Nations World Water Assessment Programme. The United Nations World Water Development Report 2018: Nature-based Solutions for Water [R/OL] Paris: United Nations Educational, Scientific and Cultural Organization, 2018 [2019-09-19]. https://unesdoc.unesco.org/ark:/48223/pf0000261424.

③ United Nations Environment Programme. Global Waste Management Outlook [R/OL]. Nairobi: United Nations Environment Programme 2018 [2018-07-10]. http://apps.unep.org/publications/index.php?option=com_pub&task=download&file=011782en.

④ United Nations Environment Programme. Global Environment Outlook [R/OL]. Nairobi: United Nations Environment Programme 2015 [2019-06-15]. https://www.cambridge.org/core.

⑤ World Wide Fund for Nature. Living Planet Report 2018: Aiming Higher [R/OL]. Gland: World Wide Fund for Nature, 2018 [2019-03-18]. https://c402277.ssl.cf1.rackcdn.com/publications/1187/files/original/LPR2018_Full_Report_Spreads.pdf.

类环境宣言》，标志着全球生态环境治理的开端。1992 年，联合国在里约召开了环境与发展大会，形成了重要文件《21 世纪议程》，首次把发展经济与保护环境结合起来，提出了可持续发展战略。近年来，各国就应对全球气候变化、生态危机等问题开展了积极的谈判磋商，提出了发展循环经济、低碳经济和绿色经济等新理念，推进环境保护理论的发展和创新。21 世纪初期，日本积极推进循环经济立法，建立“资源循环型社会”。2003 年英国在《我们能源的未来：创建低碳经济》中首次提出“低碳经济”的概念。2008 年世界金融危机后，联合国环境规划署提出发展“绿色经济”，呼吁在全球实施“绿色新政”，实现“绿色复苏”（刘薇，2012）。2012 年 6 月召开的联合国可持续发展大会——“里约+20”峰会，将“消除贫穷背景下的绿色经济和可持续发展”为大会的重要主题之一，旗帜鲜明地指出了全球经济的发展新方向，号召全球经济发展的绿色转型。至此，经济绿色、低碳、可持续发展的必要性和发展方向已在全球范围内达成了广泛的共识。

2. 国内背景

经济多年的快速增长创造了世界第二大经济体的“中国奇迹”，但依靠刺激政策和政府对经济大规模直接干预以及“高投入、高消耗、高污染”的增长方式难以持久。粗放型发展方式不但使我国大量的资源面临耗竭，而且造成土壤重金属超标、大范围雾霾、生态破坏等严重的生态环境问题。据中国工程院专家估计，2040 年前后，我国能源消费总量预计将达到 56 亿~60 亿吨标准煤①。2014 年《全国土壤污染状况调查公报》结果显示，全国受调查的 630 万平方公里土壤中约 16%受不同程度污染，其中，工业废弃地、重污染企业用地、工业园区等周围土壤污染最为严重②。《2013 中国环境状况公报》指出，中国土壤侵蚀总面积为 294.9 万平方千

① 赵竹青. 工程院预测：2040 年前后我国将出现能源消费拐点 [EB/OL]. [2017-06-09]. http://scitech.people.com.cn/n1/2017/0609/c1007-29330372.html.

② 环境保护部，国土资源部. 全国土壤污染状况调查公报 [R]. 北京：环境保护部、国土资源部，2014.

米，占普查范围总面积的 31.1%[①]。第五次全国荒漠化和沙化土地监测结果显示，截至 2014 年，全国荒漠化土地面积为 261.16 万平方公里，占国土面积的 27.20%；沙化土地面积为 172.12 万平方公里，占国土面积的 17.93%；有明显沙化趋势的土地面积为 30.03 万平方公里，占国土面积的 3.12%[②]。

2011 年，中国的碳排放量达到 80 亿吨，占全球总排放量的 25%以上，即使按人均水平看，中国人均二氧化碳排放量也已经达到 6 吨[③]。2018 年《中国生态环境状况公报》数据显示，全国 338 个地级及以上城市中，64.2%的城市环境空气质量超标[④]。2013 年 1 月中国雾霾面积历史罕见地达到 130 万平方公里，在此期间，石家庄、北京等城市的空气污染指数曾一度爆表（王敏和黄滢，2015）。环境污染问题对我国居民健康产生了严重危害。据保守估计，中国每年因空气污染导致的早死人数 35 万~50 万，由烧煤产生的空气污染导致淮河以北地区的人均预期寿命下降约 5 年（Chen 和 Wang 等，2013）。生态环境问题已经成为我国全面建成小康社会的“瓶颈”。

在应对措施上，近年来我国对生态文明建设和绿色发展给予了高度关注。2011 年，我国“十二五”规划纲要中明确提出，要实行“绿色发展，建设资源节约型、环境友好型社会”。2012 年，党的十八大明确提出将生态文明建设写入党章，并把绿色发展作为生态文明建设的重要发展方式之一，既体现了党和国家对生态文明的高度重视，又反映了绿色发展对推进生态文明建设的重要作用。2016 年，我国“十三五”规划纲要把绿色发展作为主基调，并把“生态环境质量总体改善”作为今后五年绿色发展和生

① 全国土壤侵蚀总面积 2.95 亿公顷　占国土面积逾三成［EB/OL］.［2014-06-04］http：//www.chinanews.com/gn/2014/06-04/6241991.shtml.

② 国新办举行第五次全国荒漠化和沙化土地监测情况发布会［EB/OL］.［2015-12-29］.http：//www.scio.gov.cn/xwfbh/xwbfbh/wqfbh/2015/33953/.

③ 舟丹.中国是世界上最大的碳排放国之一［J］.中外能源，2015（1）：56.

④ 中华人民共和国生态环境部.2018 年中国生态环境状况公报［R］.北京：中华人民共和国生态环境部，2018.

态文明建设的主要目标之一。事实上，我国是一个工业化尚未完成的发展中大国，建设生态文明的任务复杂而艰巨，而绿色发展是通过降低资源消耗、加强环境治理和保护生态的方式，平衡发展需求和资源环境有限供给之间的矛盾，着力解决当前严重的生态环境问题，因此成为我国现阶段经济发展的必然选择。

我国幅员辽阔，由于自然条件、社会条件等原因造成各地区经济发展存在巨大差异，工业化水平也处于不同阶段，而这些现状本身就是我国各地区践行绿色发展方式、建设生态文明的重要现实背景。因此，为将绿色发展理念贯穿于经济发展的全过程以促进生态文明建设，在科学制定区域绿色发展的政策措施时，必须了解近年来我国绿色发展的时空格局，深入分析技术创新、技术引进等因素对各区域绿色发展的影响。目前，考核各地区的绿色发展绩效、探究绿色发展水平的时空特征及其影响因素已成为重要的研究课题。

我国目前已经形成了绿色发展的实践氛围，同时学术界也纷纷开展了对绿色发展的研究，在对绿色发展的内涵、影响因素等理论研究的同时，一些有影响力的评价可持续发展、绿色经济、绿色发展指标体系也被相继提出，这为在我国开展绿色发展水平的时空分析及影响因素研究提供了现实条件。

二、研究意义

本书运用发展经济学理论、资源与环境经济学理论、生态经济学理论以及系统论等相关理论及方法，构建绿色发展的系统论分析框架，对我国区域绿色发展进行深入研究，客观、公正地度量各地区践行绿色发展的实际效果，分析绿色发展水平的时空变化规律，探讨技术创新、技术引进等因素对绿色发展水平的影响及空间效应，为科学制定环保政策、优化绿色发展路径具有重要的学术价值和现实意义。

（1）积极开展中国区域绿色发展水平评价，迎合了国际国内绿色发展形势。

2012年6月在巴西里约热内卢召开的联合国可持续发展会议（“里约+20”峰会），将“消除贫困背景下的绿色经济与可持续发展”作为会议主题之一。2015年9月召开的“联合国可持续发展峰会”通过了《2030年可持续发展议程》，确定了包括采用可持续的生产和消费模式，促进持久、包容和可持续的经济增长等17项可持续发展目标。2015年11月在巴黎召开的第21届联合国气候变化大会又签署了《巴黎协定》。为具体落实“2030议程”中的环境目标和《巴黎协定》的目标，2016年5月在内罗毕召开的第二届联合国环境大会重点关注了可持续发展议程中的全球环境治理和绿色发展，具体措施包含强调低碳减排、资源高效利用和改变生活方式，保护地球的生态系统等。当前世界各国对绿色经济发展作用的强调已经上升到战略性的高度，美国奥巴马政府提出“绿色新政”，欧盟制定了《欧盟2020》发展战略，日本推出了“绿色发展战略”，韩国提出了《国家绿色增长战略（至2050年）》（迟全华，2016），不少国家把绿色发展作为将环境约束转化为绿色机遇的重要发展方式。

2017年，党的十九大报告明确指出，我国要建设的现代化是“人与自然和谐共生”的现代化，要提供更多的优质生态产品以满足人们日益增长的对优美生态环境的需要，明确了未来中国的生态文明建设和绿色发展的方向。

绿色发展的国际形势和国内行动纲领为我国的绿色发展提供了极大的历史机遇，绿色发展全面展开已势在必行。因此，在这样的一种国际国内绿色发展形势下，展开中国区域绿色发展水平的时空格局及影响因素研究无疑具有重要的现实意义。

（2）积极开展中国区域绿色发展水平评价，对于引导地方政府树立正确的政绩观，加快推进绿色发展和生态文明建设，具有重要的导向作用。

近年来，中国对地方政府的绩效考评“唯GDP论英雄”，因此，一些地方政府为追求短期的经济增长速度，不惜以浪费自然资源、破坏生态环境为代价换取显性成果，最终“经济粗放发展，环保方面欠债”成为当前经济发展中的普遍问题。习总书记提出要改变考核方式，既看发展速度又看现实基础，既看显性成绩又看潜在成绩，把资源利用、生态保护、环境治理等指标纳入考核体系，摒弃片面的“唯 GDP 论英雄”的政绩观。积极开展中国区域绿色发展水平评价，对于引导各地方政府深入贯彻绿色新发展理念、树立正确的政绩观，加快推进绿色发展和生态文明建设，具有重要的导向作用；对于推动实现我国的“十三五”规划纲要目标和生态文明建设目标具有重要的现实意义。

（3）清晰呈现绿色发展水平的时空变化规律，为各级政府制定绿色发展的长期规划提供参考依据。

本书对“十一五”和“十二五”时期中国 30 个省份绿色发展的分维度指数及其总指数进行测度，为评价我国区域绿色发展取得的成绩与存在的不足提供较为科学的依据。为进一步研究我国绿色发展水平的时空变化规律，本书在马尔科夫链分析框架下利用空间转移概率矩阵的方法研究“十一五”和“十二五”时期我国区域绿色发展类型的变化规律，揭示绿色发展类型变化的空间依赖性。该研究不仅为我国绿色发展水平时空格局的形成提供一种新视角的解释，而且有助于政府部门准确全面掌握各地区的绿色发展现状、转型进程，为有关部门和地区制定绿色发展的长期规划提供有价值的政策建议反映出其重要的现实意义。

（4）对我国区域绿色发展的协调性进行分析，有助于从经济与资源、生态环境协调性的角度判断各地区绿色发展进程存在差异的原因。

绿色发展是在自然资源和生态环境承载能力的制约下，集约利用资源、加强环境治理和生态保护的发展方式和生活方式，其目的是实现人与自然和谐的发展。经济与资源、生态环境的协调性是绿色发展的典型特征，为了进一步判断我国各区域经济绿色发展实施过程中是否能够实现经济与资源、生态环境相协调，本书对我国区域经济绿色发展的协调性进行分析，形成了我国区域绿色发展协调程度的分析结论，有助于从经济与资源、生态环境协调性方面判断各地区绿色发展进程存在差异的原因，为各地区绿色发展的未来趋势提供强有力的客观依据。

（5）深入研究技术创新和技术引进等因素对我国区域绿色发展水平的影响及空间效应，对于我国技术创新驱动绿色发展战略的政策制定具有重要的现实意义。

随着我国经济进入新常态，依靠“高投入、高消耗、高排放”的粗放型发展方式已难以为继，只有创新才能促进经济的绿色、可持续发展，2016 年 5 月我国制定了《国家创新驱动发展战略纲要》，强调必须依靠技术创新驱动打造发展新引擎。本书在对技术创新和技术引进及其他因素对绿色发展的影响进行理论分析的基础上，构建空间计量模型进行深入分析。

第二节　国内外研究综述

绿色发展或绿色增长概念的提出主要源于对传统发展理念、传统发展路径和传统发展模式的反思，并寻求发展理念、发展路径和发展模式的替代。绿色发展是新常态下中国经济发展的必然抉择，是经济发展和产业升级的前提，因此，绿色发展是近年来广泛持续关注的重要问题，出现了大量的绿色发展理论和经验研究成果。本书主要围绕绿色发展的思想、绿色经济发展指标体系的构建、绿色经济发展水平的变化趋势、绿色发展水平的影响因素等方面来回顾和述评相关文献。

一、绿色发展的缘起和内涵研究综述

首先，绿色发展的思想源于人类对经济社会发展和生态环境关系的思考。早在 17 世纪古典经济学家亚当·斯密就指出人口的增加会引发自然资源的短缺，马尔萨斯也认为人类社会将出现人口不断增加和土地、粮食供

给有限的矛盾，并提出了“资源绝对稀缺论”。19 世纪约翰·穆勒在其《政治经济学原理》中探讨了人类社会的经济增长和自然环境承载力的界限问题，体现了静态经济的思想（约翰·穆勒，2017）。随着工业的发展，20 世纪 30 年代以来，全球环境污染问题日趋严重，强烈激发了人类对人与自然生态关系的思考。1962 年，美国生物学家蕾切尔·卡森在《寂静的春天》一书中揭示了工业发展对生态的巨大破坏作用，倡导经济发展要注重对生态环境的保护。

其次，绿色发展的思想源于可持续发展思想和绿色经济、低碳经济等概念的提出。1972 年，罗马俱乐部出台《增长的极限》报告，指出经济的无序增长将会遭遇资源耗竭和生态环境破坏的限制，其中蕴含了可持续发展的思想。联合国于 1983 年成立了世界环境与发展委员会，1987 年该委员会出版了《我们共同的未来》，其中对可持续发展的内涵进行了明确界定（刘恩云和常明明，2016）。此后可持续发展思想得到了进一步地传播和扩散。20 世纪 90 年代以来，涌现了许多有关绿色经济发展的著作，如赫尔曼·戴利的《超越增长——可持续发展的经济学》和梅多斯的《超越极限》等。2003 年，英国政府在能源白皮书《我们能源的未来：创建低碳经济》中，提出了“低碳经济”的概念（李想，2010）。2005 年，第五届亚太环境与发展会议又提出“绿色增长”的概念，认为绿色增长是“环境可持续的经济增长”。

最后，绿色发展的思想源于对我国“天人合一”思想的扬弃和国内学者对可持续发展、循环经济等的研究。20 世纪 80 年代末兴起了以徐凤翔和黄宗英为代表的环境保护主义思潮。随着可持续发展战略的实施和循环经济的引入，绿色思想观念开始成为学术关注的重点。

因此，绿色发展是在早期环境保护思想及可持续发展、绿色经济等概念上的理论创新。1998 年，中国学者戴星翼在《走向绿色的发展》一书中首次明确使用“绿色发展”一词，阐述了“通往绿色发展之路”与“可持续性的不断增加”的密切联系。联合国开发计划署在 2002 年中国人类发展报告《让绿色发展成为一种选择》中明确提出中国应走绿色发展之路。世界银行“中国：空气、土地和水”项目组（2001）进一步指出，绿色发展的一个重要特征就是将资源与环境视为生产力发展的要素，需要不断投资使之保值、增值（刘恩云和常明明，2016）。在这样的背景下，我国学者王金南（2006）、诸大建（2008）、刘思华（2011）、胡鞍钢（2012）、黄茂兴和叶琪（2017）等对绿色发展的内涵、重要性等方面进行了初步分析，一批研究成果相继问世。王金南（2006）认为，绿色发展是环境和资源可持续、人与自然和谐相处、环境作为内在生产力的发展方式。刘思华（2011）利用生态马克思主义经济学理论分析绿色发展和科学发展观，认为绿色发展是科学发展观的重要内涵。胡鞍钢（2012）认为，绿色发展就是经济发展与环境保护的协调与统一，即更加积极的、以人为本的可持续发展之路。诸大建（2015）强调了生态资本对生态文明下绿色发展的重要性。黄茂兴和叶琪（2017）进一步指出马克思主义绿色发展观是绿色发展理念的理论源泉。

由此可见，绿色发展思想及内涵的相关研究正在不断丰富和完善之中。由于绿色发展是一个内涵相当丰富的概念，且国内外还没有统一的界定。因此，国内外对绿色经济发展的定量研究主要集中于绿色经济发展指数相关的理论研究和统计指标体系的探索上。

二、绿色发展的相关测度指标研究综述

1. 国际测度指标

随着20世纪60年代以来全球生态环境的恶化，很多学者意识到单纯用GDP衡量一个国家或地区经济增长的缺陷，开始尝试调整或者替代GDP指标。早期提出的指标包括绿色GDP核算、净经济福利指标、国内生产净值、可持续经济福利指标、真实发展指标等（郑瑞坤，2012）。随着绿色经济、可持续发展理论研究的不断深化，国外与绿色经济、可持续发展有关的指标体系研究和实践也日趋深入，相关指数主要涉及绿色增长、可持续发展程度、包容性财富、环境可持续性等方面。

（1）描述绿色增长的指数。具有代表性的主要有经合组织、联合国环境署、全球绿色增长研究所、世界银行等官方机构提出的绿色增长指标。2011 年，OECD 在《迈向绿色增长：监测进展》报告中将绿色增长的主要特征与环境经济核算基本原理及压力—状态—响应模型相结合构建概念性测度框架（OECD，2011），该体系涵盖经济、环境和人类福祉等方面。经合组织国家以及拉丁美洲、中亚以及东亚一些国家使用该框架来评估其绿色增长的经济状况。

2012 年，联合国环境规划署提出绿色经济评估框架指标体系，涵盖绿色经济政策所要解决的环境问题和目标指标、政策干预指标、政策对福利和公平的影响三方面，以衡量包容性绿色经济的进展，为促进经济绿色转变相关的政策决策提供理论指导。这一方法已经在加纳、毛里求斯和乌拉圭等国家进行了推广和试用，取得了很好的效果（刘晓星，2015）。

全球绿色经济研究所（GGGI）通过其绿色增长规划项目平台提出绿色增长诊断指标体系，以全面评价各国绿色增长规划中的可持续能力，明确在制定国家和地方绿色增长计划时应重点考虑的关键问题。该指标体系包括国家概况、福利、经济、资源、气候、生态系统 6 个主要方面，20 个二级指标，58 个具体指标。

此外，2012 年，世界银行在包容性绿色增长分析框架基础上，构建了一套涵盖环境、经济和社会 3 大效益的绿色增长政策的潜在效益衡量框架。

（2）描述可持续发展程度的指数。具有代表性的主要有联合国可持续发展委员会、环境科学委员会、世界银行、瑞士联邦统计局等官方机构提出的可持续发展指数。1996 年，联合国可持续发展委员会（CSD）以“驱动力—状态—反应”模型为基本框架推出了可持续发展指标体系，该体系包括驱使力、状态和响应力三方面的指标；但压力指标与状态指标之间区分困难，给实际使用带来了很多困难。环境科学委员会（SCOPE）根据人类活动和环境相互作用的概念模型提出了可持续发展指标体系，包括经济、社会和环境三个方面的若干指标构成，该指标体系具有简单明确、易于掌握的优点。此外，描述经济可持续发展状况的指数还有瑞士联邦统计局的可持续发展指数、包容性财富指数（Inclusive Wealth Index，IWI）、人类可持续发展指数（Human Sustainable Development Index，HSDI）等。

（3）侧重于对生态环境测度的指数，如环境可持续指数、环境绩效指数等。环境可持续指数（Environment Sustainability Index，ESI）聚焦于环境可持续性方面，主要包括环境系统、缓解压力、减少人类损害、社会和体制能力、全球参与5个二级指标，为国与国（或地区）之间的环境状况提供可比较的尺度。环境绩效指数（Environmental Performance Index，EPI）以环境健康和生态系统活力为目标，最终形成政府容易统计的结果导向型指标。

除此之外，还有生态足迹、绿色指数（Bob Hall 和 Mary Lee Kerr，1991）等，这些指标主要侧重于环境方面，只能作为社会和经济指标的补充。

2. 国内测度指标

我国在绿色经济和可持续发展指数的研究方面已经取得了非常丰硕的成果，对绿色发展指数的研究也正逐步展开。例如，在绿色经济指标体系方面，世界自然基金会与中国国际经济交流中心共同编制了包括社会和经济发展、资源环境可持续、绿色转型驱动三个维度的中国省级绿色经济指标体系。顾海兵（2003）提出了包括空气质量、固体废物量、废水排放量等指标的中国经济绿色指数。在可持续发展指标体系方面，国家统计局与21世纪议程管理中心联合开展研究并建立了包含经济、资源、环境、社会、人口、科教六个维度的可持续发展指标体系。中国科学院可持续发展战略研究组按照可持续发展的系统学方向也构建了可持续发展的评价指标体系。我国的可持续发展指标体系的优点是最大程度地体现了可持续发展的内涵，科学合理、结构清晰、内容完整，但是主要问题在于理论性太强、数据难以获得等。在绿色发展指数方面，杨多贵和高飞鹏（2006）从国家环境代谢量、环境效益、能源消费的“绿化”程度以及资源消耗和环境污染带来的损失四个角度建立了国家绿色发展指标体系。向书坚和郑瑞坤（2013）根据生态经济系统物质流动的原理构建中国绿色经济发展指数，包括绿色生产、绿色消费及生态健康三个方面。刘明广（2017）从绿色生产、绿色生活、绿色环境和绿色新政四个方面构建中国省域绿色发展水平的测量指标体系，测算中国省域绿色发展水平。

目前，国内绿色发展评价研究中比较有代表性的是北京师范大学、西南财经大学以及国家统计局联合开发的中国省际绿色发展指数，这个指数由经济增长绿化度、资源环境承载力和政府政策支持度 3 个一级指标，9 个二级指标和 55 个具体指标构成。该指数注重绿色与发展相结合，强调政府绿色管理的引导作用和绿色生产的重要性。其中，经济增长的绿化度主要反映生产对资源的消耗以及对环境的影响程度；资源环境承载潜力主要反映自然资源和环境所能承载的潜力；政府政策支持度主要反映政府在处理资源、环境与经济发展矛盾中的政策力度。目前，该指标体系自 2011 年起对中国各省域绿色发展状况进行实证测算并发布了年度报告，全面客观地评价了中国各省、区、市的绿色发展情况，在社会上及学术界均具有广泛的影响力。

三、绿色发展水平的变化趋势相关研究综述

绿色发展水平的变化趋势的研究方法主要有趋同（收敛）和马尔科夫链方法等。钱争鸣和刘晓晨（2014）对中国绿色经济效率进行了绝对β-收敛和条件β-收敛检验，王晓云、魏琦和胡贤辉（2016）探讨了我国城市绿色经济效率的时空差异，杨志江和文超祥（2017）运用绝对β-收敛、条件β-收敛、σ-收敛方法对中国整体及东、中、西部地区的绿色发展效率进行收敛性检验。然而，基于β-收敛和σ-收敛进行经济变化趋势分析均会存在一些问题。Quah（1993）认为σ-收敛指标没有提供关于经济变量分布的任何信息。

Quah（1993）指出，可以根据马尔科夫链方法分析区域经济增长的时间演变趋势。马尔科夫链原理适合处理时间短、数据量少且随机波动性大的系统过程，能很好地分析不同状态间的转移规律，从而可用来揭示区域

绿色发展类型随时间的变化趋势，并用来识别一种不同于β-收敛和σ-收敛的俱乐部趋同现象（陶晓红和齐亚伟，2013）。基于该方法，孙才志、童艳丽和刘文新（2017）从支持型输入熵、压力型输出熵、还原型代谢熵和氧化型代谢熵角度建立区域绿色化发展系统的评价指标体系，研究了中国绿色发展水平的变化规律。

四、绿色发展的影响因素研究综述

1. 理论研究

第一，国内外绿色发展影响因素的相关理论研究主要集中于（技术）创新、外商直接投资、产业结构、环境规制等方面。1912 年，著名的经济学家熊彼特提出了“创新”一词，并阐述了其在经济发展中的作用，熊彼特也被称为“创新理论”的鼻祖，此后创新作为发展的动力被逐渐高度重视，相关文献不再赘述。随着绿色经济、可持续发展等概念的提出，创新对绿色经济、可持续发展的影响也被广泛关注，例如，OECD 认为创新对绿色经济增长是至关重要的（OECD，2014），Walz（2017）指出了创新在实现绿色可持续发展目标中的重要作用。具体到技术创新对绿色发展的影响方面，近年来比较有代表性和影响力的是 Acemoglu 等（2012），其指出清洁技术和污染技术的创新活动在经济均衡下具有差异化的经济产出和碳排放影响，因此，技术创新对绿色发展的影响具有不确定性。国内学者王俊（2016）指出，我国在追赶型经济发展过程中形成的主要依靠投资驱动的速度型增长已难以持续，只有通过创新驱动才能激发全社会的绿色发展动力，实现创新促进绿色发展的关键是进行体制和机制改革；刘薇（2012）认为，创新驱动对绿色发展的相互促进作用主要表现在市场需求带动、政府全程推动以及广泛的公众参与等方面。具体到技术创新对绿色发展的影响方面，万伦来和黄志斌（2004）指出，绿色技术创新是推动我国经济可持续发展的有效途径；秦军和唐华一（2015）对技术创新促进低碳经济发展的机理研究指出，技术创新主要通过规模效应和技术效应推动经济增长、节能减排及生态环境保护，从而推动低碳经济发展；黄娟（2017）运用辩证唯物主义与历史唯物主义分析方法分析科技创新与绿色发展的关系，从绿色生态、绿色生产、绿色生活三个方面分析指出科技创新是绿色发展的根本动力和重要支撑。

第二，在外商直接投资对绿色发展的影响方面。Kardos（2014）指出，外国直接投资（Foreign Direct Investment，FDI）是发展乃至可持续发展的重要来源；Cole 和 Fredriksson（2009）指出，FDI 有利于技术效应的传播和扩散，促进当地能源资源使用技术水平和环境友好型技术的提升，从而促进当地的绿色发展；原毅军和谢荣辉（2014）指出，FDI 对绿色全要素生产率的影响主要通过竞争效应、技术溢出和“污染避难所”效应发挥作用，因此，FDI 的作用机制较为复杂，对绿色发展的影响也具有不确定性。

第三，在产业结构对绿色发展的影响方面。Shironitta（2016）指出，结构变化对每个国家的二氧化碳排放量具有重要影响，从而影响该国经济的绿色发展程度；吴振信等（2012）认为，第二产业比重的下降对人均碳排放量的下降有显著的促进作用，产业结构调整是影响经济绿色低碳发展的重要因素；原毅军和谢荣辉（2014）也认为，产业结构调整是协调经济可持续发展和环境保护的关键路径。

第四，在环境规制对绿色发展的影响方面。波特假说（1991）认为，在环境规制的条件下，企业为保持竞争优势，会促进生产技术革新和治污技术创新来实现利润增长，因此，政府管制通过技术创新效应促进绿色发展。王鹏和尤济红（2016）从环境规制的门槛效应、市场淘汰效应等方面阐述了环境规制对工业绿色发展的直接促进作用。

此外，吕薇（2015）认为，目前影响绿色发展的主要因素是体制机制问题，如顶层统筹规划不够，目标责任和考核评价制度不完善，监管工作机制不健全等。

2. 定量研究

国内外绿色发展影响因素的定量研究方法主要使用 Kaya 恒等式、计量经济等。Kaya 通过构造 Kaya 恒等式说明人口、经济、能源等因素对低碳经济的影响（Kaya，1989）。李斌（2013）利用 IPAT 方程分析经济发展、人口、技术等因素对中国绿色经济的影响。李斌和苏珈漩（2016）构建空间计量模型分析产业结构调整对绿色经济发展效率的影响，研究结果表明产业结构合理化、高级化和软化均对绿色经济发展具有显著的正向促进作用。钱争鸣和刘晓晨（2013）认为，影响绿色经济效率的主要因素有经济发展水平、外商直接投资、结构因素、污染治理投资、教育投入和城市化水平等，并建立 Tobit 面板数据模型分析了各影响因素的具体效应。孙瑾、刘文革和周钰迪（2014）在绿色 GDP 与开放模型基础上构建了绿色经济增长模型分析对外开放、产业结构对绿色增长的影响，结果表明全国层面上第三产业发展对绿色增长有促进作用，对外开放对绿色增长有负面作用，但是区域差异较大。郭永杰、米文宝和赵莹（2015）在《中国绿色发展指数摘编》的基础上加以改进，构建了绿色发展指标体系，基于 2013 年的统计数据，综合运用熵值法、改进 TOPSIS 模型与障碍度模型对宁夏回族自治区县域绿色发展水平的空间分析及其影响因素进行了实证研究，结果表明宁夏县域绿色发展影响因素存在着一定的地域性差异，宁夏全区存在着产业结构不合理、经济发展水平较低、政府对绿色投资低等问题。经济绿色、低碳、可持续发展影响因素的其他相关实证研究见 Gibbs 和 O'neill（2014），Gunderson（2017），谭娟和陈晓春（2011），黄建欢、吕海龙和王良建（2014）等。

五、国内外研究现状评述

通过对国内外经济绿色发展的缘起及内涵、相关指标体系构建、变化趋势及影响因素三个方面的国内外文献资料进行梳理发现，绿色发展研究已取得丰硕的研究成果。第一，从理论层上看，学术界对绿色发展内涵的认识正在逐步深化。尽管国内外对于绿色发展的定义和理解各有侧重，但在本质上均强调了经济发展与资源环境之间的协调关系，要求在追求经济增长的同时，减少对资源环境的影响。第二，经济绿色、低碳、可持续发展指标体系的构建方面已有较丰富的研究成果，各指标体系从不同角度捕捉和反映绿色经济发展，但由于区域发展进程存在差异，国内外研究的重点也存在明显差异，不同国家和地区应根据自身情况探索各具特点的绿色经济发展指标体系。第三，在对绿色发展水平的变化趋势研究方面，与 β- 收敛和 σ- 收敛的分析方法相比，利用马尔科夫链方法的优势在于可以从时间维度分析绿色发展的变化过程，但传统的马尔科夫链分析方法多忽视了截面之间的差异性和空间相关性等地理空间效应在区域绿色发展水平的变化过程中所起的作用，即假设区域之间相互独立，基于封闭经济的假定开展研究。而区域绿色发展过程中忽视空间因素可能存在不恰当的模型设定问题，难以真实地反映区域绿色发展水平变化的空间依赖性（陶晓红和齐亚伟，2013）。第四，国内外学者深入探讨了技术创新、FDI、产业结构、环境规制等诸多方面对绿色、低碳、可持续发展的影响。其中技术创新、FDI 和环境规制对绿色发展的作用机制较为复杂，对绿色发展的影响具有不确定性；产业结构的转型升级对绿色发展的促进作用得到普遍认同。总之，上述研究成果为本书绿色发展水平的时空分析及其影响因素研究提供了重要的参考依据。

但绿色发展水平的时空分析及其影响因素研究还有待于进一步推进。第一，区域绿色发展水平评价是把握各地区绿色发展现状的基础，2016 年 12 月，国家发展和改革委员会根据绿色发展的科学内涵出台了新的绿色发展评价标准，目前尚未有相关文献根据新的指标体系进行区域绿色发展水平评价。第二，需要深入分析绿色发展水平的变化趋势。在区域经济发展一体化背景下，每个省份的绿色发展状况一定程度上不仅取决于本省份的综合要素投入，还取决于相邻省份的绿色发展状况对其的溢出或辐射等空间效应。因此，为准确反映我国绿色发展水平的时空变化规律，在分析我国绿色发展水平的变化趋势时还需要考虑空间因素的影响。第三，由于绿色发展涉及资源—经济—生态环境系统的协调性问题，因此，有待于深入分析绿色发展系统内部的相互作用关系，从耦合协调性方面揭示各区域绿色发展水平差异的原因。第四，绿色发展水平可能受技术创新、FDI、产业结构、环境规制等多方面因素的影响，有待于定量研究其对绿色发展的影响程度及其区域差异性，为中国区域经济绿色发展的政策制定提供参考。

第三节 研究思路与方法

一、研究思路

本书沿着绿色发展的理论分析—指数测算—时空变化规律、系统内部的动态协调性、影响因素—结论与对策建议的思路展开研究。首先，进行文献梳理。通过对国内外研究文献进行系统收集和梳理，在吸收国际国内学术界最新研究成果与方法的基础上，开展我国绿色发展水平的时空变化规律及其影响因素研究。其次，对绿色发展的内涵特征进行界定，并对绿色发展研究的相关理论进行梳理，包括发展经济学理论、资源与环境经济学理论、生态经济学理论及系统论等，在此基础上从系统论的角度分析绿色发展模式下资源—经济—生态环境系统的循环运动规律，为本书的实证研究提供理论支撑。再次，进行绿色发展水平的变化规律及绿色发展水平的影响因素的实证研究。该部分按照绿色发展指数测度、绿色发展水平的时空变化规律、绿色发展系统内部的动态协调关系、绿色发展水平影响因素的空间计量的思路依次递进展开。①进行中国区域绿色发展水平测度。在国家发改委公布的《绿色发展指标体系》的基础上，根据数据可得性构建省级绿色发展评价指标体系，依据综合评价方法的优良标准筛选出适当的综合评价方法，测度各区域绿色发展 6 个子指数及总指数。②利用空间马尔科夫链方法探讨我国绿色发展各分维度指数的时空变化规律，在此基础上探讨我国绿色发展总水平的时空变化规律，揭示绿色发展类别变化的空间依赖性。③根据资源—经济—生态环境系统理论，构建面板向量自回归模型分析绿色发展系统内部的动态关系，并考虑各区域资源、经济、生态环境之间的协调性，进一步揭示绿色发展水平类别变化空间依赖性的原因。④对我国区域绿色发展水平的影响因素进行空间计量检验。最后，在上述实证研究的基础上提炼研究结论，并据此提出政策建议。本书的技术路线如图 1-1 所示。

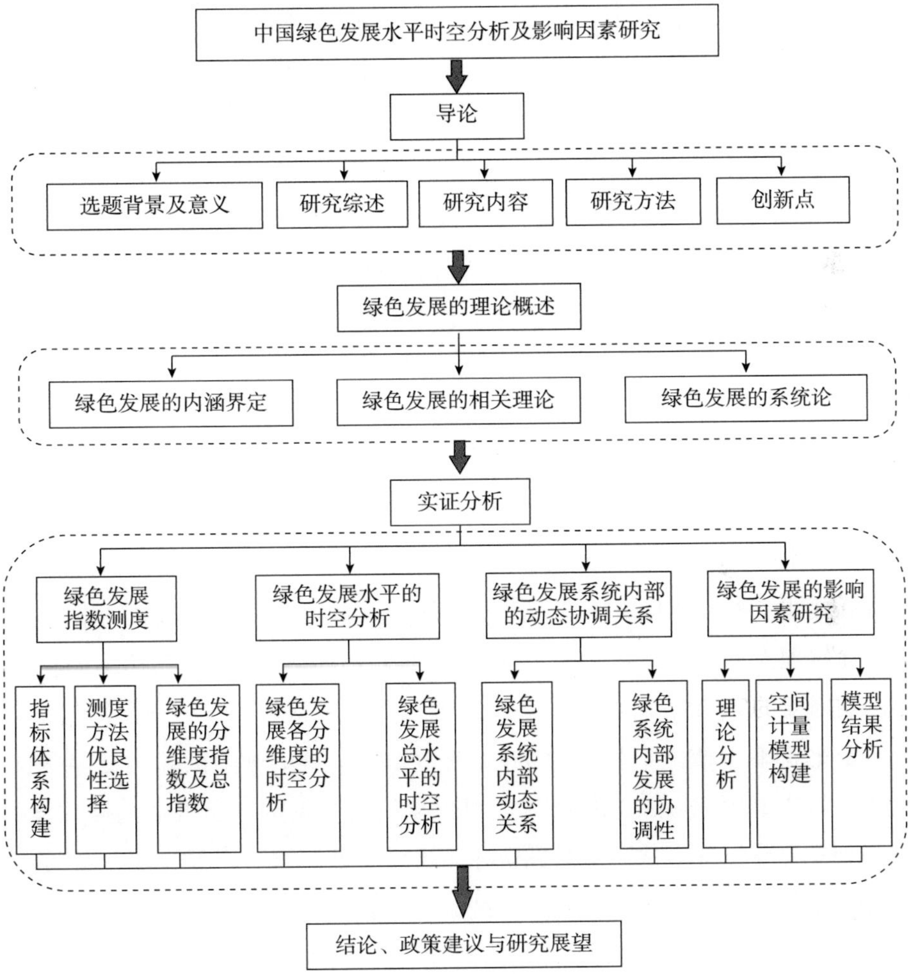

图 1-1 技术路线

二、研究方法

本书主要利用文献研究法和比较研究法，以发展经济学、资源与环境经济学、生态经济学、系统论等多学科理论知识为基础，以综合评价方法的优良性选择、空间马尔科夫链方法、面板向量自回归和空间计量等方法为指导，对绿色发展水平的时空变化规律及影响因素展开比较研究。本书重点采用以下方法进行研究：

（1）文献研究法。通过对国内外相关领域的文献进行梳理，厘清绿色发展的相关理论、有关评价指标体系的特点、变化规律的研究方法、经济绿色可持续发展的影响因素等方面的国内外研究文献，在已有研究基础上确定研究方向与研究重点，以发展经济学、资源与环境经济学、生态经济学、系统论等多学科理论为支撑开展绿色发展水平时空分析及影响因素研究。

（2）比较研究法。第一，本书在综合评价方法部分借助 Shannon-Spearman 测度方法及 Bootstrap 抽样技术，对常见的 4 种综合评价方法进行优良性比较，从中选取最为合适的综合评价方法。第二，本书对各地区绿色发展水平的时空变化规律进行比较研究，总结出中国绿色发展的整体变化规律及区域差异性。第三，本书对绿色发展水平的影响因素进行区域比较。

（3）综合评价方法的比较。在将多维指标加总为一维综合指标的过程中，必然会发生信息损失。由 Zhou 等（2009）提出的 Shannon-Spearman 测度方法以及 Bootstrap 抽样技术，可以从信息损失量最小角度选择最优的综合评价方法。该方法主要思路如下：首先，计算各个综合评价方法的信息损失量（SSM 值），由于 SSM 值的统计特征是未知的，需要借助于非参数的 Bootstrap 抽样技术获得 SSM 值的置信区间，从而得到各个组合指标的信息损失量的精度和可靠性；其次，据此分析各个组合指标的优良性。本书利用该方法以资源利用指数的测算为例进行指标加总方法的选择。

（4）空间马尔科夫链方法。该方法把“空间滞后”的概念引入马尔科夫链中，用来分析区域的地理背景对该区域变量取值变化的影响效应。构建空间马尔科夫链的具体方法是：首先，确定空间权重矩阵并计算各地区变量的空间滞后值；其次，判断其空间滞后值的类型，计算相应的转移概率矩阵，从而产生空间转移概率矩阵。并通过构造统计量来检验一个区域的空间转移概率及非空间转移概率是否在统计上互不相同，从而判断变量类别的变化是否具有空间依赖性。本书利用该方法研究我国绿色发展水平的时空变化规律。

（5）计量经济方法。本书用到的计量经济学方法主要有面板向量自回归（Panel Vector Autoregression，PVAR）方法和空间计量经济学方法。本书在第四章中利用 PVAR 模型实证研究中国绿色发展系统内部的动态关系，在第五章中利用空间计量模型研究技术创新、技术引进等主要因素对绿色发展水平的影响效应及其区域差异性。

第二章

绿色发展的理论概述

绿色发展是我国在新的历史时期提出的一个新的发展理念，如何测度绿色发展水平是一个亟待解决的问题。开展我国绿色发展水平时空分析及影响因素的研究不仅能够测度各省份践行绿色发展理念的效果，而且能够清楚的认识当前我国绿色发展水平所处的阶段，找准绿色发展进程中存在的突出矛盾和问题。我国绿色发展水平的时空分析及影响因素研究事关绿色发展的全局，是绿色发展政策能否顺利推行的重要保障。本章对绿色发展的相关概念进行科学界定，在此基础上梳理绿色发展的相关理论，并构建绿色发展的系统论分析框架，为本书下半部分进行绿色发展水平时空分析及影响因素的定量研究提供理论支撑。具体内容安排如下：第一节主要介绍绿色发展的内涵与特征；第二节阐述绿色发展的相关理论，包括发展经济学理论、资源与环境经济学理论、生态经济学理论及系统论；第三节从系统论的视角出发构建绿色发展的系统论分析框架。

第一节　绿色发展的概念界定

本节首先界定绿色发展的内涵与特征；其次简要阐述绿色发展与循环发展、低碳发展的关系，并比较绿色发展与传统粗放型发展的区别，以突出绿色发展的特点。

一、绿色发展的内涵与特征

（一）绿色发展的内涵

绿色发展的概念是在可持续发展思想推动下提出的，是继低碳经济、循环经济、绿色经济等概念之后，人类探寻可持续发展进程中的重大理论创新。1998 年，我国学者戴星翼在《走向绿色的发展》中首次明确使用“绿色发展”一词，用来阐述可持续发展的一系列理论及实践问题，并指出“通往绿色发展之路”的根本途径是“可持续性不断增加”。2002 年，斯德哥尔摩环境研究所和联合国开发计划署共同发表了《2002 年中国人类发展研究报告：让绿色发展成为一种选择》，阐述了中国生态环境发展状况及面临的机遇与挑战，明确指出中国应选择绿色发展的道路（秦书生和杨硕，2015）。

我国学者对绿色发展开展了大量研究，但目前学者们对绿色发展有着不同的理解。王金南、曹东和陈潇君（2006）认为，绿色发展是环境与资源可持续的、人与自然和谐的、将环境作为内在生产力的一种发展方式。绿色发展是科学发展观的重要体现，是建设和谐社会的重要组成部分。胡鞍钢和周绍杰（2012）指出，绿色发展是经济、社会和生态三者统一的新型发展之路，它以合理消费、消耗减少、排放降低、生态资本不断增加为特征，以绿色技术创新为基本途径，以人类绿色财富和绿色福利增加为目标，以实现人与自然和谐为宗旨。绿色发展观是第二代的可持续发展观，强调经济、社会和自然生态系统间的整体性、系统性和协调性。王玲玲和张艳国（2012）认为，绿色发展是在自然资源和生态环境承载能力的制约下，通过加强生态环境保护实现可持续发展的新型发展方式。蒋南平和向仁康（2013）认为，绿色发展的实质应定义在“资源能源合理节约利用，经济社会适度健康发展，损害与补偿互相平衡，人与自然和谐相处”理念的基础上。总体来说，各位学者对绿色发展的理解均没有脱离生态环境与可持续发展的思想。

当下中国执政者已将绿色发展作为一种崭新的执政理念、发展战略与发展道路。党的十八大首次把绿色发展（也包括循环发展、低碳发展）写入代表大会报告，并把绿色发展作为加快推进生态文明建设的必然选择，因此需要在生态文明的背景下理解中国的绿色发展以及相关概念。党的十八大指出“建设生态文明，是关系人民福祉和民族未来的长远大计，必须树立尊重自然、顺应自然及保护自然的生态文明理念，并把生态文明建设放于突出位置①”。因此，生态文明体现了尊重自然、以“人与自然和谐”为价值取向的价值观和发展理念，强调投资于自然资本、创造自然价值在经济社会发展中的作用。绿色发展是党中央结合我国国情和“十三五”规划目标，审慎把握生态文明建设的现阶段特征，对发展理念的新探索，不仅清晰描绘了发展的生态底色，同时也指明了为实现“十三五”规划目标而加强生态治理、增强民生福祉的新路径②。

因此，本书将绿色发展的内涵界定为：绿色发展是以人与自然和谐为价值取向，以自然资源和生态环境承载能力为基础，以资源节约、环境友好、生态保护为重要特征的发展方式和生活方式。

从概念上讲，绿色发展更具包容性，其将经济可持续发展和生态文明建设结合在一起，既要转变粗放的生产和消费模式，同时也强调环境治理和生态保护的作用。绿色发展本质上是以绿色经济为基础，同时提倡生态环境治理，促进经济与资源、生态环境的系统性、整体性和协调性（胡鞍钢和周绍杰，2014）。因此，坚持绿色发展就是在经济发展过程中高效和节约使用自然资源，以实现自然资源的可持续利用；加强环境治理，以促进环境的持续改善；保护与人类共同演进的生态系统，以实现生态系统的稳定和服务功能的增加。

---

① 胡锦涛在中国共产党第十八次全国代表大会上的报告［EB/OL］.［2012-11-18］. http：//cpc. people. com. cn/n/2012 /1118/c64094 -19612151. html.

② 以绿色发展理念推进生态文明建设［EB/OL］.［2017-01-11］. http：//theory. people. com. cn/n1/2017/0111/c143844-29015 494. html.

（二）绿色发展的特征

（1）绿色发展以人与自然和谐为价值取向，就是要求经济与资源、生态环境高度协调地发展。根据现代生态经济学理论，现代生态经济系统是一个集资源、环境、生态和经济技术为一体的复合系统，它通过各要素间物质循环和能量转化趋于或维持动态平衡，这种动态平衡靠生态环境的自我调节来实现。但生态环境的自身调控功能是有限的，人类不合理的资源利用与开发会使生态环境系统失去恢复和调节能力，导致生态平衡被破坏，不能为人类创造自然资本和社会经济财富（秦书生和杨硕，2015）。而绿色发展是以人与自然和谐为价值取向，因此必然会尊重自然规律，注重保护生态环境，维护生态环境系统满足未来需求和潜力，促进人与自然的协调发展。

（2）绿色发展强调经济发展以自然资源承载力为基础，即强调经济发展过程中要实现对自然资源的节约集约利用，提高资源利用效率。绿色发展不仅强调社会经济发展的低碳化，减少对碳基燃料的依赖，实现能源利用低碳转型，减少温室气体排放（谷树忠和王兴杰，2016）；而且强调经济发展对土地、矿产、水等资源的节约集约利用，减少对水资源、土地、矿产等资源的依赖，减少水污染和土地污染，缓解矿产资源耗竭问题。因此，在长期的经济增长与经济发展中要注意在合理利用人类现有自然资源的基础上，采取有力的措施对自然资源成本、环境成本和生态成本进行有效控制，以最小的资源消耗取得最大的经济效益。

（3）绿色发展强调经济发展要以生态环境承载力为基础，而且强调生态环境的生产力属性，确定了发展的生态化导向。首先，生态环境承载力就是在不破坏由空气、水、土地等构成的生态系统服务功能的前提下，生态环境系统所能承受的人类活动的强度，因此，经济发展绝不能以破坏生态环境为代价。其次，“绿水青山就是金山银山”“保护生态环境就是保护生产力，改善生态环境就是发展生产力”等论断均强调了自然生态环境因素对于生产力发展的重要性（秦书生和杨硕，2015）。最后，近年来生态环境质量在人民群众获得感中的地位不断凸显，清洁的大气、淡水等生态环境作为特殊的公共品比其他的公共品都更重要。习总书记曾多次指出：

“良好生态环境是最公平的公共品、最普惠的民生福祉。”因此，增强生态保护和环境治理能力，提升生态环境质量，是推进经济社会绿色可持续发展、增强民生福祉的重要途径①。

（4）绿色发展强调人与自然环境关系的调整并不是被动的问题导向式的末端处理，也不是产业链的某个环节的局部调整，而是从生产到消费的全过程的严格控制。我国提出的绿色发展战略迫切要求改变传统粗放型的生产方式和铺张浪费的生活方式，倡导绿色生产方式和绿色消费方式，实现经济向绿色转型。绿色发展强调从生产到消费全过程的严格控制，这正顺应了当前我国生产结构和消费结构全面升级的要求。

（5）绿色发展高度重视提高经济增长的质量。绿色发展摒弃传统的单纯追求数量的粗放型发展方式，注重加快产业结构的调整，努力提高科技进步在经济增长中的含量。强调经济增长方式的绿色转型，促进整个经济由粗放增长向集约增长转变。加快发展现代产业体系，淘汰落后的生产能力，降低高耗能、高排放、高污染的产业比重，大力发展战略性新兴产业，逐步提高现代服务业的比重和水平。注重绿色技术的创新和应用，强调通过绿色技术的推广应用，全面重构经济过程，塑造崭新的绿色发展形态和模式。

（6）绿色发展的核心是绿色经济。绿色发展不仅要促进生产和消费方式的绿色化，催生新的绿色供给和需求，提高传统部门的效率；而且注重环境治理和生态保护。绿色经济的显著特征是以绿色科技、绿色能源和绿色资本带动环境友好的相关产业占 GDP 比重的不断提高，增长模式强调低消耗、低排放，实现经济增长与污染排放脱钩，因此，绿色发展依赖于绿色经济增长方式（胡鞍钢和周绍杰，2014）。

二、绿色发展与低碳发展、循环发展的关系

低碳发展是对低碳技术、低碳产业、低碳生活等以低碳为特征的人类

① 以绿色发展理念推进生态文明建设［EB/OL］.［2017-01-09］. http://www.qstheory.cn/dukan/hqwg/2017-01/09/c1120271296.htm.

活动的总称，是从高碳能源时代向低碳能源时代演化的一种经济发展模式。绿色发展的内涵与低碳发展相比要丰富得多，既包含低碳发展的内容，又包含资源循环利用、节能减排、固液体废弃物治理等方面（谷树忠和王兴杰，2016）。

绿色发展与循环发展虽然在“5R”（Reduce、Reevaluate、Reuse、Recycle、Rescue）方面，即节约资源与减少污染、绿色生活与环保选购、重复使用与多次利用、分类回收与循环再生、保护自然与万物共生方面有着共同之处，但绿色发展的内涵更强调人类的经济发展要与资源、生态环境相协调，以实现人与自然和谐的发展。

因此，从广义上说，绿色发展的概念基本上包含了循环发展、低碳发展，其中循环发展主要侧重于解决环境污染问题，低碳发展主要侧重于能源结构的优化和温室气体的减排问题。

三、绿色发展与传统粗放型发展的区别

第一，在发展理念上，传统发展理念唯 GDP 增长论英雄，导致在经济发展过程中片面追求经济发展速度、忽略发展效益。而绿色发展理念摒弃“唯 GDP 论”的片面发展观，以人与自然和谐为价值取向，认为“绿水青山就是金山银山”，因此更加注重经济社会发展与自然资源、生态环境协调统一，注重经济发展的质量和效益。

第二，在消费理念上，在传统发展模式下，消费者追求物质消费的满足，因而过度消费、炫耀性消费成为其消费理念；而绿色发展模式下倡导健康适度的绿色消费理念，人们崇尚自然、追求健康，在追求生活舒适的同时，注重节约资源和环境保护。

第三，在发展方式上，传统粗放型发展方式主要依靠生产要素的数量扩张，呈现出资源高投入、能源高消耗、高污染物排放、低效率的特征，将自然资源排除在社会经济发展的要素之外，过分重视短期发展速度，忽视自然资源的可持续利用和环境保护。而绿色发展方式主要依靠提高生产

效率的集约型发展方式，呈现出资源高效投入、能源集约节约使用、低污染排放、高效率的特征。绿色发展把环境资源作为社会经济发展的内在要素，把经济活动过程和结果"绿色化"和"生态化"作为绿色发展的主要内容和途径，注重自然资源的可持续利用和环境保护，把实现经济、资源和生态环境的协调发展作为绿色发展的目标。

第四，在考核方式上，在传统粗放型发展模式下，把 GDP 增长作为衡量经济社会发展成果的指标，但是 GDP 只反映国民经济的收入总量，没有反映自然资源的投入对经济发展的贡献和生态环境的巨大经济价值，也没有反映生态环境恶化造成的经济损失，更没有反映自然资源的耗减及折旧等。以此作为考核指标极易产生片面追求发展速度、忽略发展效益，片面追求资源产出、忽视对环境回报的问题，既不利于发展方式转变，也不利于经济发展质量和效益提高（石建平，2013）。因此，侧重评价经济增长的 GDP 在绿色发展模式下并不适用。虽然国际组织和一些国家已经开始实行绿色 GDP 核算，但该指标不仅核算困难，而且不能全面反映我国的绿色发展状况。绿色发展强调以人与自然和谐为价值取向，更注重经济发展与自然资源、生态环境的协调统一，因此，在考核方式上拟将资源消耗、环境损害和生态效益等指标纳入绿色发展的评价体系。

第二节　绿色发展的相关理论

一、发展经济学理论

发展经济学（Development Economics）形成于 20 世纪 50 年代左右，主要研究贫困的农业国或发展中国家的经济增长和经济发展问题。

（一）经济发展的重要理论——农业国的工业化理论

农业国的工业化理论是"二战"后出现的早期较为系统的经济发展理

论。发展中国家和发达国家经济上的差距主要在于经济的主导产业部门不同，发达国家的国民收入主要来自工业部门，而发展中国家的国民收入还绝大多数来自农业部门和初级产品部门，因此，发展中国家要实现发展，从产业结构看，必须使工业部门在国民收入创造中占据主导地位，即实现由农业国向工业国的转变（方齐云和姚遂，2008）。

经济发展理论的主要学派有结构主义学派、新古典主义学派、激进主义学派等（熊彼特，1990）。其中结构主义学派特别强调资本积累、工业化、计划化，代表性学说主要有刘易斯的二元经济理论、罗森斯坦·罗丹的大推动理论、平衡增长论与不平衡增长论等。

（二）经济发展理论的新发展——可持续发展和绿色发展

现代经济发展理论进入新的发展时期后，可持续发展和绿色发展概念相继出现。20 世纪 50 年代后，经济的快速发展造成自然资源急剧耗损、环境质量不断恶化等问题。以《寂静的春天》《增长的极限》为代表的著作标志着人们对传统粗放型发展方式的深刻反思。此后，人类为发展方式的转变方向进行了不懈地探索。20 世纪 80 年代，世界环境与发展委员会（WECD）正式提出可持续发展概念，要求发展既要满足当代人的需求又不能危及后代人的需求。可持续发展的原则主要有持续性、公平性、共同性等。可持续发展战略得到了发达国家和发展中国家的普遍认同。

绿色发展是生态马克思主义理论同我国经济发展实际相结合的理论创新，其以人与自然和谐为价值取向，以自然资源和生态环境承载能力为基础，以资源节约、环境友好、生态保护为主要特征，要求经济与资源、生态环境高度协调地发展。

（三）影响经济发展的主要因素

影响经济发展的因素主要有以下几个：①储蓄和投资。较高的储蓄能够带来较高的投资，而投资可以促进经济增长。因此，增加储蓄、提高投资效率成为经济增长的核心问题。②人力资本。狭义的人力资本指人的受教育水平和技能。自 20 世纪 60 年代以来，人力资本逐渐成为发展经济学关注的焦点之一，在新经济增长理论中也逐渐占据核心地位。③技术进步。技术进步是经济发展的重要特征之一，技术进步直接改善投资效率，而投资效率是促进经济增长的两个要素之一。若将资本的积累作为经济增长的内生因素，则长期经济增长就完全取决于技术进步。④结构变化。结构变化是经济发展的另一个重要特征，它包括产业结构的变化、人口的非农化以及城市化等（姚洋，2013）。⑤自然资源。自然资源对一个地区的发展具有正反两方面的作用。一方面，丰富的自然资源可以为该地区的资本积累提供重要的基础；另一方面，丰富的自然资源可能导致该地区过分依赖自然资源产业，而其他产业则逐渐萎缩。除此之外，影响经济发展的主要因素还有人口、对外贸易、收入分配以及制度等。

二、资源与环境经济学理论

资源与环境经济学是 20 世纪 60 年代随着对资源与环境问题的研究逐步深入而发展起来的一门交叉学科。该学科是运用经济学的理论和方法研究经济发展与资源、环境之间的相互关系，探索自然资源与环境的优化配置和可持续利用，研究经济与资源、环境协调发展的理论、方法和政策。

（一）自然资源的稀缺论

自然资源包括可再生资源和不可再生资源，可再生资源包括太阳能、风、生物、水、土地等，不可再生资源包括煤炭、矿产等。最早研究资源稀缺理论的是马尔萨斯、李嘉图、穆勒等古典经济学家。新古典经济学的自然资源理论认为，自然资源是社会财富增长的重要源泉。自然资源的稀缺性分为绝对稀缺和相对稀缺。自然资源的绝对稀缺是指对于人类无限的需求而言，自然资源的总量在任何时刻均是有限的、稀缺的。自然资源的相对稀缺是指在一定时间和空间范围内，自然资源总量能够满足总需求，但是，由于资源的分布不均可能会造成一些局部地区的自然资源稀缺现象。自然资源的稀缺性构成了资源可持续利用的基本约束。

自然资源的稀缺对经济发展的影响主要有：①自然资源的稀缺会制约

经济发展的规模和速度；②各种自然资源不同的稀缺程度会影响产业结构和发展水平；③经济发展受自然资源的制约程度将随着科技水平的提高而有所缓解。

（二）环境库兹涅茨曲线理论

环境质量与经济增长之间的关系一直是环境经济学学者研究的重要课题。该问题最重要的研究成果是环境库兹涅茨曲线，又称“倒 U 型”曲线，是由美国经济学家库兹涅茨提出。库兹涅茨认为，环境与经济增长之间的关系不是简单的负相关或正相关，而是呈现“倒 U 型”曲线的关系，即环境质量随着经济增长先恶化，之后逐渐改善（见图 2-1）。当一国经济发展处于比较低的水平时，环境污染也处在较低水平，在其工业化发展初期，国家战略中经济发展的地位往往优先于环境治理和生态保护，甚至愿意以牺牲自然环境为代价而追求经济的快速发展，环保政策的执行比较容易产生松动，因此会造成环境逐渐加速恶化的情况。而当经济发展达到较高水平时，随着国民收入水平的提高，对环境质量的要求也更高，此时该国的环保政策将优先于经济发展，从而促进环境的改进。后来学者将经济增长与环境质量之间的这种关系称为“环境库兹涅茨曲线假说”。

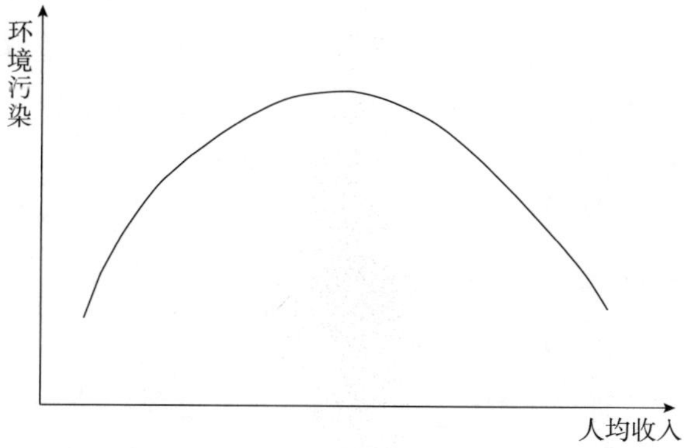

图 2-1　环境库兹涅茨曲线

环境库兹涅茨曲线是对发达国家工业化经验研究的结论。发展中国家在工业化发展的初期和中期，应该避免走发达国家“先发展后治理”的老路，而应采取统筹经济发展与环境治理的策略，以降低环境库兹涅茨曲线的弧度。绿色发展是为实现经济、环境协调发展而提出来的，正好为解决该问题提供了可行路径。

（三）公共产品及外部性理论

公共产品理论。公共产品是指这样的产品——每个人对该产品的消费不会造成其他人对该产品消费的减少。公共产品具有非竞争性、非排他性，因此容易产生“公地悲剧”和“搭便车”现象。生态环境具有公共产品属性，因而容易被过度使用。

外部性理论。外部性是指一个主体的经济活动对另一个不直接参与该活动的主体产生的影响，具体分为正外部性（外部经济）和负外部性（外部不经济）。外部性的存在会引致市场失灵，政府需要采取措施将外部性内部化，其主要通过税收、补贴、管制等经济手段进行干预。20 世纪 20 年代，英国经济学家庇古（Pigou）首先提出将污染视为外部性的思想，并制定庇古税，根据污染造成的损害程度对实施排污者征税，并用税收来弥补排污者产生的私人成本与社会成本间的差距。庇古税的目的是将环境污染的外部成本内部化。环境税是根据庇古税提出的，它是把污染的社会成本内化到生产成本和市场价格中，再通过市场机制来分配环境资源的一种经济手段。在环境税没有全面征收之前，政府环境管制是解决环境问题的主要途径，其主要依靠各级政府的权威，强制各经济主体减少污染物排放、遵守环境方面的各项法律法规。

三、生态经济学理论

生态经济学是研究人类经济活动与生态环境系统之间存在的相互关系的经济学与生态学的交叉学科。生态经济学将生态规律与经济发展规律相结合，研究人类的经济行为对生态环境的影响，经济活动如何遵循生态规律进行，以提高经济的运行效率、减少资源能源消耗和环境污染、引导和促进经济主体对生态环境的保护，其宗旨是探索自然、经济、社会系统的协调发展规律，为实现绿色可持续发展提供理论根据。

（一）生态经济效益理论

生态经济效益属于生态经济学的基本理论范畴，它是指经济效益和生态效益结合而形成的综合效益，既包括人类投入一定的劳动后所获得的有形产品，也包括所获得的对人类有用的各种无形效应。人类对生态环境系统的投入越多，所获得的这种无形效应越多，反之就越低。

与传统经济学只追求经济效益不同，生态经济的目的是实现生态经济效益。在我国的经济快速发展中，单纯追求物质产品的产量和产值，走粗放型增长的道路，消耗了大量的自然资源，在获取经济效益的同时生态效益产生巨大损失，因此，生态经济效益较低。

（二）生态经济系统理论

生态经济系统是由生态子系统和经济子系统相互交织、相互作用而成的复杂系统，生态子系统与经济子系统之间存在物质交换、能量流动、信息传递，并存在价值循环和增值（杨志梁，2011）。生态经济系统是结构复杂、功能高级的高层次系统。生态经济系统的功能表现为自然再生产和经济再生产的组合功能，以及自然资源环境与人类经济环境的组合协调功能。

生态经济系统的物质循环是人类的经济活动需要从环境中获得各种资源，经过生产、消费等环节，又将其释放到环境中的过程产生的循环；生态经济系统的物质循环是自然物流和经济物流相互结合、相互转化的过程。

生态经济系统的能量流包括自然能流、经济能流。自然能流是指生态环境系统中的能量流，如生物质能、太阳能、矿物化学能等。自然能流进入经济子系统，随着经济活动过程而传递、转化时，便构成经济能流，推动生产和消费的运转。在生态经济系统中，经济能流和自然能流之间可以相互转化，它们总是在生态经济的运动过程进行持续的转化和传递。

生态经济系统的基本矛盾是生态子系统的资源供给不能满足人类日益

增长的经济需求、经济子系统的废物排放超过生态系统的自净能力和调节功能。

（三）生态经济协调发展理论

生态经济学最核心的理论是生态与经济的协调理论。该理论以生态经济系统理论为基础。经济子系统是生态经济系统的一部分，人类的经济活动要受到生态环境承载力的限制，生态子系统和经济子系统所构成的生态经济系统是一对矛盾的统一体，若两个子系统相互适应，那么就能达到生态经济平衡的状态；如果两个子系统相互冲突，那么就可能出现生态经济失衡的状态（沈满洪，2009）。人类的经济活动若能遵循生态经济系统的运行规律，使经济活动保持一个适当的“度”，便可以实现生态经济系统的协调发展。生态与经济协调理论是经济与生态两者矛盾运动的产物，也是经济发展的必然趋势。生态与经济协调理论兼顾生态与经济两方面，体现了绿色、可持续发展的基本特征，它为我国的绿色发展和生态文明建设提供了极为重要的指导思想。

四、系统论

系统论的早期代表人物之一是奥地利生物学家贝塔朗菲，其1968年发表的《一般系统理论：基础、发展和应用》被公认为是系统论的早期代表作。系统论认为系统主要有以下几个方面的特性：第一，系统的整体性。系统是若干要素以一定方式相互联系、相互作用而形成的整体，主要从要素间的层次、结构等方面的关系上体现其整体性特征，系统的整体性是系统理论的核心。第二，系统的动态性。系统的动态性不仅包括系统内部的结构是随时间变化的，而且系统与外部环境存在着物质、能量和信息的交换等。第三，系统的稳定性。任何系统都处在环境的作用之中，因此，内部和外部都可能对系统产生干扰，当干扰消除后，系统能够恢复正常状态，这就是系统的稳定性。但系统的稳定性是相对的，当条件变化时，组成系统的要素会发生局部变异或突变，此时系统会远离平衡状态，从而系统的稳定性就会受到影响。第四，系统的不可逆性（有序性）。著名的物理学家普里高津是不可逆理论的代表人物，其提出了“耗散结构”理论，该理论认为一个远离平衡状态的开放系统，在外界条件变化程度达到一定阈值时，量变可能会引起质变，通过不断地与外界进行能量交换，系统就有可能从原来的无序状态转化为一种时间、空间或功能的有序状态。

绿色发展方式的实施、推广及普及是一个复杂的系统工程，应当运用系统论来对其进行指导。由于绿色发展涉及多个学科，如发展经济学、资源与环境经济学、生态经济学等，这就要求我们树立系统论的观点，从整体的角度考察绿色发展模式下资源、经济、生态环境之间的关系。

第三节 绿色发展的系统论

绿色发展以人与自然和谐为价值取向，这就要求正确处理经济发展与资源、生态环境的关系。本节首先阐述资源—经济—生态环境系统理论，在此基础上分析绿色发展模式下资源—经济—生态环境系统的循环运动规律，形成绿色发展的系统论，为绿色发展的时空分析及影响因素的实证研究提供理论支撑。

一、资源—经济—生态环境系统

根据系统论的观点，结合生态经济学、自然资源与环境经济学理论，资源、经济、生态环境三者之间存在着相互联系又相互制约的复杂关系，并构成资源—经济—生态环境系统（Resource-Economic- Ecological Environment，REE）。该系统并不是资源子系统、生态环境子系统与经济子系统的简单叠加，而是三个子系统在物质交换和能量流动中相互作用的有机整体。

1. 自然资源子系统——REE 系统的物质基础

自然资源是人类社会存在和经济发展的物质基础（曾嵘、魏一鸣和范英，2000），主要为经济活动提供所需要的各种原材料和能源资源，原材料通过生产过程转化为消费品，能源资源为商品的生产过程提供动力。

2. 生态环境子系统——REE 系统的空间支持

生态环境为经济活动提供场所，是资源的载体。生态环境子系统是在一定空间范围内，由生物群落与其环境所组成，借助于功能流（物质流、能量流、信息流和价值流）而形成的稳态系统。生态环境的服务功能主要有：①供给功能，即生态环境子系统为人类提供生存所必需的空气、淡水、燃料等；②调节功能，即健康的生态环境子系统能有效地控制极端天气、自然灾害和流行疾病的发生；③文化功能，即生态环境子系统可以为人类提供锻炼和教育的场所，并使人身心愉悦；④支持功能，即生态环境子系统能为生物提供栖息地、输送养分、促进水循环等（盛馥来和诸大建，2015）。生态环境质量水平直接关系到人类的生活条件和身体健康，影响自然资源的存量水平（如森林等）、质量（如水资源等）和经济发展的基础。

3. 经济子系统——REE 系统的核心

因为人类的经济行为影响并改变了生态环境子系统的构成及发展，所以经济活动是资源—经济—生态环境系统的核心，资源和生态环境都为这个核心服务。经济发展是人力资源和自然资源综合作用的结果，社会进步是自然资源满足人们需求的体现。经济活动也为自然资源和生态环境保护提供资金和物质支持。经济发展与生态环境承载力之间也存在着冲突与协调两种关系：一方面，生态环境承载力的增加与否取决于环保投资和环境改造的技术水平，经济发展可以为环境治理和改善提供必要的资金和技术，因此两者是协调的；另一方面，经济增长和消费水平提高会增加污染的排放，导致环境承载力下降，因此两者又是矛盾的（曾嵘、魏一鸣和范英，2000）。

二、资源—经济—生态环境系统的循环运动

资源—经济—生态环境系统的循环流程如图 2-2 所示。首先，在经济子系统内部，社会生产总过程从产品的生产到产品的消费需要经历分配、交换等中间环节（见图 2-2 箭头②），消费者（家庭）的劳动和资本又作为生产要素，在生产过程中投入使用（见图 2-2 箭头⑧）。其次，对于生产活动来说，大部分生产活动需要开采自然资源，作为生产活动的投入（见图 2-2 箭头①）；这些原材料通过生产过程转化为消费品，能源为商品的生产过程提供动力，因而是消耗性的。最后，对于消费活动来说，人们需要从生态环境中获取公共消费品，如新鲜的空气、宜人的风景、大自然的休闲功能等（见图 2-2 箭头⑦）。根据物质平衡原理，生产和消费过程中产生的废弃物又排放到生态环境中（见图 2-2 箭头③和④），如燃烧化石燃料产生的 CO_2 和 SO_2，以及汽车尾气中的一氧化碳和氮氧化物等；即使在这些废弃物排放前，人们进行各种物理和化学处理，但仍不可避免地向环境中排放，只是排放数量或浓度有所减缓。人类在生产和消费过程中排放的废弃物可以被大气、水等不同的环境介质所接受（鲁传一，2004），因此会影响原材料的质量和生态环境公共品的质量（见图 2-2 箭头⑤和⑥），如废弃物会影响空气质量、水体质量，破坏自然景观、导致土壤退化等资源和生态环境问题（伯格斯特罗姆，2015）。

资源—经济—生态环境系统的循环运动是一个不规则螺旋状的发展过程，这是由经济子系统的循环运动与生物进化、环境演变等相互作用形成的。在经济子系统中，自然资源经过经济活动中的生产形成经济产品，通过交换、分配、消费环节满足消费者的各种需要，生产过程和消费过程排放废气物进入生态环境，之后再将一部分产品转化为资源投入生产环节，如此往复循环运动。经济活动会对生态环境子系统产生一定影响，随着生态环境系统内部自然生物的生产、消费、分解的循环过程不断演进，共同推动整个资源—经济—生态环境系统不断地循环运动。资源—经济—生态

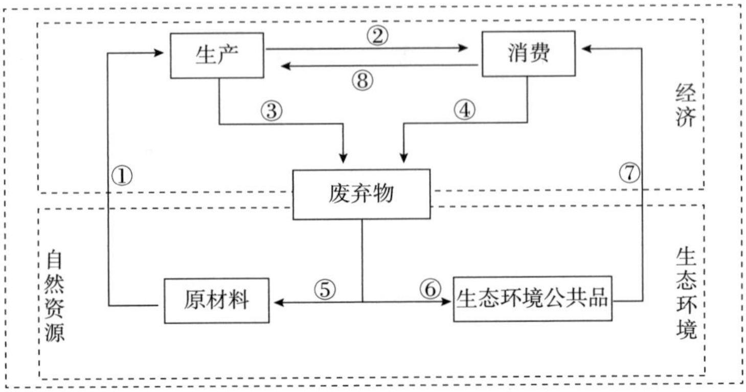

图 2-2　资源—经济—生态环境系统的循环流程

环境系统的循环运动过程伴随着物质循环、能量转化、信息流和价值流的交换和融合，推动资源—经济—生态环境系统不断地由简单向复杂、由低级向高级进化。在自然界各个物质系统和物质层次的变化发展中循环性是普遍存在的，这是资源—经济—生态环境系统循环运动的普遍形式。而且资源—经济—生态环境系统的循环运动具有不可逆性，正是这种不可逆性决定了循环运动的前进性。

经济子系统存在一个永远为正的内在需求动力，导致其对物质、能量的需求无限增加，因而经济系统存在正反馈机制。生态环境系统内部存在着负反馈的自我调节机制，所以在通常情况下，生态环境系统会通过能量流动和物质循环维持自身的动态平衡。由于物质循环过程是可逆的，而能量流动过程是不可逆的，根据热力学理论，整个过程是不可逆的。但由于经济子系统的正反馈机制受到生态环境容量的阈值限制，在某个周期内没有足够的物质、能量以供经济增长消耗，导致经济增长的正反馈机制与生态环境子系统的负反馈机制出现矛盾。

因此，在传统粗放型发展模式下，经济的快速增长对自然资源的获取速度超过了自然资源的补给、再生和增殖速度，这就会造成资源匮乏、生态环境子系统失调、生态环境容量变小等问题（陈德昌和张敬一，2003）。而生态环境一旦遭到破坏，利用物质循环规律，可以实现局部的恢复，但不能彻底回到原来的状态。这样将导致生物多样性逐渐减少、生态环境子系统的退化、环境承载能力下降等问题。

三、绿色发展模式下资源—经济—生态环境系统的循环运动

绿色发展是对传统发展方式的转型，绿色发展的特征是资源节约、环境友好、生态保护等。因此，在绿色发展模式下资源—经济—生态环境系统的循环流程（见图 2-3）有着新的特点。

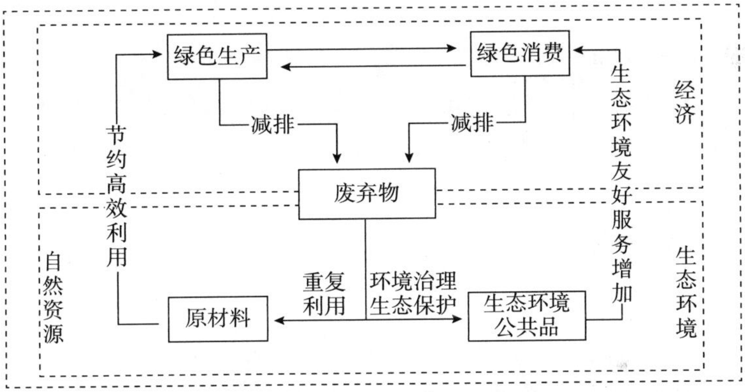

图 2-3　绿色发展模式下资源—经济—生态环境系统的循环流程

首先，在绿色发展模式下国民经济循环运动过程实现了绿色化。绿色发展的核心是绿色经济，就生产环节而言，在投入过程中注重资源的集约高效利用，节约了自然资源，在产出过程中减少了废弃物的排放，即生产过程实现了绿色化，这与传统发展模式中的生产方式存在差异（郑瑞坤，2012）。就消费环节而言，崇尚节约资源减少损失浪费的适度消费方式，追求高层次需求满足，选择高效、环保的产品和服务，对消费后的废弃物进行了回收与利用，减少了废弃物的排放，即消费过程的绿色化。因此，在国民经济循环运动过程中实现了绿色化。绿色发展模式下生产过程和消费过程的绿色化减少了废弃物的排放，可以在一定程度上降低生态环境压

力，改善生态环境状况，促进生态环境系统的良性循环。

其次，绿色发展模式注重环境治理和生态保护，能够促进资源—经济—生态环境系统各要素之间的相互协调。在绿色发展模式下，视山、水、林、田、湖、草为生命共同体，注重环境治理和生态保护，不仅增加森林、淡水等自然资源的储量，为经济活动提供更多的原材料，加强生态保护，改善环境质量，有助于更好地为人类提供舒适性服务；由于一部分环保企业专门生产绿色产品或环保服务，形成了新的绿色产业，因而环境保护有助于经济增长，尤其有助于经济的良性发展，包括提升经济增长质量，推动经济结构的转型等（李志青，2015）。

在绿色发展模式下的资源—经济—生态环境系统中，自然资源经过绿色生产形成经济产品，并通过绿色消费环节为消费者用以满足各种需要；绿色生产过程和绿色消费过程进入生态环境的废弃物减少，同时将一部分废弃物转化为资源投入生产环节，如此往复循环运动。绿色发展模式下注重环境治理和生态保护，增加资源和生态环境公共产品的供给，促进自然资源的可持续利用和生态环境子系统内部自然生物的生产、消费、分解的良性循环过程不断演进，共同推动整个资源—经济—生态环境系统不断地循环运动。在绿色发展模式下，资源—经济—生态环境系统的循环运动过程同样伴随着物质循环、能量转化、信息流和价值流的交换和融合，推动资源—经济—生态环境系统不断地由简单向复杂、由低级向高级进化。绿色发展模式下经济发展不会超越生态供给的阈值，经济的增长对自然资源的获取速度不会超过自然资源和生态环境的补给、再生和增殖速度，这将有利于减缓经济增长的正反馈机制与生态环境系统的负反馈机制之间的矛盾，因此能够促进资源—经济—生态环境系统的良性循环。

因此，从系统论的观点看，绿色发展模式有利于减缓资源和生态环境的供给和经济需求之间的矛盾，旨在促进资源—经济—生态环境系统各要素之间的协调作用产生的结构有序与功能协调的动态平衡，从而实现资源—经济—生态环境系统的良性循环，人与自然的和谐发展。

绿色发展的系统论要求经济活动要按照资源—经济—生态环境系统的

整体性、系统性及其内在规律来进行，经济的发展要与资源和生态环境的承载力为基础，注重资源的节约高效利用、加强环境治理、加大生态保护力度、改善环境质量、提升经济增长质量、倡导绿色生活方式，以保持资源、经济与生态环境的协调发展，维护生态系统平衡，实现人与自然的和谐发展。因此，人类在进行经济活动时需要从人与自然和谐统一的角度来安排生产和消费，注重资源的节约高效利用，不能将人类社会的活动凌驾于自然资源和生态环境之上，促进生产过程的“绿色化”“生态化”，激励绿色产品和服务的供给和需求，培育和壮大新的增长点，扩展绿色产品的市场容量，显著提升经济增长质量。倡导绿色生活方式，促进消费过程的“绿色化”，在衣、食、住、行、游等方面形成节约集约的消费习惯，推广绿色居住、普及绿色出行、发展绿色旅游，抵制和反对各种形式的奢侈浪费、不合理消费现象。而且要通过加强环境治理和生态修复保护等各种手段和方法来降低人类活动对于自然资源子系统和生态环境子系统的破坏性以及对于人类自身造成的负面影响，增强资源环境的承载能力，改善环境质量、维护生态平衡。

第三章

中国区域绿色发展水平测度

习近平总书记指出，“既要绿水青山，又要金山银山”“绿水青山就是金山银山”，要使“绿水青山”变成“金山银山”，必须坚定不移地走绿色发展之路。目前绿色发展的理念与实践已经渗透到经济发展、社会生活、资源环境和生态文化等多个方面，其广泛的范畴为全面系统客观地评价中国区域绿色发展水平提出了极大的挑战。为掌握中国区域绿色发展的具体情况，本章在第一章绿色发展的理论基础上构建绿色发展指标体系，对中国各省、区、市绿色发展水平进行客观和科学的评价。首先，阐述绿色发展指标体系的构建原则、内容和特点。其次，介绍原始数据来源及预处理方法。再次，利用 Shannon-Spearman 测度方法及 Bootstrap 抽样技术，以资源利用指数的测算为例进行综合评价方法优良性的选择。最后，测算中国各省、区、市绿色发展的 6 个分维度指数以及绿色发展总指数。

本章的研究目的是综合测度我国区域绿色发展水平，分析绿色发展的不均衡性和时空变化特征等，为全面认识和了解我国区域绿色发展的历史阶段和存在的问题提供定量支撑。因此，本章的研究区域应该包括绿色发展政策覆盖范围内的所有省、区、市。考虑到香港、澳门和台湾的社会制度和管理体制与大陆地区不同，及西藏数据的可获得性等原因，本章的研究对象是全国除去西藏、香港、澳门和台湾以外的 30 个省、区、市。考虑到部分原始数据的可得性，本章的研究时间跨度为 2006~2015 年。

第一节　中国区域绿色发展指标体系构建

中国经济绿色转型任重道远，因此迫切需要借鉴国际经验，建立和运用指标工具评估当前的绿色发展进程，识别存在的主要问题，并制定相应的政策方案以促进国家和地方层面的绿色经济发展。建立科学合理的绿色经济指标体系是评估进展、制定政策和指导实践的重要手段与前提。本节在绿色发展的系统论基础上构建绿色发展水平测量指标体系，主要介绍绿色发展指标体系的构建原则、绿色发展指标体系的具体内容及其特点。

一、绿色发展指标体系的构建原则

由于区域绿色发展的测度是一个多侧面、多层次的复杂问题，因此，“绿色发展指标体系”也必然是一个由多方面指标组成的复杂体系，其中每个指标都反映不同的问题，彼此间又相互关联，从而使整个指标体系具有多方面的评价和分析功能。“区域绿色发展指标体系”应该能适当地反映出各地区在经济、资源、生态环境等方面的基本情况，并能满足不同时期和不同地区对比分析的需要。为全面推动我国绿色发展水平的提升，制定绿色发展指标体系时应该反映绿色发展新理念的内涵，全面体现建设生态文明的要求，重点突出“十三五”规划中约束性指标的作用，大力促进人与自然和谐相处，全面节约和高效利用资源，加大环境整治力度，改善环境质量，加强生态保护工作，提高经济增长质量，倡导绿色生活方式，为加快建设生态文明发挥重要的作用（宁吉喆，2016）。

为了保证该指标体系的合理性，在制定过程中遵循以下原则：

（1）目的性。绿色发展评价体系要求通过围绕综合评价的目的——能准确反映省域绿色发展评价目标，对绿色发展的本质特征和主要构成成分进行客观监测和描述，达到为监测和评价经济发展服务的目的（魏晓双，2013）。因此，在绿色发展的指标体系构建中，要能充分体现绿色发展的内涵特征，衡量绿色发展的经济、社会和生态效益；而且要帮助各级政府发现资源、经济、生态环境等不同领域和具体要素上存在的问题，为指导绿色发展的政策制定服务。

（2）科学性。绿色发展是相对于传统粗放型发展模式对生态环境造成破坏的“黑色”发展而提出的。绿色发展旨在通过减少资源消耗，加强环境和生态治理的方式缓解经济发展过程中的矛盾，本质上体现了科学发展观的理念（郝栋，2012）。绿色发展是一场涉及生产方式、生活方式和价值观念的世界性革命，是一次顺应世界潮流的新选择。作为一种基本的发展理念，绿色发展理念也是对我国当代科学发展、共建和谐社会的实践性提升，它将通过多种渠道对发展方式和人们的生活（消费）方式进行重大的引导和调整，从而引导国家沿着科学的发展路径前进。

（3）综合性。应当广泛考虑各种可能影响到各地区绿色发展水平的因素，尽可能将那些较为重要的影响因素适当地引入该指标体系之中，并将其分门别类、划分层次，便于分析研究。本指标体系划分为资源利用指标、环境治理指标、环境质量指标、生态保护指标、增长质量指标和绿色生活指标六大部分，每一部分包括一定数量的指标，有些指标在属性上可能与几个指标类别有关，则应按其主要属性进行归类。

（4）可操作性。纳入该体系的各项指标因素必须概念明确、内容清晰，能够实际计量或测算，以便进行定量分析。过于抽象的分析概念或理论范畴不作为指标引入体系，现阶段还无法实际测定的指标也暂时不予考虑。

（5）代表性。入选的指标应该能够较好地反映绿色发展问题，与绿色发展无关或关系不大的因素不予考虑；并且，对于每一类影响到绿色发展水平的因素，应当从中筛选适当数量的代表性因素进行研究，不搞大而全，不必面面俱到。

（6）可比性。绿色发展评价指标体系的建立一方面要考虑到地域发展存在着阶段性和环境问题的动态性，要保证选取的指标具有横向发展性和纵向连续性；另一方面又要使其能满足全国各省域间的比较，从而科学、准确地判断出某一省域各方面的绿色发展处于全国的水平。另外还需要考虑各地区资源禀赋的差异性，使该指标体系具有较好的包容性和可比性，以利于实际地分析应用。

二、绿色发展指标体系的具体内容

本节在国家发展和改革委员会 2017 年 12 月底公布的绿色发展评价指标体系①的基础上，根据数据可得性对原有指标进行适当调整，构建我国区域绿色发展的评价指标体系（见表 3-1），调整后的绿色发展评价指标体系包括了资源利用、环境治理、环境质量、生态保护、经济增长质量、绿色生活 6 个一级指标和 44 个二级指标。

表 3-1　绿色发展评价指标体系

一级指标	二级指标	计量单位	指标类型	指标权重（%）	正逆向
资源利用（权重=33.68%）	能源消费总量	万吨标准煤	◆	2.17	逆向
	单位 GDP 能源消耗降低	%	★	3.26	正向
	单位 GDP 二氧化碳排放降低	%	★	3.26	正向
	天然气占一次能源消费比重	%	★	3.26	正向
	用水总量	亿立方米	◆	2.17	逆向
	万元 GDP 用水量下降	%	★	3.26	正向
	单位工业增加值用水量降低率	%	◆	2.17	正向
	农业用水效率	—	◆	2.17	正向
	耕地保有量	亿亩	★	3.26	正向
	新增建设用地规模	万亩	★	3.26	逆向
	单位 GDP 建设用地面积降低率	%	◆	2.17	正向
	综合能耗产出率	万元/吨	◆	2.17	正向
	一般工业固体废物综合利用率	%	△	1.09	正向

① 发展改革委. 绿色发展指标体系、生态文明建设考核目标体系［EB/OL］.［2016-12-22］. http：//www.gov.cn/xinwen/2016-12/22/content_5151575.htm.

续表

一级指标	二级指标	计量单位	指标类型	指标权重（%）	正逆向
环境治理（权重=19.57%）	化学需氧量排放总量减少	%	★	3.26	正向
	氨氮排放总量减少	%	★	3.26	正向
	二氧化硫排放总量减少	%	★	3.26	正向
	氮氧化物排放总量减少	%	★	3.26	正向
	危险废物处置利用率	%	△	1.09	正向
	生活垃圾无害化处理率	%	◆	2.17	正向
	污水集中处理率	%	◆	2.17	正向
	环境污染治理投资占 GDP 比重	%	△	1.09	正向
环境质量（权重=19.57%）	省会城市空气质量优良天数比率	%	★	3.26	正向
	省会城市 PM10 浓度下降	%	★	3.26	正向
	地表水达到或优于Ⅲ类水体比例	%	★	3.26	正向
	地表水劣于Ⅴ类水体比例	%	★	3.26	正向
	地级及以上城市集中式饮用水水源水质达到或优于Ⅲ类比例	%	◆	2.17	正向
	近岸海域水质优良（一、二类）比例①	%	◆	2.17	正向
	单位耕地面积化肥使用量	千克/公顷	△	1.09	逆向
	单位耕地面积农药使用量	千克/公顷	△	1.09	逆向
生态保护（权重=13.06%）	森林覆盖率	%	★	3.26	正向
	森林蓄积量	亿立方米	★	3.26	正向
	湿地面积占辖区面积比重	%	◆	2.17	正向
	自然保护区占辖区面积比重	%	△	1.09	正向
	海洋保护区面积	万公顷	△	1.09	正向
	新增水土流失治理面积占辖区面积比重	%	△	1.09	正向
	新增矿山恢复治理面积占矿业开采累计占用损坏土地面积比重	%	△	1.09	正向

① 近岸海域水质优良比例指标涉及辽宁省、河北省、天津市、山东省、江苏省、上海市、浙江省、福建省、广东省、广西壮族自治区、海南省 11 个省、区、市。

续表

一级指标	二级指标	计量单位	指标类型	指标权重（%）	正逆向
经济增长质量（权重=8.68%）	人均 GDP 增长率	%	◆	2.17	正向
	居民人均可支配收入	元/人	◆	2.17	正向
	第三产业增加值占 GDP 比重	%	◆	2.17	正向
	高技术产业增加值占工业增加值比重	%	◆	2.17	正向
绿色生活（权重=5.44%）	绿色出行（城镇每万人公交客运量）	万人次	△	1.09	正向
	城市建成区绿地率	%	△	1.09	正向
	农村自来水普及率	%	◆	2.17	正向
	农村卫生厕所普及率	%	△	1.09	正向

注：标★的表示是由“十三五”规划确定的资源环境约束性指标；标◆的表示是由“十三五”规划和“加快推进生态文明建设”的意见提出的主要监测评价指标；标△的为绿色发展的其他重要监测评价指标。根据其重要程度，三类指标的权重之比按 3∶2∶1 计算。

（一）资源利用

资源利用重点反映能源、水资源、建设用地的总量和强度的双控要求和自然资源的利用效率，目的是引导各地区自然资源的节约、集约、循环使用，提高资源使用的效益，减少污染物排放。资源利用方面具体包括 13 个指标①。其中，能源消费方面有能源消费总量、单位 GDP 能源消耗降低、单位 GDP 二氧化碳排放降低、天然气占一次能源消费比重 4 个有关指标，水资源利用方面有用水总量、万元 GDP 用水量下降、单位工业增加值用水量降低率、农业用水效率 4 个有关指标，土地利用方面有耕地保有量、新增建设用地规模、单位 GDP 建设用地面积降低率 3 个有关指标，资源循环利用方面有两个有关指标，即综合能耗产出率和一般工业固体废物

① 资源利用方面调整前包含 14 个指标，本书具体作如下调整：第一，将“非化石能源占一次能源消费比重”调整为“石油天然气占煤油气比重”；第二，将“农田灌溉水有效利用系数”调整为“农业用水效率”；第三，将“资源产出率”替换为“综合能耗产出率”；第四，因为数据缺失，去掉“农作物秸秆综合利用率”。调整后资源利用方面包含 13 个指标。

综合利用率。总的来看，指标的分布大体均衡，并综合考虑了速度和效率、工业和农业、城市和农村等相关指标的代表性。

（二）环境治理

“环境治理”重点反映主要污染物、危险废弃物、生活垃圾和污水的治理以及环境污染治理的投资等情况，具体包括 8 个指标。其中化学需氧量排放总量减少、氨氮排放总量减少、二氧化硫排放总量减少、氮氧化物排放总量减少 4 个指标为“十三五”规划纲要确定的约束性指标，危险废物处置利用率、生活垃圾无害化处理率、污水集中处理率为 3 个重要污染物治理指标，环境污染治理投资占 GDP 比重为环境治理投入力度指标①。

（三）环境质量

“环境质量”重点反映大气、水、土壤和海洋的环境质量状况，具体包括 8 个指标②。其中，省会城市空气质量优良天数比率、省会城市 PM10 浓度下降 2 个指标反映空气质量，地表水达到或优于Ⅲ类水体比例、地表水劣于Ⅴ类水体比例反映地表水质量，地级及以上城市集中式饮用水水源水质达到或优于Ⅲ类比例、近岸海域水质优良（一、二类）比例反映饮用水水源地和近岸海域的水质。由于反映耕地质量的指标数据十分缺乏，本章暂时用单位耕地面积化肥使用量及农药使用量来间接反映耕地质量的变化情况。

（四）生态保护

“生态保护”重点反映森林、湿地、海洋、自然保护区、水土流失和矿山恢复等方面的保护与治理。生态保护方面具体包括 7 个指标③，即森林覆盖率、森林蓄积量、湿地面积占辖区面积比重、自然保护区面积、海

---

① 环境治理方面指标没有进行调整。

② 环境质量方面调整前包含 10 个指标。本书具体作如下调整：第一，将“地级及以上城市空气质量优良天数比率”调整为省会城市空气质量优良天数比率。第二，将“细颗粒物（PM2.5）未达标地级及以上城市浓度下降”调整为“省会城市 PM10 浓度下降”。第三，因为数据严重缺失，去掉“重要江河湖泊水功能区水质达标率”和“受污染耕地安全利用率”。调整后环境质量方面包含 8 个指标。

③ 生态保护方面调整前包含 10 个指标，因为缺乏相关公开数据，暂不考虑草原综合植被覆盖度、自然岸线保有率和可治理沙化土地治理率 3 个指标，因此本书中生态保护方面包括 7 个指标。

洋保护区面积、新增水土流失治理面积、新增矿山恢复治理面积。需要说明的是，为避免绝对数据受辖区面积的影响过大，本章将“自然保护区面积”替换为“自然保护区面积占辖区面积比重”，将“新增水土流失治理面积”替换为“新增水土流失治理面积占辖区面积比例”，将“新增矿山恢复治理面积”替换为“新增矿山恢复治理面积占矿业开采累计占用损坏土地面积比重”。

（五）经济增长质量

“经济增长质量”重点从宏观经济的增速、效率、效益、结构和动力等方面反映经济增长的质量，以体现绿色与发展的协调统一。经济增长质量方面具体包括人均 GDP 增长率、居民人均可支配收入、第三产业增加值占 GDP 比重、高技术产业增加值占工业增加值比重 4 个指标。需要指出的是，由于“战略性新兴产业增加值占 GDP 比重”指标数据缺失，本章用“高技术产业增加值占工业增加值比重”代替。“研究与试验发展经费支出占地区生产总值比重”指标只有 2011 年以后的数据，为保证“十一五”和“十二五”期间经济增长质量指数的可比性，本章暂不考虑该指标。

（六）绿色生活

“绿色生活”重点从公共机构、绿色产品推广使用、绿色出行、建筑、绿地、农村自来水和卫生厕所等方面反映绿色生活方式的转变以及生活环境的改善，体现绿色生活方式的倡导引领作用。绿色生活方面具体包括 4 个指标[①]，即绿色出行（城镇每万人公交客运量）、城市建成区绿地率、农村自来水普及率、农村卫生厕所普及率。

三、绿色发展指标体系的特点

我国区域绿色发展的评价指标体系涵盖了资源、生态环境与经济三大

① 绿色生活方面调整前包含 8 个指标，因为缺乏相关公开数据，本书暂不考虑公共机构人均能耗降低率、绿色产品市场占有率、新能源汽车保有量增长率和城镇绿色建筑占新建建筑比重 4 个指标。调整后绿色生活方面包含 4 个指标。

领域，体现了绿色发展旨在促进资源—经济—生态环境系统良性循环，人与自然和谐发展的内涵本质。该指标体系具体有如下几个方面的特点：一是与联合国2030年可持续发展目标的17项指标的主要内容相呼应。二是重点突出了我国“十三五”规划纲要的目标要求，体现了加快生态文明建设而提出的目标要求，反映目前中国在绿色发展上的主要阶段性矛盾与工作方向。三是重点考核资源节约利用、环境污染治理和生态保护等方面的进展情况，关注人与自然和谐发展，注重发挥绿色发展的评价考核的引领及导向作用（宁吉喆，2016）。四是在指标选择上兼顾了科学性与可行性、代表性与可比性，并重点考虑了各地区发展的差异性，因此，该指标体系能够全面客观地反映我国各地区绿色发展的进展情况。

从绿色发展评价指标体系的各分维度看，在资源利用方面，不仅注重消费强度的降低而且强调消费总量的减少，因此，在资源利用方面增加了总量约束指标，如能源消费总量、用水总量、耕地保有量、新增建设用地规模等。在环境治理方面，不仅强调排放强度降低而且强调排放总量的减少，如增加了化学需氧量排放总量减少、氨氮排放总量减少、二氧化硫排放总量减少、氮氧化物排放总量减少等；并增加了危险废物处置利用率指标。在环境质量方面，增加了空气及水体质量的检测指标，如省会城市空气质量优良天数比率、省会城市PM10浓度下降、地表水达到或优于Ⅲ类水体比例、地表水劣于Ⅴ类水体比例、地级及以上城市集中式饮用水水源水质达到或优于Ⅲ类比例、近岸海域水质优良（一、二类）比例。在生态保护方面，增加了自然保护区面积、新增水土流失治理面积、可治理沙化土地治理率、新增矿山恢复治理面积等方面的指标。在经济增长质量方面，与以往片面关注GDP的增长速度不同，本指标体系更注重人民群众的获得感，增加了居民人均可支配收入指标；更注重产业结构的高级化，增加了高技术产业增加值占工业增加值比重指标。在绿色生活方面，增加了农村自来水普及率、农村卫生厕所普及率等指标。

四、指标权重的确定

在我国区域绿色发展水平综合评价中，权重的确定主要使用主观赋权方法，具体是根据专业知识、实践经验，通过主观分析后，研究确定各个评价指标重要性的权重确定方法。

本书绿色发展综合评价中的指标权重共分三类：第一类是“十三五”规划纲要中规定的有关约束性指标；第二类是“十三五”规划纲要和《加快推进生态文明建设的意见》提出的主要监测评价指标；第三类是其他有关绿色发展的重要监测评价指标。三类指标的权重之比为3∶2∶1，6个一级指标的权数分别由其所包含的二级指标权重汇总生成[①]。具体地，绿色发展指标体系中资源利用、环境治理、环境质量、生态保护、增长质量、绿色生活的权重分别为33.68%、19.57%、19.57%、13.06%、8.68%、5.44%。“资源利用”的权重最高，“环境治理”和“环境质量”的权重其次，而权重最低的分维度指标是“增长质量”和“绿色生活”。这一指标体系的结构说明，绿色发展指数与相关的“环境绩效指数”不同，其涵盖了资源、生态环境与经济三大领域，是一个偏重于绿色的综合发展指数。从权重设置看，绿色发展指数是“资源环境优先”的结构性发展指数，充分体现了当前生态文明建设过程中，节能和减排两大关键工作是“绿色发展”的重心所在。与以往的经济发展指数不同的是，在绿色发展指数中，经济增长的权重较低，这意味着，未来大部分地区以经济增速比拼为特征的GDP锦标赛将让位于对资源的高效利用、加强生态环境保护为核心的绿色发展水平的比较，这是一个根本性的转变（李志青，2018）。而且，在生态环境方面，如果将“环境治理、环境质量、生态保护”3项分维度指标加总起来，生态环境保护所占的权重高达52.2%，也就是说，在当前发展阶段，绿色发展的重中之重是生态环境保护，一方面体现了生态环境的

① 近岸海域水质优良比例指标只涉及沿海省份，对其他内陆省份，将该指标的权重平分到其他指标上，以体现区域之间的差异。

“供需”矛盾构成了我国新时代社会经济发展的主要矛盾之一，这关系到公众的生活质量和获得感；另一方面则与生态环境保护的丰富内涵有关，从治理的过程到保护的结果，不仅涉及各种不同的污染物排放，而且还与自然生态环境的演化进程有关，范围非常广泛，很多指标的改善都需要较长时期的不懈努力。因此，在未来较长一段时期，更加注重生态环境保护无疑将成为绿色发展的一个“新常态”。

从经济学理论看，绿色发展评价体系的重要意义在于：①体现了资源、生态环境与经济协调发展的发展理念，其背后是纠正现有机制下自然资源错配造成效率低下的问题，使新的生产关系更适应生产力的发展需要，并使资源、生态环境、经济三大领域的比例关系更加符合当前社会经济发展的需要；②重塑了以绿色发展为核心的绩效评估及激励机制，尤其是将资源开发过程中的外部性成本内部化到地方政府的绩效考核中，改变了激励的导向，具有纠正“政府主导型”市场失灵的重要作用；③绿色发展指标制度体系预示着“国家治理体系”的演进方向，我国将坚定不移地长期持续推进环保改革大业，最终实现绿色发展意义上的“收敛”。

第二节　数据来源及预处理

一、数据来源

省会城市空气质量优良天数比率、地表水达到或优于Ⅲ类水体比例、地表水劣于Ⅴ类水体比例、省会城市PM10浓度下降等数据来源于历年《中国环境状况公报》及各省、区、市环境状况公报；近岸海域水质优良（一、二类）比例数据来源于历年《中国近岸海域环境质量公报》；能源消费量总数据来自于《中国能源统计年鉴》；矿业开采累计占用、每公顷损坏土地面积数据来源于《中国国土资源统计年鉴》；各省份水泥产量数据来自中经网统计数据库；其他数据来源于《中国统计年鉴》《中国林业统计年鉴》和 EPS 统计分析数据库等。

二、部分指标数据测算及说明

(1) 单位 GDP 二氧化碳排放量降低率。本书参考熊灵和齐绍洲(2016)，及严成樑、李涛和兰伟（2016）的方法对我国 30 个省（自治区、直辖市）2005~2015 年的 CO_2 排放量进行估算。CO_2 排放主要有两个来源：一是化石能源燃烧过程产生的 CO_2 排放，二是水泥生产中释放的 CO_2。

1）化石燃料的 CO_2 排放量估算。我国主要使用煤、石油和天然气，因此，本书主要考虑这三种能源的 CO_2 排放量。本书根据林伯强和刘希颖(2010)，使用式（3-1）估算化石燃料燃烧产生的 CO_2：

$$CO_2 = \sum \alpha_i \beta_i E_i \tag{3-1}$$

其中，α_i 为第 i 种能源的转化率，β_i 为第 i 种能源的 CO_2 排放系数，E_i 为第 i 种能源的消耗量。2011 年，我国煤、石油和天然气的消费量在能源消费总量中的比重分别为 72%、19.5%和 5.2%。原煤、原油和天然气的转化率（即折标准煤系数）分别为 0.7143 千克标准煤/千克、1.4286 千克标准煤/千克、1.1~1.33 千克标准煤/立方米（见表 3-2）。煤、石油和天然气的 CO_2 排放因子分别为 2.7412 万吨/万吨标准煤、2.1358 万吨/万吨标准煤和 1.6262 万吨/万吨标准煤。

2）生产水泥的 CO_2 排放量估算。根据 IPCC 提供的方法，每生产 1 吨水泥熟料，原料分解过程直接排放 0.5272 吨 CO_2，即水泥熟料的 CO_2 排放因子为 0.5272。由于中国省级的水泥熟料产量数据缺失，本书参照李锴等的做法，假定综合熟料含量为 75%，这样每生产 1 吨水泥原料分解过程就要排放 CO_2 约 0.3954 吨，即水泥的 CO_2 排放因子为 0.3954。

对以上两种来源产生的 CO_2 排放量进行加总，即得到 30 个省（自治区、直辖市）2005~2015 年的 CO_2 排放总量。用 CO_2 排放总量除以实际 GDP 得到单位 GDP 的 CO_2 排放量。

表 3-2　各种能源折标准煤参考系数

能源	折标准煤系数（转化率）	二氧化碳排放系数
原煤	0.7143 千克标准煤/千克	2.7412
原油	1.4286 千克标准煤/千克	2.1358
天然气	1.1~1.33 千克标准煤/立方米	1.6262

资料来源：《中国能源统计年鉴》。

（2）天然气消费量占化石能源消费总量比重。首先按各种能源折标准煤参考系数将煤炭、石油和天然气折算成标准煤，再计算比重。

（3）万元 GDP 用水量降低率、单位工业增加值用水量降低率。其中，GDP 和工业增加值均采用不变价格，农业用水效率即万元农业增加值用水量，其中农业增加值用 2005 年的不变价格进行折算。

（4）化学需氧量、氨氮、二氧化硫、氮氧化物 4 种主要污染物排放总量的统计范围说明：自 2011 年以后，包括工业源、生活源、农业源和集中式污染治理设施，2010 年及以前主要污染物排放总量统计范围为工业源和生活源①，因此，在计算排放总量减少时，需要对 2011 年的排放量减少数据进行调整。

（5）对危险废物处理利用率指标，书中具体计算的是工业危险废物处置利用率。对生活垃圾无害化处理率指标，本书计算的是城市生活垃圾无害化处理率；对于污水集中处理率，本书计算的是城市污水处理率。

三、离群点与缺失数据处理

海洋保护区面积数据中离群点数据处理。广东省 2011 年、2012 年海洋保护区面积分别为 434459 平方千米、419874 平方千米，海南省 2011~2015 年海洋保护区面积在 24800 平方千米左右，而其他省份的海洋保护区面积在 120~14034 平方千米。离群点的出现会导致对数据进行归一化处理

① 2006 年氮氧化物数据是城镇生活氮氧化物排放量数据。

后大部分数据过小甚至接近于零，为避免这种情况，将大于 14034 平方千米的数据都规定为 14034 平方千米，以增强标准化后数据的区分度。

此外，针对本书缺失数据的特点，主要采用均值替换法和回归替换法来填充缺失数据。本书使用上述缺失值处理方法补全 2011 年一般工业固体废物综合利用率数据、危险废物处理利用率的部分数据、2011 年和 2012 年两年的耕地面积数据等。

四、评价指标的无量纲化处理

绿色发展指标按评价作用分为正向指标和逆向指标，按指标数据性质分为绝对数指标和相对数指标，因此需对各个指标进行无量纲化处理。具体处理方法是将逆向指标转化成正向指标，绝对数指标转化成相对数指标。

（一）逆向指标正向化处理

进行合适的单调递减函数变换将负向指标正向化处理。主要方法有取倒数法、取负值法等。为简单起见，一般令

$$x^{*}=M-x \quad 或 \quad x^{*}=\frac{1}{x} \quad (x>0) \tag{3-2}$$

其中，M 为指标 x 的一个允许的上界。

新增建设用地规模指标数值有正有负，用取倒数的方法不合适，这里用取负值的方法进行正向化处理。

（二）无量纲化方法

常用的无量纲化方法有标准化方法和极值处理法等。

（1）标准化方法的计算公式如式（3-3）所示：

$$x_{ij}^{*}=\frac{x_{ij}-\bar{x}_j}{s_j} \tag{3-3}$$

其中，$\bar{x}_j$ 、s_j 分别是第 j 个指标 x_j 的样本均值和样本标准差。x_{ij}^{*} 为标准观测值。

这种方法的特点是：变换后标准观测值的均值为 0，方差为 1；变换后

标准观测值在 0 附近波动，最大值和最小值无法确定；标准观测值的数值有正有负，对于要求标准观测值非负的评价不适用该方法。

（2）极值处理方法的计算公式如式（3-4）所示：

$$x_{ij}^* = \frac{x_{ij} - m_j}{M_j - m_j}, M_j = \max_i\{x_{ij}\}, m_j = \min_i\{x_{ij}\} \tag{3-4}$$

该方法的特点是：变换后的标准观测值最小值为 0，最大值为 1；对于指标值恒定的情况不适合。

本节主要使用上述方法对绿色发展评价指标体系进行无量纲化处理，将单位耕地面积化肥施用量和单位耕地面积农药使用量等负向指标进行正向化和归一化处理。

第三节　综合评价方法的优良性选择

在对我国区域绿色发展水平的各分维度指数及总指数的测算中，测度结果很大程度上取决于所使用基础数据的汇总方案，即综合评价方法的选择对绿色发展指数的测度结果具有决定性影响。在比较综合评价方法的众多标准中，由 Zhou 和 Ang 于 2009 年提出的 Shannon-Spearman 测度方法是基于信息损失的概念构建的测度指标，即信息损失量 SSM 值，结合 Bootstrap 抽样技术比较各种综合评价方法。其优良性选择标准是：若综合评价结果的信息损失量 SSM 最小，且其 Bootstrap 样本的标准误也最小，则利用该评价方法得到的评价结果最稳健，该方法就是最优的综合评价方法（龚锋和雷欣，2010）。目前应用比较普遍的几种综合评价方法有加权求和法、加权乘积法、加权重置理想法、逼近理想点排序法等，本节以资源利用指数的测算为例，对上述 4 种综合评价方法进行比较，从中选择最为合适的综合评价方法。

一、4种综合评价方法介绍

加权求和法（SAW）、加权乘积法（CWP）、加权重置理想法（WDI2）、逼近理想点排序法（TOPSIS）的计算公式如表3-3所示。

表3-3　4种综合评价方法的计算公式

加总方法	公式
加权求和法	$CI_j^{SAW}=\sum_{k=1}^{K}w_k r_{kj}$
加权乘积法	$CI_j^{WP}=\prod_{k=1}^{K}(r_{kj})^{w_k}$
加权重置理想法	$CI_j^{WDI2}=\sqrt{\sum_{k=1}^{K}(w_k r_{kj})^2}$
逼近理想点排序法	$CI_j^{TOPSIS}=\dfrac{\sqrt{\sum_{k=1}^{K}(w_k r_{kj}-\min\{w_k r_{kj}\})^2}}{\sqrt{\sum_{k=1}^{K}(w_k r_{kj}-\min\{w_k r_{kj}\})^2}+\sqrt{\sum_{k=1}^{K}(w_k r_{kj}-\max\{w_k r_{kj}\})^2}}$

注：CI为合成指数，K为指标个数，r_{kj}为第j个评价对象的第k个指标值，w_k为第k个指标值的权重。

加权求和法就是用加权算术平均的方法对数据进行加总，该方法的优点有以下几个方面：第一，它适用于各原始指标之间相互独立的情况；第二，各原始指标之间可以相互线性补偿；第三，采用此方法时权重的作用非常重要；第四，该评价方法可以突出权重较大的原始指标的作用，因此可以引导和促进被评价主体采用倾斜型的发展战略，以达到考核评价的目的；第五，该加总方法对原始数据无特定要求，因此非常容易推广。

加权乘积法是先将每个原始指标以其权重为幂计算$(r_{kj})^{w_k}$，再将各项$(r_{kj})^{w_k}$相乘得到评价结果的方法。加权重置理想法是对各项$(w_k r_{kj})^2$求和后再开方，这两者也均是正向指标越大，评价结果也越大。

逼近理想点排序法是根据各被评价主体与正理想点、负理想点之间的相对距离对其进行排序的测度方法。其中，理想点是理想中最优的评价对象，而负理想点则是最差的评价对象。TOPSIS 法采用欧几里德范数为测度函数，计算各被评价主体到正理想点、负理想点间的相对距离，与正理想点距离越近，且与负理想点距离越远的被评价主体的分数越高。TOPSIS 法较为重视评价指标体系的整体系统性和协调性，评价结果的单调性较好，正向指标越大，得到的分数也越大（俞立平、潘云涛和武夷山，2012）。

二、Shannon-Spearman 测度方法及 Bootstrap 抽样技术

Zhou 和 Ang（2009）提出了 Shannon-Spearman 测度方法，用以计算各种评价方法的信息损失量（SSM 值）的大小。利用该方法结合蒙特卡洛方法进行 Bootstrap 抽样，以信息损失量最小为标准选择最合适的测度方法。其主要思路为：首先，计算各个测度指标的信息损失值（SSM 值）；其次，由于 SSM 值的统计特征（包括标准差和置信区间等）是未知的，因此需要根据蒙特卡洛方法及 Bootstrap 抽样技术，估计 SSM 值的标准差和置信区间，用以计算各个综合评价指标的信息损失量的精度及可靠性，从而比较分析各个综合评价指标的优劣（龚锋和雷欣，2010）。基于 Shannon-Spearman 测度的优良性选择方法的具体步骤如下：

（1）Shannon-Spearman 测度值（SSM 值）的计算公式如式（3-5）所示：

$$SSM = \left| \sum_{k=1}^{K} w_k\left(1 + \frac{1}{\ln m}\sum_{j=1}^{m} p_{kj}\ln p_{kj}\right) r_{sk} - \left(1 + \frac{1}{\ln m}\sum_{j=1}^{m} p_j \ln p_j\right) r_s \right| \quad (3-5)$$

其中，$m=N\times T$，N 是被评价对象的个数，在本书中有 30 个省份（$N=30$）；T 是评价的年数（本书 $T=10$）；$p_{kj}=\frac{x_{kj}}{\sum_{j=1}^{m} x_{kj}}$；$p_j=\frac{CI_j}{\sum_{j=1}^{m} CI_j}$。$r_{sk}$ 是 x_k 与参照向量 r_0 的斯皮尔曼（Spearman）秩相关系数，r_s 是测度指标 CI 与参照向量 r_0 的斯皮尔曼秩相关系数，参照向量为 $r_0=(m, m-1, \cdots, 3, 2, 1)^T$。

分别将 CI 设定为加权平均法、加权乘积法、加权重置理想法、逼近理想点排序法 4 种综合评价指标，即可以计算得到这些综合评价指标的信息

损失值。

（2）用 Bootstrap 抽样方法获得 SSM 值的置信区间。在进行 Bootstrap 抽样时，需要考虑资源利用指标的样本面板数据结构。在个体重复 Bootstrap 抽样、时期重复 Bootstrap 抽样、个体—时期重复 Bootstrap 抽样 3 种抽样方法中，当个体 N 和时期 T 的个数适中时，个体重复 Bootstrap 抽样的效果最好。在本书资源利用指数的测度研究中采用个体重复 Bootstrap 抽样法获得 SSM 值的 Bootstrap 样本。令 $CI_{i.}$ 为 $T\times1$ 维的综合评价指标向量，其元素为第 i 省 T 年的资源利用综合评价数值；$X_{i.}$ 是 $T\times K$ 维（K 是资源利用指标体系中的指标个数，本书 $K=13$）的原始指标矩阵，其元素是第 i 省 T 年的 K 个原始指标值。将 $CI_{i.}$ 和 $X_{i.}$ 组合成 $T\times(K+1)$ 维的矩阵（$CI_{i.}$，$X_{i.}$）（$i=1, 2, \cdots, N$）。具体的 Bootstrap 抽样过程如下：

1）对矩阵（$CI_{i.}$，$X_{i.}$）以 1/N 的概率进行有放回的重复抽样，获得 Bootstrap 样本（CI_{it}^*，x_{it}^*）（$i=1, 2, \cdots, N$；$t=1, 2, \cdots, T$）。

2）按个体顺序将 N 个省份 T 年的 Bootstrap 样本（CI_{it}^*，x_{it}^*）综合在一起，形成综合的 Bootstrap 样本（CI_j^*，x_j^*）（$x_j^*=(x_{1j}^*, x_{2j}^*, \cdots, x_{5j}^*)$，$j=1, 2, \cdots, N\times T$）。计算汇总 Bootstrap 样本的信息损失值 SSM* 见式（3-6）：

$$SSM^* = \left| \sum_{k=1}^{K} w_k\left(1+\frac{1}{1nm}\sum_{j=1}^{m} p_{kj}^* \ln p_{kj}^*\right) r_{sk}^* - \left(1+\frac{1}{1nm}\sum_{j=1}^{m} p_j^* \ln p_j^*\right) r_s^* \right| \tag{3-6}$$

其中，$p_{kj}^*=\frac{x_{kj}^*}{\sum_{j=1}^{m} x_{kj}^*}$，$p_j^*=\frac{CI_j^*}{\sum_{j=1}^{m} CI_j^*}$（$m=N\times T$；$k=1, 2, \cdots, K$）。$r_{sk}^*$ 是 x_k^* 与参照向量 r_0 的 Spearman 秩相关系数，r_s^* 是 CI^* 与参照向量 r_0 的 Spearman 秩相关系数。

3）重复上述过程 1000 次，获得 1000 个 SSM* 值，构成 SSM 的 Bootstrap 样本。根据 Bootstrap 样本频数分布的分位数，即可得到其置信水平为 95%的置信区间。

根据上述计算结果，信息损失量 SSM 值最小，且 Bootstrap 样本的标准误最小的综合评价方法，评价结果更具有鲁棒性，因此也就是最优的综合评价方法。

三、4 种综合评价方法的优良性比较

根据上述 4 种综合评价方法及表 3-1 中资源利用 13 个原始指标的权重，本书分别将 13 个原始指标汇总成 4 种综合指标。表 3-4 报告了这 4 种综合评价方法与资源利用方面的 13 个原始指标的相关系数。

表 3-4 4 种综合评价方法与原始指标之间的相关系数

原始指标	正逆向	SAW	WP	WDI2	TOPSIS
能源消费总量	逆向	-0.243	0.078	-0.309	-0.210
单位 GDP 能源消耗降低	正向	0.456	0.362	0.423	0.486
单位 GDP 二氧化碳排放降低	正向	0.494	0.342	0.473	0.535
天然气占一次能源消费比重	正向	0.416	0.097	0.481	0.399
用水总量	逆向	-0.507	-0.059	-0.549	-0.475
万元 GDP 用水量下降	正向	0.263	0.073	0.277	0.283
单位工业增加值用水量降低率	正向	0.237	0.202	0.194	0.217
农业用水效率	正向	0.488	0.391	0.353	0.443
耕地保有量	正向	-0.145	0.244	-0.200	-0.041
新增建设用地规模	逆向	-0.323	-0.138	-0.374	-0.351
单位 GDP 建设用地面积降低率	正向	0.199	0.158	0.205	0.209
资源产出率	正向	0.379	0.186	0.259	0.280
一般工业固体废物综合利用率	正向	0.193	0.024	0.077	0.069

由表 3-4 可以看出，各个综合指标与单位 GDP 能源消耗降低、单位 GDP 二氧化碳排放降低、农业用水效率、资源产出率等相对指标的相关性较强，而与能源消费总量、用水总量、耕地保有量等绝对指标的相关性较弱。

由表 3-4 还可以看出，在这 4 种综合评价方法中，加权乘积法与原始指标的相关性相对来讲最弱。下面进一步计算 4 种综合评价方法的相关系

数（见表 3-5），可以看出，加权乘积法（WP）的排序结果与其他 3 种方法的相关性最低；加权求和法（SAW）和逼近理想点排序法（TOPSIS）排序结果的相关性最高，其次是加权重置理想法（WDI2）。

表 3-5　4 种综合评价结果的相关系数矩阵

	SAW	WP	WDI2	TOPSIS
SAW	1. 000	0. 519	0. 955	0. 982
WP	0. 519	1. 000	0. 383	0. 536
WDI2	0. 955	0. 383	1. 000	0. 958
TOPSIS	0. 982	0. 536	0. 958	1. 000

资料来源：笔者计算整理得到。

一般来讲，希望综合评价方法与原始指标的相关性越强越好。因此，根据表 3-4 和表 3-5 的结果，首先可以先排除加权乘积法。其次从加权求和法、加权重置理想法和逼近理想点排序法的得分来看，加权求和法和逼近理想点排序法的得分都在 0. 3～0. 7，而加权重置理想法的得分在 0. 01～0. 035。由此可以看出加权重置理想法对各区域资源利用水平的区分度不够，评价结果难以令人信服，因此排除加权重置理想法。

下面我们利用 Shannon-Spearman 测度方法以及 Bootstrap 抽样技术，分别计算加权求和法和逼近理想点排序法的 SSM 值的置信区间，根据 SSM 值的精度和可靠性，判断这两种综合评价方法之间的差异。

具体地，根据式（3-5）计算综合评价方法的信息损失量。表 3-6 中 SSM 值的计算结果表明，通过加权乘积法得到的综合指标造成的信息损失量最小。下面根据 Bootstrap 抽样方法来获得各个综合评价方法的 SSM 值的置信区间①。

本书的数据由 30 个省份 2006～2015 年的 4 个综合指标数据构成，对这 4 个综合指标分别采用个体重复抽样方法，根据前面介绍的步骤获得

① 为了便于更细致地比较这 4 种方法的区别，本书也列举了加权乘积法和加权重置理想法的 SSM 值及统计特性。

SSM 值的 Bootstrap 样本①，图 3-1 给出这 4 种评价方法的信息损失量（SSM 值）的 Bootstrap 样本直方图，并根据样本分布计算 SSM 值的 95%置信区间。

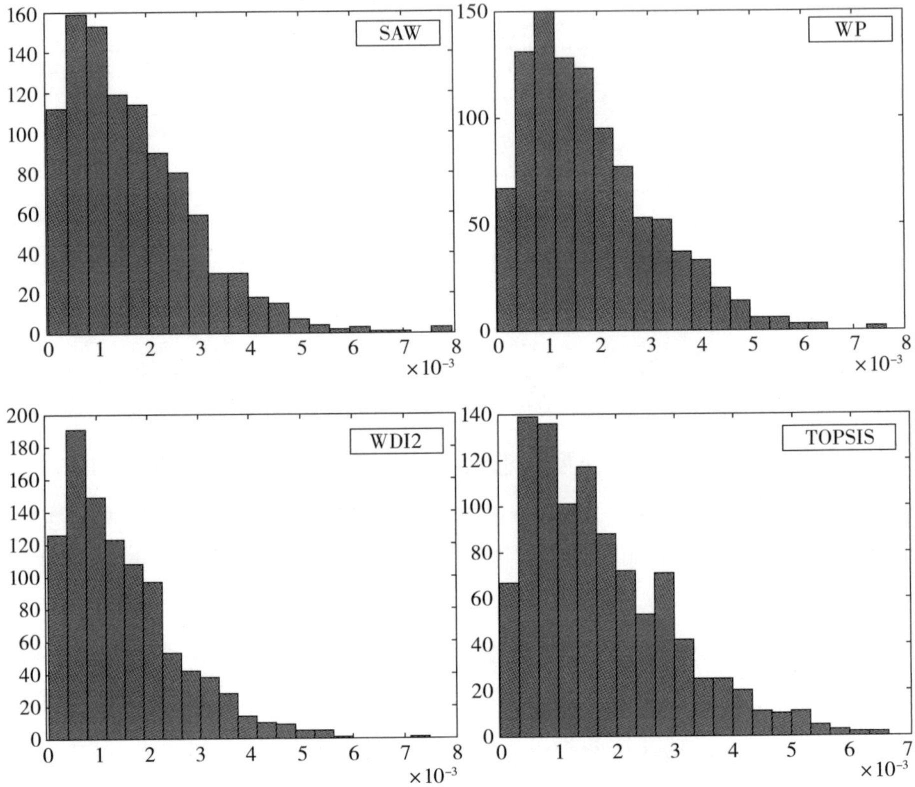

图 3-1　4 种综合评价方法的 SSM 值的 Bootstrap 样本

从表 3-6 可以看出，与逼近理想点排序法相比，不仅加权求和法的 SSM 值小，而且 SSM 值的 95%置信区间也较小。由此表明，在利用加权求和法汇总原始指标时，不仅其损失的信息最少，而且误差也更小、综合评价结果更具有鲁棒性。因此根据上述分析可知，在对 2006~2015 年资源利用水平的评价中，加权求和法是 4 种综合评价方法中最优的评价方法，因

① 本书采用 Matlab 2015b 软件编程计算各种综合评价指标的 SSM 值及统计特性。

此将其作为我国区域资源利用水平的有效测度方法。

表 3-6　4 种综合评价方法的 SSM 值及置信区间

	SSM 值	标准误	95%的置信区间		95%置信区间长度
			2.5%分位数	97.5%分位数	
SAW	0.001809	0.001238	0.000195	0.004597	0.004402
WP	0.000875	0.001255	0.000221	0.004850	0.004629
WDI2	0.001595	0.001109	0.000160	0.004203	0.004043
TOPSIS	0.001857	0.001235	0.000192	0.004906	0.004714

资料来源：笔者计算整理得到。

总之，本节利用 4 种综合评价方法对资源利用方面的 13 个原始指标进行综合，并根据这些综合指标与原始指标的相关性及综合评价指标的区分度，筛选出加权求和法和逼近理想点排序法两种备选方法；进一步根据 Shannon-Spearman 测度方法及 Bootstrap 抽样技术获得这两种综合评价方法的 SSM 值及其置信区间，根据 SSM 值的精度和可靠性，选择加权平均法作为最优的综合评价方法。

第四节　中国区域绿色发展指数

根据第三节综合评价方法的优良性选择结果，本节利用加权平均法测算 2006~2015 年我国 30 个省、区、市的资源利用指数、环境治理指数、环境质量指数、生态保护指数、经济增长质量指数、绿色生活指数及绿色发展总指数。本节既为第三章从多个分维度研究我国绿色发展水平的时空格局提供基础数据，也为第四章绿色发展系统内部的动态协调关系及绿色发展水平影响因素的空间计量研究提供基础数据。

一、绿色发展的分维度指数

（一）资源利用指数

2006~2015 年中国 30 个省、区、市资源利用指数的测算结果如表 3-7 所示（排序结果见附录中的附表 1），并根据表 3-7 进一步绘制资源利用指数走势，如图 3-2 所示，这样可以更清晰地展现各区域历年资源利用水平的大致趋势。

表 3-7　2006~2015 年 30 个省、区、市的资源利用指数

地区\年份	2006	2007	2008	2009	2010	2011	2012	2013	2014	2015
北京	0.560	0.557	0.551	0.545	0.561	0.573	0.578	0.621	0.591	0.645
天津	0.537	0.533	0.551	0.495	0.519	0.504	0.539	0.567	0.536	0.522
河北	0.445	0.486	0.465	0.469	0.437	0.441	0.482	0.481	0.462	0.466
山西	0.442	0.490	0.494	0.449	0.407	0.407	0.477	0.462	0.446	0.416
内蒙古	0.486	0.488	0.496	0.485	0.419	0.419	0.478	0.529	0.479	0.493
辽宁	0.434	0.477	0.464	0.468	0.446	0.448	0.474	0.499	0.454	0.440
吉林	0.495	0.535	0.515	0.480	0.474	0.467	0.544	0.557	0.519	0.542
黑龙江	0.483	0.506	0.512	0.491	0.488	0.490	0.510	0.544	0.513	0.530
上海	0.493	0.496	0.499	0.434	0.474	0.525	0.540	0.494	0.602	0.521
江苏	0.439	0.445	0.442	0.448	0.409	0.410	0.440	0.440	0.435	0.464
浙江	0.481	0.491	0.466	0.501	0.452	0.485	0.513	0.485	0.505	0.522
安徽	0.440	0.494	0.426	0.465	0.491	0.483	0.496	0.481	0.533	0.482
福建	0.460	0.464	0.471	0.470	0.450	0.455	0.533	0.524	0.494	0.530
江西	0.452	0.420	0.482	0.447	0.460	0.444	0.519	0.434	0.485	0.494
山东	0.457	0.491	0.483	0.478	0.460	0.463	0.465	0.556	0.449	0.462
河南	0.446	0.526	0.471	0.488	0.484	0.475	0.512	0.527	0.553	0.486
湖北	0.457	0.497	0.445	0.458	0.422	0.452	0.467	0.587	0.462	0.521
湖南	0.445	0.498	0.474	0.457	0.451	0.457	0.501	0.521	0.482	0.475
广东	0.474	0.411	0.414	0.380	0.426	0.499	0.489	0.497	0.415	0.421
广西	0.456	0.499	0.426	0.491	0.450	0.454	0.463	0.484	0.484	0.497

续表

年份 地区	2006	2007	2008	2009	2010	2011	2012	2013	2014	2015
海南	0. 547	0. 565	0. 563	0. 615	0. 539	0. 521	0. 575	0. 603	0. 560	0. 524
重庆	0. 498	0. 494	0. 508	0. 513	0. 538	0. 508	0. 593	0. 610	0. 548	0. 573
四川	0. 541	0. 512	0. 479	0. 500	0. 521	0. 526	0. 509	0. 533	0. 509	0. 456
贵州	0. 456	0. 508	0. 438	0. 489	0. 466	0. 496	0. 487	0. 513	0. 490	0. 494
云南	0. 471	0. 445	0. 462	0. 488	0. 479	0. 502	0. 488	0. 556	0. 485	0. 515
陕西	0. 469	0. 516	0. 494	0. 514	0. 496	0. 498	0. 499	0. 508	0. 493	0. 487
甘肃	0. 463	0. 490	0. 492	0. 454	0. 443	0. 473	0. 511	0. 497	0. 481	0. 509
青海	0. 473	0. 478	0. 487	0. 606	0. 457	0. 435	0. 541	0. 485	0. 569	0. 511
宁夏	0. 384	0. 487	0. 398	0. 415	0. 393	0. 355	0. 485	0. 435	0. 449	0. 433
新疆	0. 376	0. 416	0. 359	0. 376	0. 351	0. 372	0. 309	0. 340	0. 377	0. 401
东部	0. 484	0. 492	0. 488	0. 482	0. 470	0. 484	0. 512	0. 524	0. 500	0. 502
中部	0. 458	0. 496	0. 477	0. 467	0. 460	0. 459	0. 503	0. 514	0. 499	0. 493
西部	0. 461	0. 485	0. 458	0. 485	0. 456	0. 458	0. 488	0. 499	0. 488	0. 488
全国	0. 469	0. 490	0. 474	0. 479	0. 462	0. 468	0. 501	0. 512	0. 495	0. 494

资料来源：笔者计算整理得到。

为了比较各区域资源利用水平的差异（见图 3-2），本节将 30 个省、区、市分成东部、中部、西部三个地区，东部地区包括北京市、天津市、河北省、辽宁省、上海市、江苏省、浙江省、福建省、山东省、广东省、海南省 11 个省（直辖市），中部地区包括黑龙江省、吉林省、山西省、安徽省、江西省、河南省、湖北省、湖南省 8 个省，西部地区包括内蒙古自治区、陕西省、甘肃省、青海省、宁夏回族自治区、新疆维吾尔自治区、广西壮族自治区、重庆市、四川省、贵州省、云南省 11 个省（自治区、直辖市）①。

从整体上看，“十一五”和“十二五”期间中国区域资源利用水平在波动中逐渐提升。从各区域的平均取值情况看，大部分年份东部地区资源利用水平最高、中部地区居中、西部地区最低。在对能源、水、土地等自然资源利用总量和强度双控的考核条件下，30 个省、区、市各年份资源利

① 西藏自治区数据缺失。

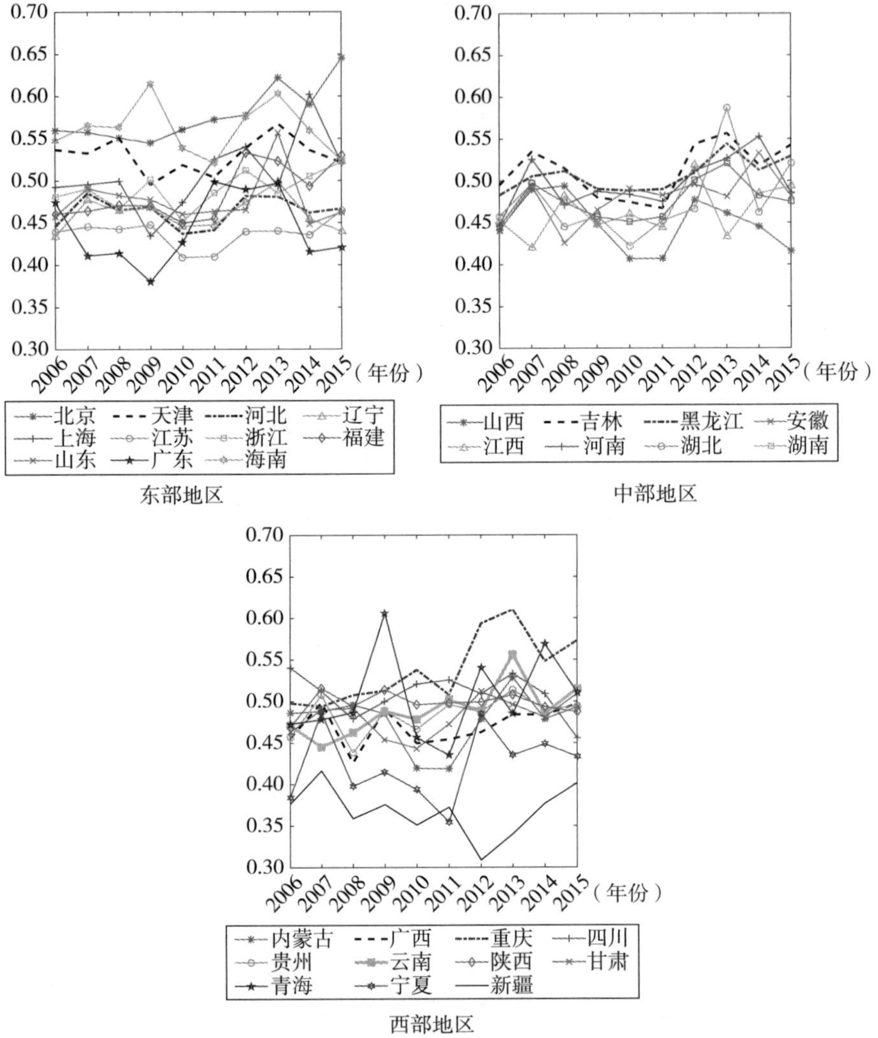

图 3-2　2006~2015 年 30 个省、区、市的资源利用指数①

用水平波动程度较大。

各区域的资源利用具体情况如下：

（1）东部地区。北京市的资源利用水平一直保持稳步上升的良好态

---

① 资源利用指数图是使用 Matlab 2015b 软件绘制，下同。

势。天津市和海南省的资源利用情况在波动中出现一定的下滑趋势，这两个省份 2015 年的资源利用水平均低于 2006 年。浙江省、福建省和上海市的资源利用水平在波动中逐渐上升，特别是福建省的资源利用水平在 2012~2015 年有明显提升。广东省 2009~2013 年资源利用水平明显提高，但在“十二五”末期呈现明显的下滑趋势。山东省除 2013 年资源利用水平较高外，其余年份均较为稳定。江苏省、辽宁省和河北省的资源利用水平一直较为稳定。由于广东省、山东省和江苏省等地区的能源消耗量巨大，节能减排的压力较大，在资源利用总量和强度的双控条件下，这些地区的资源利用水平排序较为靠后。

（2）中部地区。2006 年黑龙江省和吉林省的资源利用水平较高，其余六个省份的资源利用水平偏低，此后逐渐呈现分化的趋势。湖北省的资源利用水平在波动中逐渐提升，特别是 2013 年湖北省的资源利用指数为 0.587，其排名超过天津市，位居全国第四。湖南省、安徽省和河南省的资源利用水平在经历小幅下降后稳步提升，显现出极大的潜力，但 2015 年这些省份的资源利用水平又有不同程度的下降。山西省的资源利用水平在 2007~2011 年呈现明显的下降趋势，2012 年资源利用水平虽有明显提升，但是在“十二五”末期又下降至较低水平，其资源利用指数全国排名从第 24 位下滑至第 29 位，山西省经济长期以来依靠丰富的煤铁等矿产资源，以资源开发及其初级加工业等价值链低端产业为主导产业，因此资源利用技术水平较为落后。

（3）西部地区。西部地区最为突出的是重庆市，资源利用水平从期初全国中等水平快速提升至前 6 位。云南省的资源利用水平也在 2006~2013 年稳步提升。陕西省、甘肃省、广西壮族自治区和贵州省的资源利用水平相对较为稳定。与之形成对比的是，四川省的资源利用水平在 2006 年居于全国第 3 位，但经历了 2006~2008 年及 2013~2015 年两个快速下滑阶段，其“十二五”末期资源利用指数全国排名下滑至第 25 位。青海省和内蒙古自治区的资源利用水平波动幅度较大。新疆维吾尔自治区和宁夏回族自治区的资源利用水平都处于较为落后的地位，与其他地区的差距较大。

（二）环境治理指数

2006~2015 年中国 30 个省、区、市环境治理指数的测算结果如表 3-8 所示（排序结果见附录中的附表 2），根据表 3-8 进一步绘制环境治理指数走势，如图 3-3 所示，这样可以更清晰地展现各区域“十一五”至“十二五”期间环境治理水平的大致趋势。

表 3-8　2006~2015 年 30 个省、区、市的环境治理指数

地区＼年份	2006	2007	2008	2009	2010	2011	2012	2013	2014	2015
北京	0.687	0.668	0.715	0.608	0.653	0.673	0.663	0.679	0.712	0.675
天津	0.601	0.600	0.614	0.606	0.485	0.578	0.652	0.658	0.664	0.661
河北	0.458	0.567	0.653	0.617	0.609	0.596	0.644	0.649	0.664	0.689
山西	0.423	0.492	0.520	0.585	0.626	0.599	0.648	0.660	0.672	0.726
内蒙古	0.494	0.541	0.525	0.574	0.538	0.592	0.658	0.645	0.654	0.679
辽宁	0.519	0.528	0.585	0.560	0.603	0.599	0.652	0.649	0.629	0.659
吉林	0.366	0.502	0.507	0.538	0.509	0.515	0.577	0.593	0.586	0.628
黑龙江	0.421	0.433	0.466	0.477	0.510	0.513	0.556	0.578	0.552	0.599
上海	0.538	0.595	0.665	0.716	0.670	0.677	0.635	0.639	0.695	0.742
江苏	0.599	0.628	0.630	0.616	0.613	0.615	0.641	0.656	0.655	0.673
浙江	0.556	0.614	0.665	0.637	0.641	0.636	0.657	0.663	0.664	0.687
安徽	0.399	0.515	0.579	0.556	0.561	0.615	0.646	0.669	0.657	0.664
福建	0.486	0.622	0.562	0.561	0.559	0.606	0.641	0.634	0.615	0.655
江西	0.406	0.494	0.574	0.592	0.576	0.602	0.645	0.625	0.635	0.625
山东	0.538	0.628	0.652	0.644	0.643	0.602	0.661	0.680	0.669	0.652
河南	0.493	0.556	0.618	0.602	0.591	0.597	0.630	0.632	0.647	0.652
湖北	0.415	0.513	0.517	0.542	0.537	0.551	0.601	0.619	0.631	0.667
湖南	0.401	0.481	0.516	0.527	0.589	0.628	0.630	0.603	0.619	0.652
广东	0.496	0.483	0.543	0.603	0.643	0.644	0.631	0.642	0.639	0.660
广西	0.438	0.533	0.561	0.591	0.566	0.657	0.596	0.605	0.604	0.666
海南	0.470	0.458	0.595	0.511	0.505	0.575	0.593	0.615	0.577	0.640
重庆	0.518	0.638	0.652	0.598	0.632	0.693	0.664	0.657	0.638	0.652

续表

年份 地区	2006	2007	2008	2009	2010	2011	2012	2013	2014	2015
四川	0.433	0.525	0.552	0.478	0.539	0.617	0.609	0.627	0.617	0.649
贵州	0.486	0.556	0.637	0.546	0.615	0.597	0.606	0.628	0.648	0.674
云南	0.368	0.517	0.513	0.543	0.585	0.488	0.594	0.596	0.623	0.651
陕西	0.346	0.424	0.433	0.563	0.587	0.571	0.638	0.642	0.650	0.660
甘肃	0.463	0.521	0.469	0.440	0.468	0.480	0.547	0.558	0.568	0.576
青海	0.399	0.453	0.486	0.425	0.335	0.439	0.509	0.505	0.513	0.543
宁夏	0.580	0.582	0.605	0.508	0.465	0.455	0.578	0.644	0.641	0.672
新疆	0.385	0.443	0.499	0.486	0.497	0.430	0.538	0.560	0.582	0.620
东部	0.541	0.581	0.625	0.607	0.602	0.618	0.643	0.651	0.653	0.672
中部	0.415	0.498	0.537	0.552	0.562	0.577	0.617	0.622	0.625	0.652
西部	0.446	0.521	0.539	0.523	0.530	0.547	0.594	0.606	0.613	0.640
全国	0.473	0.537	0.570	0.562	0.565	0.581	0.618	0.627	0.631	0.655

从图 3-3 中可以看出，全国环境治理水平除“十一五”末期出现下降外，其他年份均在逐步提升。从各区域平均取值情况看，2006 年东部地区环境治理水平最高，西部地区居中，中部地区环境治理水平最低；但中部地区的环境治理水平在“十一五”期间有较大幅度的提升，自 2009 年起超过西部地区，因此，“十二五”末期西部地区的环境治理水平最低。

（1）东部地区。东部地区各省市“十一五”期间的环境治理水平差异较大。2006 年北京市的环境治理水平在全国遥遥领先，天津市和江苏省的环境治理水平基本相当，分别居全国第二位和第三位；浙江省、上海市和山东省的治理水平紧随江苏之后，而河北省、福建省和海南省的环境治理水平在东部地区处于较为落后的地位；但“十二五”期间东部地区环境治理水平的差距逐渐缩小。

（2）中部地区。2006 年河南省的环境治理水平相对较高，吉林省的环境治理水平较低，其他省份的环境治理水平差异较小。各省份的环境治理水平均一直处于不断提升的态势，区域差距有所扩大，“十二五”期间吉林省和黑龙江省环境治理水平相对较低。

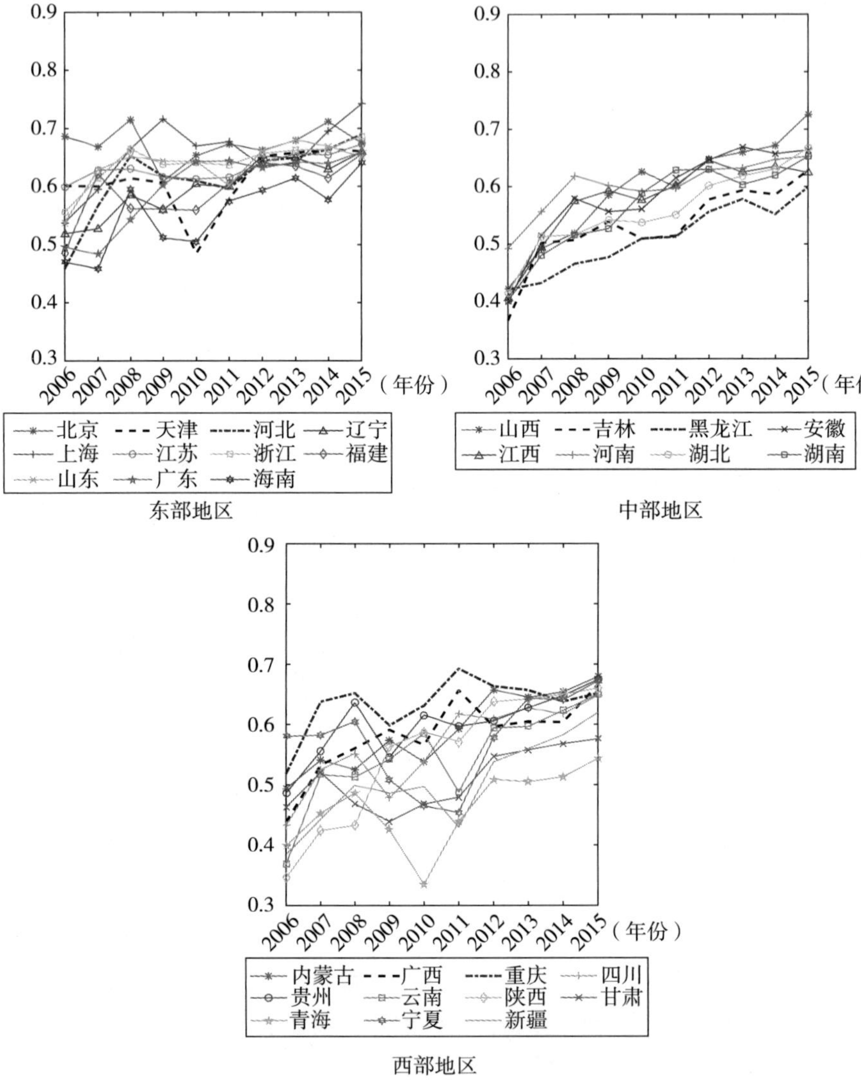

图 3-3　2006~2015 年 30 个省、区、市的环境治理指数

（3）西部地区。重庆市的环境治理水平稳居全国前列。青海省和宁夏回族自治区的环境治理指数在“十一五”末期出现大幅下滑，云南省和新疆维吾尔自治区的环境治理水平在 2011 年也出现过大幅下滑的现象；但在

“十二五”期间西部地区的环境治理水平均呈现稳步提高的态势。

总的来看，“十二五”期间我国各省、区、市的环境治理水平不断提高，环境治理的成效显著，氨氮、二氧化硫、氮氧化物等主要污染物排放量有较大幅度的减少。但是我国环境恶化的整体趋势并没有得到根本遏制，因此，“十三五”时期环境治理工作在绿色发展中的作用更加突出。

（三）环境质量指数

本书在具体测算环境质量指数时将“省会城市优良天数比率”指标替换为“3 种主要污染物 PM10、SO_2、NO_2 浓度正向化及标准化得分的平均值”。调整的原因是，从 2013 年起省会城市的优良天数根据《环境空气质量标准》（GB 3095-2012）计算，而在此之前采用《环境空气质量标准》（GB 3095-1996），这样导致 2013~2015 年与 2006~2012 年的优良天数不可比。

2006~2015 年中国 30 个省、区、市环境质量指数的测算结果如表 3-9 所示（排序结果见附录中的附表 3）。根据表 3-9 进一步绘制环境质量指数走势，如图 3-4 所示，这样可以更清晰地展现各区域历年环境质量的大致趋势。从整体上看，我国环境质量有一定程度的提升。从分区域情况看，西部地区环境质量较高，中部地区环境质量居中，东部地区环境质量最低；而且环境质量的区域差异有逐步扩大的趋势。

表 3-9　2006~2015 年 30 个省、区、市的环境质量指数

地区＼年份	2006	2007	2008	2009	2010	2011	2012	2013	2014	2015
北京	0.536	0.537	0.602	0.597	0.587	0.597	0.605	0.586	0.581	0.576
天津	0.675	0.691	0.695	0.690	0.687	0.707	0.679	0.457	0.466	0.475
河北	0.505	0.511	0.541	0.580	0.601	0.615	0.612	0.387	0.442	0.496
山西	0.471	0.468	0.499	0.533	0.581	0.679	0.682	0.564	0.591	0.618
内蒙古	0.658	0.722	0.768	0.779	0.792	0.758	0.751	0.702	0.718	0.734
辽宁	0.427	0.460	0.481	0.514	0.545	0.551	0.551	0.564	0.560	0.557
吉林	0.678	0.687	0.686	0.729	0.733	0.741	0.765	0.742	0.746	0.750
黑龙江	0.674	0.650	0.654	0.666	0.693	0.707	0.742	0.714	0.720	0.727

续表

年份 地区	2006	2007	2008	2009	2010	2011	2012	2013	2014	2015
上海	0. 556	0. 550	0. 549	0. 571	0. 578	0. 571	0. 591	0. 578	0. 589	0. 601
江苏	0. 467	0. 528	0. 594	0. 615	0. 627	0. 644	0. 705	0. 669	0. 682	0. 695
浙江	0. 702	0. 695	0. 719	0. 752	0. 755	0. 708	0. 730	0. 724	0. 734	0. 744
安徽	0. 687	0. 664	0. 671	0. 701	0. 692	0. 731	0. 750	0. 732	0. 740	0. 747
福建	0. 809	0. 794	0. 805	0. 822	0. 828	0. 822	0. 826	0. 828	0. 826	0. 824
江西	0. 806	0. 800	0. 800	0. 801	0. 783	0. 791	0. 799	0. 774	0. 797	0. 820
山东	0. 504	0. 498	0. 517	0. 541	0. 570	0. 606	0. 645	0. 532	0. 561	0. 591
河南	0. 618	0. 610	0. 638	0. 638	0. 655	0. 604	0. 626	0. 544	0. 553	0. 563
湖北	0. 714	0. 722	0. 729	0. 752	0. 741	0. 745	0. 765	0. 745	0. 756	0. 768
湖南	0. 732	0. 752	0. 765	0. 791	0. 812	0. 815	0. 799	0. 822	0. 835	0. 847
广东	0. 654	0. 642	0. 678	0. 694	0. 695	0. 702	0. 713	0. 707	0. 707	0. 707
广西	0. 840	0. 843	0. 865	0. 896	0. 874	0. 869	0. 878	0. 852	0. 854	0. 856
海南	0. 891	0. 860	0. 848	0. 846	0. 845	0. 852	0. 884	0. 853	0. 862	0. 871
重庆	0. 741	0. 750	0. 775	0. 795	0. 814	0. 816	0. 826	0. 801	0. 812	0. 823
四川	0. 735	0. 728	0. 733	0. 778	0. 793	0. 753	0. 750	0. 696	0. 709	0. 721
贵州	0. 781	0. 775	0. 776	0. 780	0. 791	0. 806	0. 852	0. 834	0. 844	0. 855
云南	0. 663	0. 673	0. 721	0. 735	0. 734	0. 771	0. 803	0. 790	0. 809	0. 827
陕西	0. 698	0. 688	0. 715	0. 718	0. 639	0. 657	0. 662	0. 608	0. 637	0. 666
甘肃	0. 585	0. 646	0. 691	0. 684	0. 681	0. 736	0. 768	0. 780	0. 785	0. 789
青海	0. 764	0. 789	0. 810	0. 764	0. 833	0. 841	0. 860	0. 785	0. 808	0. 830
宁夏	0. 684	0. 693	0. 706	0. 690	0. 698	0. 687	0. 673	0. 628	0. 636	0. 643
新疆	0. 663	0. 689	0. 680	0. 706	0. 732	0. 748	0. 743	0. 774	0. 774	0. 775
东部	0. 611	0. 615	0. 639	0. 657	0. 665	0. 670	0. 686	0. 626	0. 637	0. 649
中部	0. 673	0. 669	0. 680	0. 701	0. 711	0. 727	0. 741	0. 705	0. 717	0. 730
西部	0. 710	0. 727	0. 749	0. 757	0. 762	0. 767	0. 779	0. 750	0. 762	0. 774
全国	0. 664	0. 671	0. 690	0. 705	0. 713	0. 721	0. 735	0. 692	0. 704	0. 717

（1）东部地区。“十一五”和“十二五”期间，海南省、福建省、浙江省、广东省的环境质量较为稳定，其中，海南省的环境质省量位居全国前两位，福建省的环境质量较好，浙江省和广东省的环境质量居中。江苏

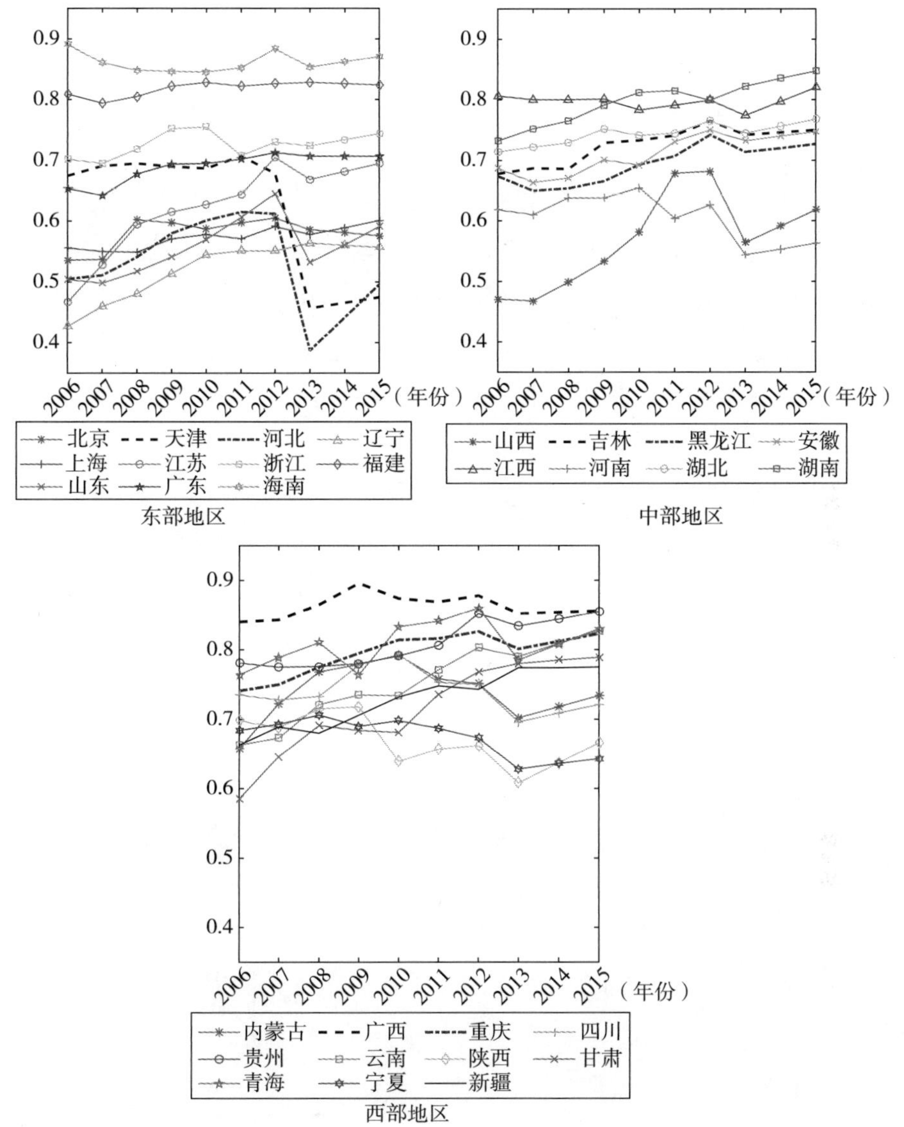

图 3-4　2006~2015 年 30 个省、区、市的环境质量指数

省的环境质量有明显的提升，其环境质量指数全国排名从第 29 位提升至第 20 位。上海市环境质量指数排名较为靠后，其主要原因是排污总量大，污染负荷重，地表水和近岸水污染严重。河北省、天津市、辽宁省和山东省等省市的环境质量较差。2013~2015年河北省、天津市和辽宁省的环境质量不断下滑，其中，天津市的水环境污染问题日益严重，辽宁省的地表劣Ⅴ类水体的占比极高，河北省的空气污染和地表水环境质量问题均非常严重。

（2）中部地区。江西省环境质量较高，湖南省的环境质量其次，但湖南省环境整治力度不断加大，“十二五”末期其环境质量超过江西省。湖北省、吉林省、安徽省和黑龙江省的环境质量居中，其中，湖北省的环境质量较为稳定，黑龙江省和安徽省的环境质量有一定程度的改善。山西省和河南省的环境质量较低，其中，山西省2010~2012年环境质量虽然有所改善，但是排名仍然较为靠后。值得注意的是，河南省的环境质量在2010年后不断下滑，年均PM10浓度逐年上升，空气质量逐年恶化。

（3）西部地区。“十一五”期间广西壮族自治区的环境质量遥遥领先，其环境质量指数排名全国前两位；贵州省的环境质量在“十二五”期间得到明显改善，2015年末贵州省与广西壮族自治区的环境质量基本一致。“十一五”和“十二五”期间，云南省、甘肃省和新疆维吾尔自治区等省份的环境质量均有不同程度的改善，其中，云南省的环境质量指数排名从第18位提升至第6位，甘肃省的环境质量指数排名从第23位提升至第10位，新疆维吾尔自治区的环境质量指数排名从第19位提升至第11位。而宁夏回族自治区、陕西省和四川省的环境质量不断下滑，其中，宁夏回族自治区的环境质量指数排名从第14位下滑至第22位，陕西省的环境质量指数排名从第12位下滑至第21位，四川省的环境质量指数排名从第8位下滑至第18位。

（四）生态保护指数

在计算生态保护指数时，为体现区域差异化的考核评价要求，对内陆省份，由森林覆盖率、森林蓄积量、湿地面积占辖区面积比重等6个指标来构建生态保护指数。对沿海省份来说，由海洋保护区面积和其他6个指标来构建生态保护指数。另外，上海市缺乏历年新增水土流失治理面积数据，所以由海洋保护区面积及其他5个指标来计算生态保护指数。30个省、区、市 2006~2015 年生态保护指数的测算结果如表 3-10 所示（排序结果见附录中的附表 4）。

表 3-10　2006~2015 年 30 个省、区、市的生态保护指数

地区\年份	2006	2007	2008	2009	2010	2011	2012	2013	2014	2015
北京	0.121	0.140	0.118	0.177	0.164	0.166	0.160	0.182	0.189	0.187
天津	0.096	0.098	0.095	0.096	0.079	0.082	0.083	0.113	0.112	0.111
河北	0.180	0.178	0.175	0.202	0.197	0.196	0.201	0.206	0.207	0.206
山西	0.096	0.101	0.094	0.097	0.098	0.097	0.100	0.111	0.115	0.114
内蒙古	0.287	0.284	0.288	0.308	0.310	0.307	0.306	0.341	0.347	0.347
辽宁	0.205	0.205	0.202	0.215	0.221	0.248	0.230	0.251	0.249	0.247
吉林	0.336	0.335	0.341	0.345	0.344	0.344	0.345	0.363	0.365	0.370
黑龙江	0.437	0.441	0.443	0.478	0.480	0.482	0.483	0.511	0.511	0.510
上海	0.237	0.234	0.230	0.272	0.223	0.217	0.214	0.273	0.266	0.266
江苏	0.084	0.084	0.079	0.092	0.088	0.088	0.090	0.138	0.140	0.138
浙江	0.268	0.270	0.263	0.281	0.273	0.272	0.273	0.295	0.293	0.293
安徽	0.129	0.129	0.130	0.144	0.142	0.143	0.145	0.166	0.164	0.167
福建	0.354	0.327	0.335	0.336	0.336	0.336	0.360	0.388	0.382	0.373
江西	0.317	0.319	0.322	0.353	0.342	0.346	0.347	0.359	0.355	0.353
山东	0.140	0.165	0.137	0.132	0.122	0.124	0.118	0.130	0.122	0.124
河南	0.144	0.106	0.124	0.121	0.120	0.121	0.119	0.173	0.218	0.182
湖北	0.165	0.171	0.163	0.189	0.188	0.186	0.182	0.243	0.238	0.238
湖南	0.235	0.235	0.234	0.268	0.272	0.268	0.267	0.276	0.281	0.280
广东	0.274	0.280	0.269	0.279	0.286	0.284	0.282	0.305	0.306	0.306
广西	0.254	0.254	0.258	0.315	0.311	0.312	0.312	0.333	0.337	0.336
海南	0.281	0.235	0.311	0.249	0.251	0.256	0.253	0.269	0.268	0.268
重庆	0.135	0.141	0.147	0.213	0.211	0.191	0.190	0.218	0.222	0.222
四川	0.486	0.426	0.459	0.454	0.463	0.460	0.463	0.482	0.483	0.483
贵州	0.138	0.138	0.147	0.181	0.181	0.182	0.191	0.224	0.220	0.224
云南	0.444	0.429	0.416	0.472	0.472	0.474	0.470	0.505	0.505	0.506
陕西	0.224	0.231	0.214	0.245	0.239	0.239	0.239	0.267	0.267	0.267

续表

年份 地区	2006	2007	2008	2009	2010	2011	2012	2013	2014	2015
甘肃	0. 133	0. 133	0. 117	0. 123	0. 121	0. 121	0. 122	0. 130	0. 132	0. 134
青海	0. 116	0. 117	0. 117	0. 118	0. 119	0. 118	0. 118	0. 136	0. 137	0. 137
宁夏	0. 059	0. 086	0. 076	0. 081	0. 080	0. 095	0. 096	0. 089	0. 091	0. 089
新疆	0. 091	0. 088	0. 085	0. 105	0. 097	0. 094	0. 093	0. 100	0. 100	0. 100
东部	0. 204	0. 201	0. 201	0. 212	0. 204	0. 206	0. 206	0. 232	0. 230	0. 229
中部	0. 232	0. 230	0. 231	0. 250	0. 248	0. 248	0. 249	0. 275	0. 281	0. 277
西部	0. 215	0. 212	0. 211	0. 238	0. 237	0. 236	0. 236	0. 257	0. 258	0. 259
全国	0. 216	0. 213	0. 213	0. 231	0. 228	0. 228	0. 228	0. 253	0. 254	0. 253

下面根据表 3-10 进一步绘制各省份的生态保护指数，如图 3-5 所示，以研究历年各区域生态保护水平的大致趋势。从整体上看，“十二五”期间我国生态保护水平稳步提升，但区域差异较大。中部地区的生态保护水平最高，西部地区居中，东部地区的生态保护水平较为落后。各区域的生态保护具体情况如下：

（1）东部地区。福建省的生态保护水平较高，而且“十二五”期间其森林蓄积量和湿地面积仍在不断增加。“十一五”期间北京市的森林覆盖率和森林蓄积量增长较快，生态保护水平明显提高，2015 年其生态保护指数排名从第 24 位提升至第 20 位。江苏省的生态保护水平也逐渐提高，森林覆盖率、森林蓄积量及湿地面积不断增加，其生态保护指数排名从全国第 29 位提高至第 23 位。辽宁省、河北省和天津市的生态保护水平也有一定程度的提升。浙江省和广东省的生态保护水平较为稳定，海南省除 2008 年对矿山开采占用损害土地的恢复治理力度较大外，其余年份的生态保护水平也较为稳定。上海市“十二五”初期的自然保护区面积减少，生态保护水平有所下降，但“十二五”末期生态保护力度加大，生态保护水平有所提高。而山东省的生态保护水平在 2006~2015 年有明显下降的态势，矿业开采累积占用损害土地面积大幅增加，而新增恢复治理面积相对较少。

（2）中部地区。2006 年黑龙江省的生态保护水平居全国第 3 位，而且

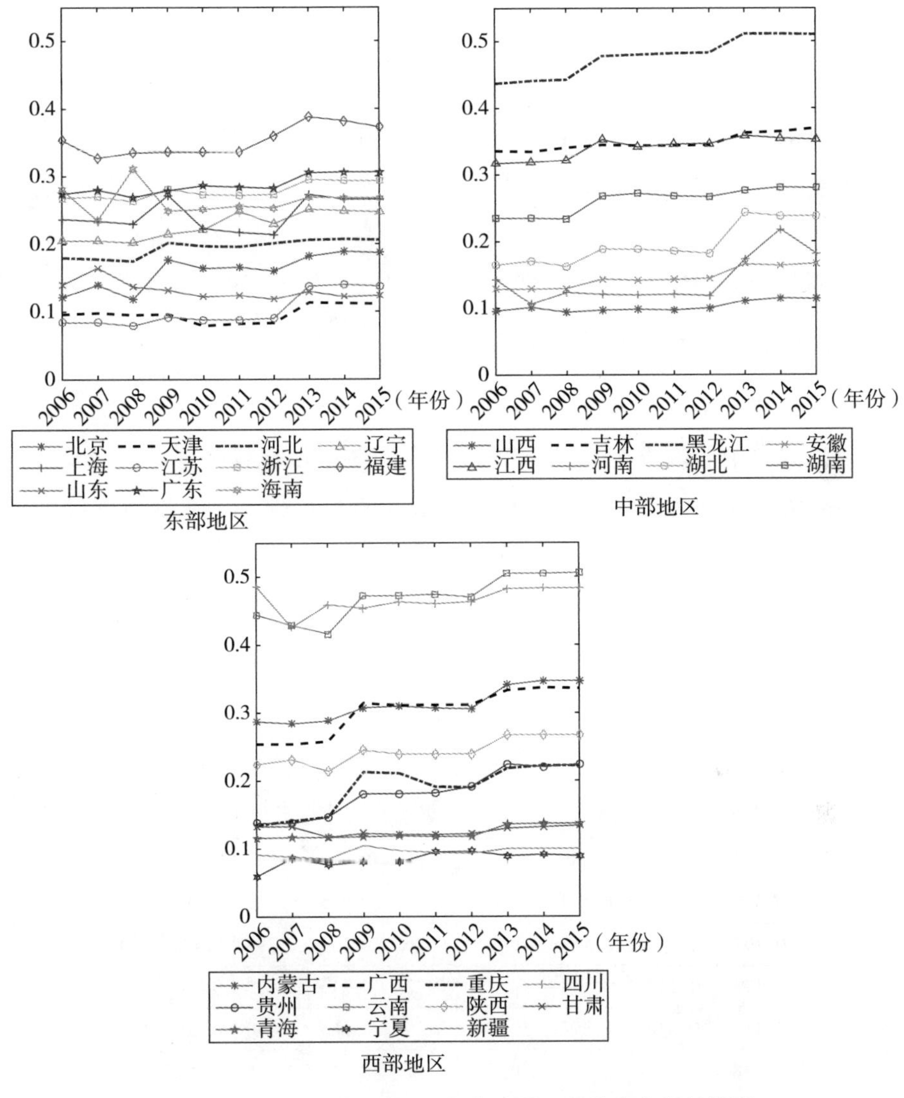

图 3-5　2006~2015 年 30 个省、区、市的生态保护指数

其森林蓄积量和自然保护区面积仍在不断增加，“十二五”期间黑龙江省的生态保护水平稳居全国第 1 位。“十二五”末期湖北省和河南省的生态保护水平也均有明显提升。吉林省和江西省的生态保护水平基本一致，均位居全国前列；湖南省和湖北省的生态保护水平居中；河南省、安徽省和山西省的生态保护水平较为落后。

（3）西部地区。云南省、贵州省和重庆市的生态保护水平均有明显提升。云南省和四川省的生态保护水平基本相当，其在全国处于领先地位；内蒙古自治区和广西壮族自治区的生态保护水平基本一致，与云南省、四川省的生态保护水平差距较大；重庆市和贵州省的生态保护水平均居于陕西省之后；西北地区的甘肃市、青海市、宁夏回族自治区和新疆维吾尔自治区等西北地区的生态保护水平较低，并且与其他地区的差距较大。

（五）经济增长质量指数

2006~2015 年各地区经济增长质量指数测度结果如表 3-11① 所示（排序结果见附录中的附表 5），并进一步绘制图 3-6 以比较中国经济增长质量的变化趋势。从整体上看，中国经济增长质量稳步提升。东部地区经济增长质量最高，而且大部分省份经济增长质量均有不同程度的提升，但辽宁省的经济增长质量明显下滑；中西部地区的增长质量差异不大，均处于较低水平。各区域的经济增长质量具体情况如下：

表 3-11　2006~2015 年 30 个省、区、市的经济增长质量指数

地区＼年份	2006	2007	2008	2009	2010	2011	2012	2013	2014	2015
北京	0.592	0.627	0.586	0.597	0.619	0.638	0.687	0.726	0.744	0.783
天津	0.314	0.324	0.372	0.365	0.398	0.405	0.402	0.409	0.401	0.440
河北	0.197	0.201	0.157	0.174	0.200	0.195	0.198	0.191	0.181	0.214
山西	0.199	0.243	0.158	0.128	0.224	0.216	0.232	0.242	0.200	0.216
内蒙古	0.318	0.320	0.297	0.314	0.267	0.265	0.240	0.221	0.226	0.243
辽宁	0.298	0.308	0.291	0.298	0.311	0.296	0.275	0.290	0.258	0.239
吉林	0.264	0.282	0.283	0.254	0.253	0.258	0.246	0.204	0.186	0.207
黑龙江	0.200	0.211	0.214	0.236	0.252	0.251	0.251	0.238	0.225	0.261
上海	0.373	0.443	0.412	0.404	0.449	0.467	0.522	0.574	0.604	0.659

① 2014 年和 2015 年高技术产业增加值占地区生产总值比重是根据 2006~2013 年数据利用移动平均法获取。

续表

年份 地区	2006	2007	2008	2009	2010	2011	2012	2013	2014	2015
江苏	0. 293	0. 307	0. 294	0. 317	0. 345	0. 346	0. 367	0. 386	0. 395	0. 416
浙江	0. 287	0. 321	0. 271	0. 281	0. 329	0. 318	0. 357	0. 389	0. 402	0. 437
安徽	0. 236	0. 244	0. 227	0. 241	0. 336	0. 254	0. 261	0. 254	0. 249	0. 268
福建	0. 284	0. 296	0. 277	0. 280	0. 307	0. 295	0. 295	0. 304	0. 301	0. 308
江西	0. 184	0. 199	0. 202	0. 217	0. 230	0. 221	0. 216	0. 217	0. 228	0. 242
山东	0. 254	0. 263	0. 241	0. 259	0. 276	0. 279	0. 295	0. 314	0. 320	0. 332
河南	0. 204	0. 226	0. 182	0. 163	0. 203	0. 217	0. 196	0. 209	0. 223	0. 236
湖北	0. 276	0. 305	0. 285	0. 293	0. 316	0. 305	0. 275	0. 287	0. 300	0. 306
湖南	0. 224	0. 281	0. 260	0. 282	0. 277	0. 255	0. 265	0. 261	0. 269	0. 276
广东	0. 318	0. 327	0. 272	0. 266	0. 314	0. 310	0. 329	0. 362	0. 368	0. 391
广西	0. 218	0. 242	0. 211	0. 239	0. 248	0. 218	0. 209	0. 210	0. 192	0. 193
海南	0. 202	0. 248	0. 180	0. 221	0. 305	0. 254	0. 225	0. 266	0. 259	0. 265
重庆	0. 258	0. 297	0. 271	0. 285	0. 318	0. 312	0. 301	0. 326	0. 318	0. 341
四川	0. 245	0. 276	0. 201	0. 273	0. 298	0. 304	0. 265	0. 240	0. 240	0. 264
贵州	0. 220	0. 270	0. 220	0. 277	0. 300	0. 335	0. 295	0. 270	0. 243	0. 250
云南	0. 199	0. 215	0. 192	0. 219	0. 222	0. 258	0. 254	0. 254	0. 203	0. 234
陕西	0. 266	0. 297	0. 316	0. 298	0. 309	0. 302	0. 293	0. 283	0. 274	0. 276
甘肃	0. 203	0. 213	0. 186	0. 202	0. 214	0. 241	0. 256	0. 248	0. 233	0. 257
青海	0. 219	0. 219	0. 216	0. 186	0. 252	0. 209	0. 201	0. 199	0. 185	0. 193
宁夏	0. 208	0. 213	0. 213	0. 222	0. 250	0. 236	0. 243	0. 229	0. 214	0. 230
新疆	0. 134	0. 161	0. 141	0. 121	0. 146	0. 183	0. 205	0. 217	0. 207	0. 210
东部	0. 310	0. 333	0. 305	0. 315	0. 350	0. 346	0. 359	0. 383	0. 385	0. 408
中部	0. 223	0. 249	0. 226	0. 227	0. 261	0. 247	0. 243	0. 239	0. 235	0. 251
西部	0. 226	0. 247	0. 224	0. 240	0. 257	0. 260	0. 251	0. 245	0. 230	0. 245
全国	0. 256	0. 279	0. 254	0. 264	0. 292	0. 288	0. 289	0. 294	0. 288	0. 306

（1）东部地区。北京市和上海市的经济增长质量稳居全国第 1 位和第 2 位，而且在“十二五”期间有明显提升。广东省、天津市、浙江省和山东省的经济增长质量也有一定程度的提升。而辽宁省的经济增长质量在

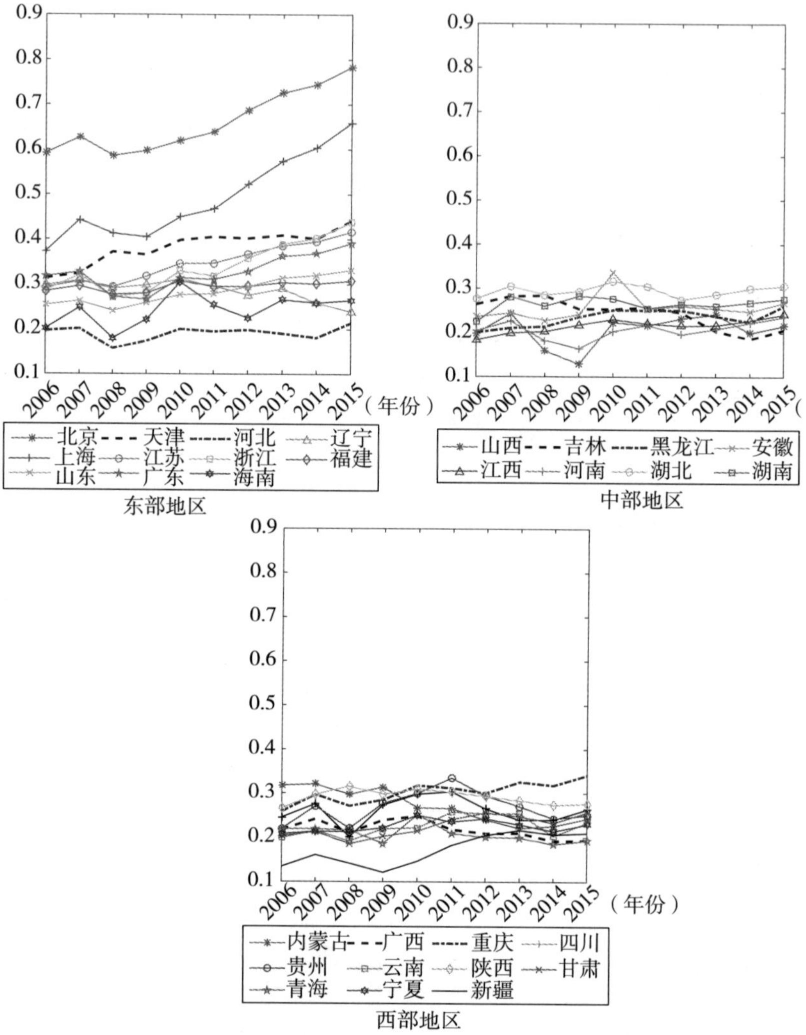

图 3-6　2006~2015 年 30 个省、区、市的经济增长质量指数

“十一五”和“十二五”期间明显下滑，其经济增长质量指数全国排名从第 6 位下滑到第 21 位。河北省的经济增长质量最为落后，2014 年河北省的经济规模全国排名第 6 位，但其经济增长质量全国排名第 30 位，经济增长的数量和质量严重失调。

（2）中部地区。湖北省的经济增长质量在中部地区处于领先地位。江西省和湖南省的经济增长质量提升明显，江西省经济增长质量全国排名从第29位提升至第20位，湖南省从第17位升至第11位，这两个省份经济结构调整稳步推进，第三产业增加值占GDP的比重、高新技术产业增加值占GDP的比重呈逐年提高趋势。安徽省的经济增长质量在中部地区一直处于中等水平，而且变化不大。“十二五”期间黑龙江省的增长质量有所提升，而吉林省的经济增长质量逐步下滑，其全国排名从第12位下滑到第28位。河南省和山西省的增长质量较为落后，特别是山西省的经济长期以来严重依赖于煤炭、冶金、电力等相关产业，经济增长质量并没有出现明显的好转趋势，虽然正在逐步推进产业结构调整，但节能环保、高端制造等产业的发展缓慢，短时期内无法弥补自然资源型产业的严重下滑而造成的巨大空缺。

（3）西部地区。重庆市的经济增长质量明显提升，其全国排名由第13位升至第7位，“十一五”至“十二五”期间重庆市在经济快速发展过程中落实了调整产业结构、转变经济增长方式的措施，在提升经济增长质量方面取得了显著的成绩，重庆市的第三产业增加值占GDP比重、高技术产业增加值占工业增加值比重等指标显著提高。“十一五”初期新疆维吾尔自治区的经济增长质量较为落后，但其人均可支配收入不断提高，第三产业占GDP比重持续增加，“十二五”期间新疆维吾尔自治区的经济增长质量明显提升。陕西省、青海省、宁夏回族自治区、广西壮族自治区和云南省等地区的经济增长质量较为稳定。而内蒙古自治区的增长质量明显下滑，其全国排名由第3位下滑至第23位，其经济发展主要依靠能源产业，产业结构单一，随着2012年左右煤炭行业黄金时期的结束，内蒙古自治区的经济出现大幅下滑，经济增长方式转型尤为迫切。总的来说，西部地区大部分省份的产业结构相对单一，采掘和原材料加工等传统产业占工业总产值的比重超过70%，且多集中于石油、煤炭、冶金等领域，产业结构升级缓慢，导致经济增长质量处于较低水平。

（六）绿色生活指数

2006~2015年30个省、区、市绿色生活水平测算结果如表3-12所示

（排序结果见附录中的附表6），并进一步绘制图3-7以考察我国各区域绿色生活水平的变化趋势。从整体上看，我国绿色生活水平快速提高。从各区域平均取值情况看，东部地区的绿色生活水平最高，中部地区居中，西部地区的绿色生活水平较为靠后，但是西部和中部的绿色生活水平的差异逐渐减小。

表3-12 2006~2015年30个省、区、市的绿色生活指数

地区 \ 年份	2006	2007	2008	2009	2010	2011	2012	2013	2014	2015
北京	0.823	0.778	0.832	0.944	0.951	0.963	0.980	0.991	0.991	0.974
天津	0.639	0.624	0.643	0.646	0.689	0.702	0.707	0.724	0.736	0.742
河北	0.426	0.437	0.463	0.486	0.522	0.523	0.541	0.553	0.578	0.603
山西	0.391	0.383	0.429	0.450	0.453	0.456	0.477	0.486	0.526	0.554
内蒙古	0.061	0.082	0.135	0.187	0.244	0.314	0.374	0.365	0.422	0.450
辽宁	0.324	0.355	0.395	0.432	0.483	0.432	0.533	0.546	0.552	0.570
吉林	0.286	0.323	0.363	0.412	0.480	0.511	0.538	0.551	0.597	0.618
黑龙江	0.310	0.325	0.356	0.388	0.422	0.459	0.465	0.479	0.494	0.504
上海	0.801	0.803	0.802	0.801	0.812	0.817	0.820	0.825	0.824	0.834
江苏	0.618	0.642	0.672	0.692	0.715	0.730	0.743	0.751	0.765	0.773
浙江	0.592	0.611	0.642	0.665	0.675	0.675	0.696	0.716	0.733	0.749
安徽	0.216	0.202	0.228	0.270	0.304	0.328	0.358	0.395	0.446	0.480
福建	0.476	0.501	0.550	0.582	0.630	0.653	0.680	0.705	0.714	0.732
江西	0.289	0.350	0.391	0.435	0.492	0.525	0.550	0.567	0.579	0.588
山东	0.495	0.553	0.583	0.623	0.653	0.666	0.681	0.698	0.708	0.716
河南	0.287	0.312	0.344	0.354	0.361	0.395	0.419	0.425	0.473	0.492
湖北	0.347	0.373	0.402	0.455	0.490	0.481	0.518	0.542	0.552	0.559
湖南	0.314	0.343	0.359	0.391	0.422	0.430	0.456	0.465	0.509	0.550
广东	0.503	0.557	0.595	0.605	0.634	0.651	0.676	0.691	0.703	0.713
广西	0.225	0.249	0.285	0.332	0.391	0.354	0.415	0.475	0.531	0.572
海南	0.335	0.360	0.407	0.445	0.504	0.521	0.553	0.591	0.608	0.607
重庆	0.313	0.389	0.445	0.493	0.565	0.596	0.624	0.634	0.636	0.646
四川	0.177	0.205	0.246	0.297	0.354	0.380	0.412	0.443	0.465	0.499

续表

年份 地区	2006	2007	2008	2009	2010	2011	2012	2013	2014	2015
贵州	0.178	0.207	0.230	0.232	0.267	0.291	0.334	0.410	0.415	0.465
云南	0.255	0.286	0.311	0.356	0.387	0.409	0.435	0.442	0.454	0.461
陕西	0.146	0.161	0.266	0.300	0.315	0.334	0.344	0.263	0.267	0.282
甘肃	0.156	0.200	0.259	0.278	0.307	0.344	0.372	0.403	0.430	0.454
青海	0.372	0.397	0.426	0.428	0.463	0.484	0.510	0.494	0.513	0.503
宁夏	0.127	0.204	0.328	0.383	0.438	0.494	0.529	0.567	0.582	0.621
新疆	0.305	0.354	0.333	0.377	0.455	0.548	0.592	0.605	0.651	0.673
东部	0.548	0.566	0.598	0.629	0.661	0.667	0.692	0.708	0.719	0.728
中部	0.305	0.326	0.359	0.394	0.428	0.448	0.473	0.489	0.522	0.543
西部	0.210	0.249	0.297	0.333	0.381	0.414	0.449	0.464	0.488	0.511
全国	0.359	0.386	0.424	0.458	0.496	0.516	0.544	0.560	0.582	0.599

（1）东部地区。“十一五”初期北京市和上海市的绿色生活水平基本一致，稳居全国前两位，“十一五”期间北京市的建成区绿地率及农村卫生厕所普及率快速提高，绿色生活水平迅速上升，而上海市的绿色生活水平基本保持不变。江苏省、天津省和浙江省的绿色生活指数基本位于第 3 位到第 5 位。山东省、福建省和广东省的绿色生活指数分别列第 6 位至第 8 位。辽宁省、海南省和河北省的绿色生活水平在东部地区较为落后。

（2）中部地区。中部地区各省份的绿色生活水平均快速提升，区域内部差异相对较小。相对其他地区而言，吉林省和江西省的绿色生活水平提升更快，其中吉林省的绿色生活指数排名从第 21 位提升至第 12 位，江西省的绿色生活指数从第 19 位提升至第 15 位。“十二五”末期湖北省、湖南省和山西省的绿色生活水平基本趋于一致，安徽省的绿色生活水平和黑龙江省、河南省的差距逐渐缩小。

（3）西部地区。绿色生活水平提升最快的是宁夏回族自治区，其绿色生活指数从 0.127 提升至 0.621，全国排名从第 29 位大幅提升至第 11 位。新疆省、重庆市和广西壮族自治区的绿色生活水平相对其他地区而言也有更快的提升，其中，新疆维吾尔自治区的绿色生活指数从 0.305 提升至

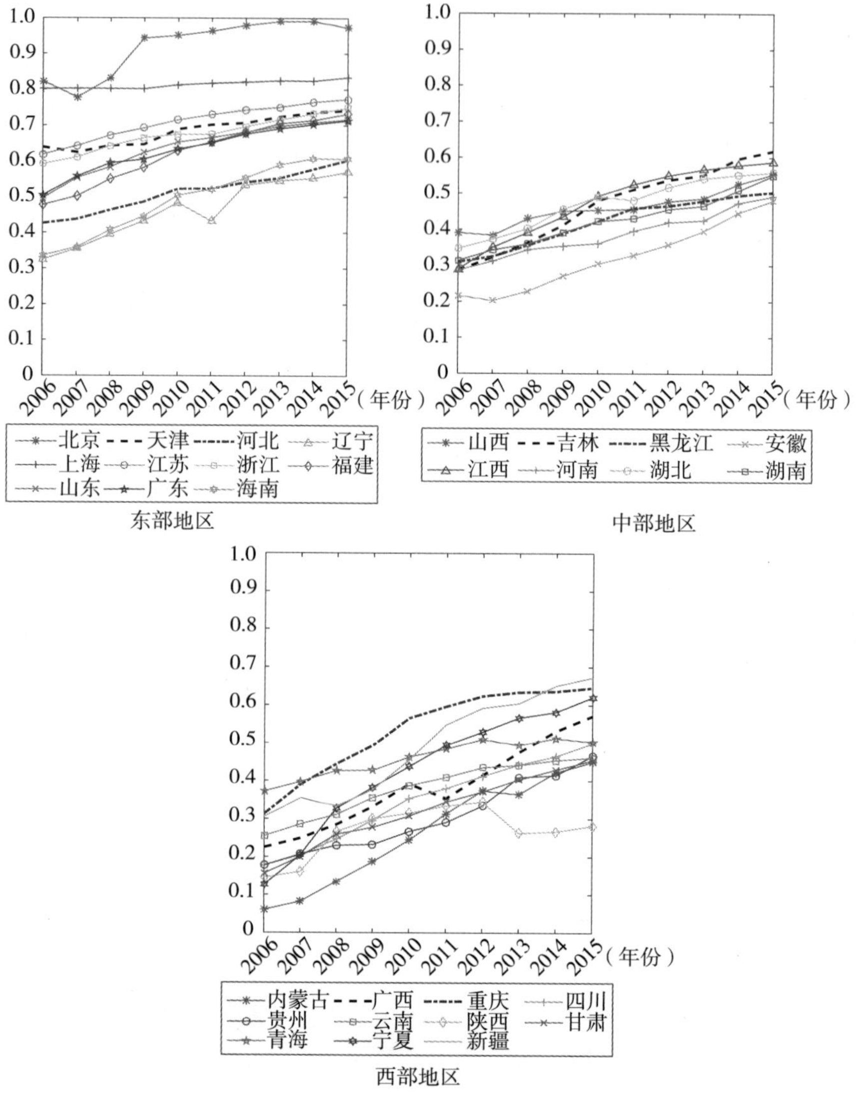

图 3-7　2006~2015 年 30 个省、区、市的绿色生活指数

0.673，其全国排名从第 18 位提高至第 9 位；重庆市的绿色生活指数从 0.313 提升至 0.646，其全国排名从第 16 位提升至第 10 位；广西壮族自治区的绿色生活指数排名从第 23 位提升至第 16 位。内蒙古自治区的绿色生活水平与其他地区的差距也逐步缩小。青海省、甘肃省、四川省、云南省和贵州省等地区的绿色生活水平也有一定程度的提高，但是其全国排名变化较小。陕西省的绿色生活水平提高较为缓慢，自 2013 年起其绿色生活指数全国最低，并且与其他地区的差距逐步扩大，因此，陕西省的生活方式绿色转型尤为迫切。

二、绿色发展总指数

根据资源利用指数、环境治理指数、环境质量指数、生态保护指数和绿色生活指数及《绿色发展指标体系》（见表 3-1）中的权重设定，利用加权平均法测算绿色发展总指数，具体结果如表 3-13 所示（排序结果见附录中的附表 7）。并绘制图 3-8 以考察各区域绿色发展水平的趋势。从整体上看，“十一五”和“十二五”期间我国大部分省份的绿色发展水平虽然逐步提升，但“十二五”期末绿色发展水平仍然不高（2015 年我国绿色发展平均水平仅为 0.527）。从各区域的平均取值情况看，“十一五”初期，东部绿色发展水平最高，其次是西南地区①，中部地区和西北地区绿色发展水平较为落后。西南地区的绿色发展水平提升较快，在“十二五”初期已经超过东部地区，而西北地区仍然处于落后地位。

表 3-13 2006~2015 年 30 个省、区、市的绿色发展总指数

年份 地区	2006	2007	2008	2009	2010	2011	2012	2013	2014	2015
北京	0.540	0.538	0.555	0.546	0.558	0.571	0.577	0.597	0.595	0.607
天津	0.505	0.507	0.521	0.500	0.487	0.505	0.526	0.499	0.491	0.491
河北	0.402	0.439	0.452	0.460	0.455	0.456	0.481	0.438	0.446	0.467
山西	0.375	0.408	0.415	0.418	0.430	0.443	0.480	0.457	0.458	0.467

① 本书将西部地区分为西南地区和西北地区，其中西北地区包括内蒙古自治区、陕西省、甘肃省、青海省、宁夏回族自治区、新疆维吾尔自治区 6 个省（自治区），西南地区包括广西壮族自治区、重庆市、四川省、贵州省、云南省 5 个省（自治区、直辖市）；因西藏自治区数据缺失，本书未包含在内。

续表

地区＼年份	2006	2007	2008	2009	2010	2011	2012	2013	2014	2015
内蒙古	0.458	0.481	0.491	0.506	0.478	0.485	0.518	0.525	0.518	0.533
辽宁	0.402	0.427	0.438	0.445	0.457	0.458	0.478	0.493	0.471	0.470
吉林	0.453	0.499	0.496	0.499	0.496	0.498	0.542	0.544	0.532	0.552
黑龙江	0.468	0.476	0.487	0.493	0.507	0.513	0.536	0.550	0.535	0.555
上海	0.487	0.504	0.515	0.512	0.516	0.534	0.540	0.535	0.586	0.576
江苏	0.426	0.449	0.461	0.469	0.461	0.466	0.496	0.500	0.502	0.520
浙江	0.500	0.518	0.521	0.538	0.526	0.526	0.549	0.546	0.557	0.573
安徽	0.410	0.446	0.437	0.457	0.475	0.485	0.501	0.501	0.520	0.510
福建	0.505	0.529	0.524	0.529	0.528	0.538	0.576	0.578	0.563	0.583
江西	0.463	0.473	0.512	0.512	0.512	0.515	0.551	0.517	0.541	0.548
山东	0.425	0.460	0.462	0.467	0.468	0.469	0.490	0.507	0.474	0.483
河南	0.420	0.456	0.455	0.456	0.460	0.451	0.474	0.471	0.495	0.472
湖北	0.439	0.478	0.462	0.482	0.471	0.483	0.500	0.551	0.514	0.544
湖南	0.439	0.483	0.483	0.493	0.509	0.517	0.531	0.538	0.535	0.544
广东	0.475	0.454	0.469	0.474	0.504	0.531	0.530	0.540	0.513	0.522
广西	0.468	0.505	0.490	0.536	0.517	0.530	0.526	0.536	0.538	0.557
海南	0.523	0.520	0.550	0.549	0.532	0.539	0.565	0.581	0.561	0.563
重庆	0.471	0.503	0.517	0.525	0.550	0.551	0.576	0.582	0.560	0.575
四川	0.505	0.508	0.504	0.513	0.542	0.552	0.543	0.546	0.540	0.535
贵州	0.448	0.484	0.475	0.484	0.496	0.510	0.518	0.534	0.529	0.542
云南	0.450	0.473	0.485	0.514	0.521	0.522	0.545	0.571	0.552	0.574
陕西	0.423	0.456	0.461	0.498	0.482	0.484	0.498	0.489	0.491	0.498
甘肃	0.405	0.440	0.438	0.422	0.425	0.453	0.488	0.490	0.488	0.503
青海	0.441	0.460	0.475	0.492	0.445	0.457	0.511	0.478	0.512	0.503
宁夏	0.409	0.454	0.437	0.425	0.416	0.403	0.471	0.458	0.463	0.469
新疆	0.372	0.406	0.393	0.405	0.409	0.414	0.417	0.440	0.459	0.476
东部	0.472	0.486	0.497	0.499	0.499	0.508	0.528	0.529	0.524	0.532
中部	0.433	0.465	0.468	0.476	0.482	0.488	0.514	0.516	0.516	0.524
西南	0.468	0.495	0.494	0.514	0.525	0.533	0.542	0.554	0.544	0.557
西北	0.418	0.450	0.449	0.458	0.443	0.449	0.484	0.480	0.489	0.497
全国	0.450	0.474	0.479	0.487	0.488	0.495	0.518	0.520	0.518	0.527

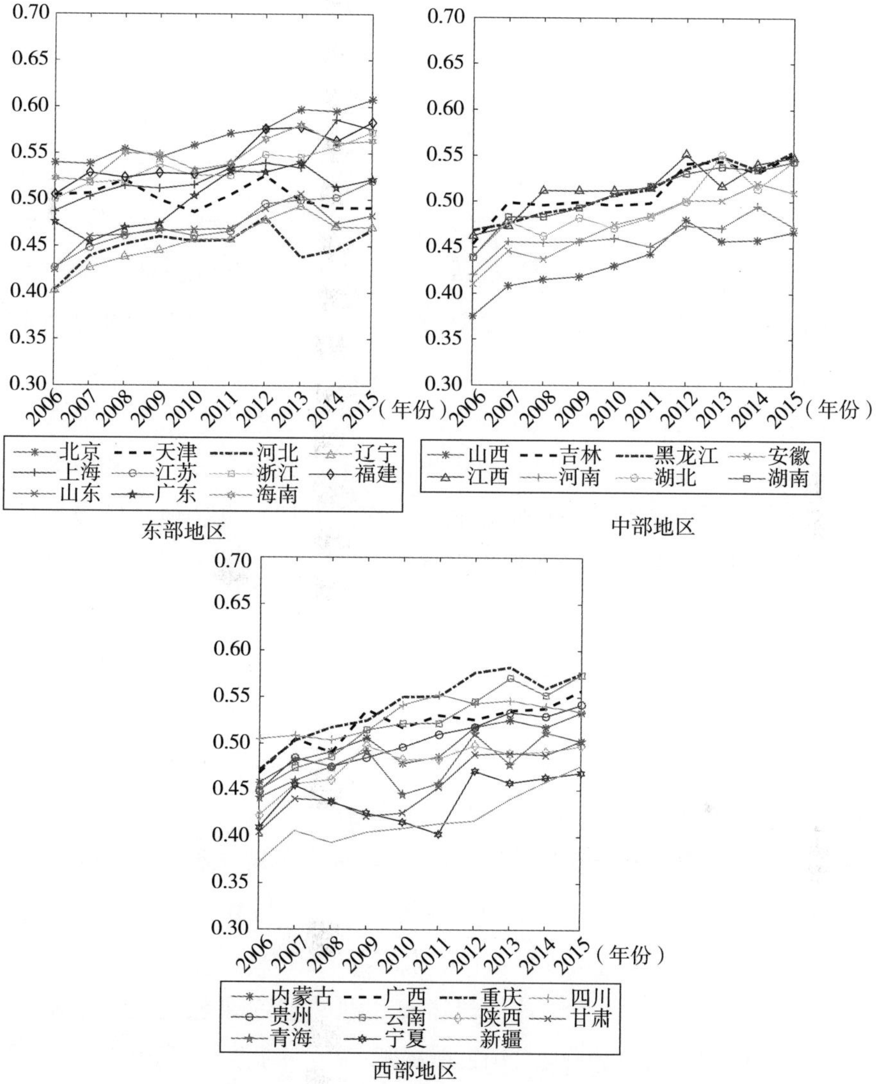

图 3-8　2006~2015 年 30 个省、区、市的绿色发展指数

（1）东部地区。东部地区各省份的绿色发展水平差异较大。北京市的绿色发展水平稳居全国首位，并且其增长质量和绿色生活水平等方面仍快速提升，使其绿色发展水平稳步提高，但是其环境质量和生态保护水平仍有待进一步提高。海南省“十一五”初期的绿色发展水平居全国第 2 位，其环境禀赋优势明显，而且资源利用水平较高；但是“十二五”期间其资源利用水平和环境质量均有所下降，因此，“十二五”末期海南省的绿色发展水平有一定幅度的下降。福建省的资源利用水平和绿色生活水平稳步提高，绿色发展水平不断提升，“十二五”末期，其绿色发展指数位居全国第2。上海市“十一五”初期的绿色发展指数在全国排名第7，“十二五”期间上海市的环境治理力度有所下滑，环境质量提升困难，导致2013年其绿色发展指数全国排名下滑至第14位，“十二五”末期上海市环境治理的成效显著，资源利用水平不断提高，增长质量提升明显，2015年其绿色发展指数提升至第3位。浙江省和上海市的绿色发展水平差距不大。天津市的绿色发展水平有一定程度的下降，其主要原因是其资源利用水平下降，环境质量也明显下滑，其环境治理力度虽有所加大，但是环境治理指数相对其他地区的排名仍不断下滑，导致其绿色发展指数全国排名由第5位下滑至第23位。山东省和辽宁省的绿色发展水平走势较为一致，“十一五”期间绿色发展水平均稳步提升，均由于“十二五”末期资源利用水平严重下滑导致绿色发展水平出现一定程度的下降。与浙江省相比，江苏省的绿色发展水平相对较为落后。广东省“十二五”初期资源利用水平和环境治理力度不断加大，经济增长质量明显提高，绿色发展水平快速提高，但“十二五”末期资源利用水平又有一定程度的下降，绿色发展水平又出现下降的趋势。“十二五”期间河北省的绿色发展指数全国排名由第25位下滑至第29位，其绿色发展面临着巨大的环境压力。

（2）中部地区。黑龙江省、吉林省和湖南省的绿色发展水平基本一致。江西省的绿色发展水平在2013年有所下滑。湖北省的绿色发展水平在波动中不断上升，“十二五”末期，其绿色发展水平与湖南省基本相同。“十一五”和“十二五”期间安徽省的绿色发展水平稳步提升，但与湖南省相比仍存在一定差距。河南省“十一五”初期的绿色发展水平高于安徽省，但其经济发展的环境压力逐渐加大，绿色发展水平提升缓慢，2010年起其绿色发展水平与安徽省的差距逐渐扩大。山西省的绿色发展水平虽有提升，但其绿色发展指数的全国排名仍在第27位至第30位，山西省经济长期以来依靠丰富的煤铁等矿产资源，以资源开发及其初级加工业等价值链低端产业为主导产业，经济增长方式粗放，经济增长质量较低，经济发展的绿色转型任务尤为艰巨。

（3）西部地区。“十一五”初期，重庆市的绿色发展水平与四川省相比较为落后，但重庆市的资源利用水平、环境治理水平、增长质量等方面迅速提高，绿色发展水平不断提高，其绿色发展指数排名由第 9 位提升至第 4 位；而四川省的资源利用水平、环境质量和增长质量等方面在“十二五”期间不断下降，导致其绿色发展水平不断下滑，绿色发展指数的全国排名由第 3 位下滑至第 15 位。“十二五”期间陕西省的环境治理力度不断加大，绿色生活水平也快速提升，但其经济增长质量却不断下滑，环境质量也有进一步恶化的趋势，“十二五”期间其绿色发展水平停滞不前，因此，陕西省的经济发展亟待绿色转型。云南省的绿色发展环境禀赋优势明显，而且其生态保护力度不断加大，环境质量进一步提高，因此，其绿色发展水平不断提高，绿色发展指数的全国排名由第 15 位跃升至第 5 位。广西壮族自治区、贵州省和内蒙古自治区的绿色发展水平虽有提升，但与云南省相比仍存在较大差距。甘肃省的绿色发展水平提升明显，与陕西省、青海省的差距逐渐缩小。宁夏回族自治区的绿色发展水平在 2012 年后基本停滞不前，与甘肃省的差距不断扩大；而新疆维吾尔自治区的绿色发展水平不断提升，“十二五”末期新疆维吾尔自治区和宁夏回族自治区的绿色发展水平基本一致，均处于最为落后的地位。

总的来看，在“十一五”初期，东部地区绿色发展水平最高，但随着时间的推移，京津冀、长三角及连线地区的生态环境压力日趋增加，西南地区的生态环境禀赋优势逐渐凸显，中部地区绿色发展面临的资源环境压力依然较大，西北地区的绿色发展水平还有较大的提升空间。

第四章

中国绿色发展水平的时空分析

第二章的研究结果表明：我国绿色发展的整体水平稳步提升，但是各区域绿色发展水平的变化过程表现出一定的异质性。为深入揭示我国绿色发展水平的时空变化规律，本章从资源利用、环境治理、环境质量、生态保护、经济增长质量和绿色生活等多个维度结合空间马尔科夫链方法研究我国“十一五”“十二五”时期绿色发展水平的时空变化情况，深入探讨地理因素在中国区域绿色发展水平动态变化过程中的作用。该研究不仅为我国绿色发展水平时空格局的形成提供一种新视角的解释，而且有助于政府部门准确、全面地掌握各地区绿色发展现状、转型进程，为有关部门和地区制定绿色发展的长期规划提供有价值的政策建议。

本章的具体内容安排如下：第一节为我国资源利用水平的时空分析；第二节为我国生态环境的时空分析，首先分别研究我国环境治理、环境质量、生态保护状况区域差异的时空变化规律，其次揭示其内在联系；第三节对我国经济增长质量进行时空分析；第四节对我国绿色生活水平进行时空分析；第五节在前四节分维度分析结果的基础上，对我国绿色发展总水平进行时空分析。

第一节　中国资源利用水平的时空分析

一、资源利用水平分布的变化规律

为探索我国资源利用整体水平随时间的动态变化趋势，本节采用高斯正态分布的核密度函数估计资源利用水平分布的核密度曲线，并绘制 2006 年、2010 年和 2015 年的资源利用水平的核密度曲线（见图 4-1）。该密度函数图可以视为直方图的连续形式，即将直方图中的间隔设置为无穷而变成连续曲线。

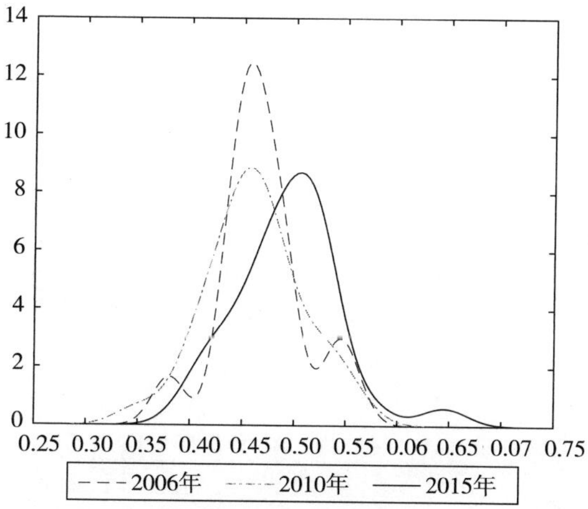

图 4-1　资源利用水平分布的 Kernel 估计

从图 4-1 中可以看出，2006 年，中国资源利用指数取值集中在 0.30~0.63，资源利用水平呈多峰分布，除了绝大部分地区资源利用水平集中在 0.46 左右，有一小部分地区资源利用水平极低，同时有部分地区的资源利用水平非常高，出现了一定的极化现象。2010 年，中国资源利用水平的极化现象有所缓解。2015 年，资源利用水平呈单峰分布的总体态势不变，密度函数曲线整体上向右移动，并且在峰值上有所下降，右尾拖得较长。“十二五”期间中国大部分省份的资源利用水平有一定程度的提升，而且有极少数省份的资源利用水平快速增长，区域差异增大。

本书为考察资源利用水平受邻居资源利用水平的影响，利用邻接空间权重矩阵 W 构建邻居资源利用水平序列。定义向量 y 表示这些区域的资源利用水平，对邻接空间权重矩阵进行行标准化后，邻居的资源利用水平由向量 Wy 给出。图 4-2 给出 2006 年、2010 年和 2015 年的邻居资源利用水平的分布核密度曲线。将图 4-2 与图 4-1 对比可以看出，邻居资源利用水平的分布更为集中。2010 年邻居资源利用水平分布与 2006 年相比差别不大；2015 年邻居资源利用水平曲线明显向右移动，且为左偏的双峰分布。“十二五”末期，邻居的资源利用水平稳步提升，但有部分地区邻居的资源利用水平还处于较低水平。

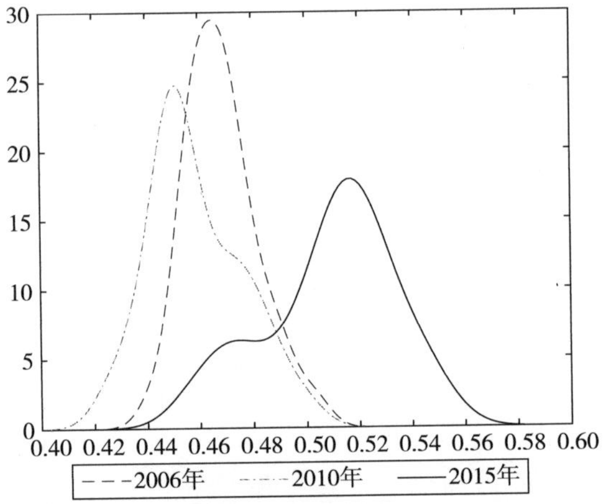

图 4-2　邻居资源利用水平分布的 Kernel 估计

二、资源利用水平的等级变化规律

密度函数可以刻画资源利用整体水平分布的演进过程，但是不能刻画各区域的动态变化过程。事实上，密度函数不能说明资源利用水平初始分布（2006 年）的右尾包含的区域和最终分布（2015 年）的右尾包含的区域是否相同。回答这一问题可能的办法是通过估计马尔科夫链对应的转移概率矩阵，来考察每个地区在资源利用水平截面分布中相对位置的动态变化规律。

马尔科夫链方法的主要思想是把连续状态的随机变量离散化为 K 种类型，通过计算每一种类型等级转移的概率分布来近似反映变量的变化特征。具体地，首先，将连续变量分为 K 类，定义 F_t 为 t 时刻随机变量的截面分布，将其作为连续随机变量分布的一个离散的近似。其次，假设分布服从一阶平稳马尔科夫链过程，在这种情况下，随机变量取值的变化过程被一个转移概率矩阵 M 表示，其元素 p_{ij} 表示一个区域在 t 时刻为等级 i、在$t+1$时刻为等级 j 的概率。（K，1）维向量 F_t 表示在 t 时刻这些区域在每个类的概率并可用式（4-1）描述：

$$F_{t+1}=MF_t \tag{4-1}$$

其中，M 是（K，K）转移概率矩阵，表示随机变量在两个分布中的转移情况。如果转移概率矩阵是时齐的，则有式（4-2）：

$$F_{t+s}=M^sF_t \tag{4-2}$$

F_t 的遍历分布即为式（4-2）中 s 趋向于无穷时的分布。如果马尔科夫链是常返的，则遍历分布存在，此时转移概率矩阵收敛到矩阵 M^*。遍历分布的存在 F^* 性如式（4-3）所示：

$$F^*M=F^* \tag{4-3}$$

F^* 是 M^t 的每一行当 t 趋于无穷时的极限分布。根据式（4-3），遍历分布 F^* 是矩阵 M 的特征值为 1 时的特征向量。可以使用极大似然估计法估计变量的转移概率 p_{ij}，具体公式如式（4-4）所示：

$$\hat{p}_{ij}=\frac{n_{ij}}{n_i} \tag{4-4}$$

其中，n_{ij}是从第 $t-1$ 年的类别 i 转移到第 t 年的类别 j 的所有区域数，n_i 是曾经为类别 i 的区域总数。

本节使用 2006~2015 年 30 个省份的资源利用指数，同时借助马尔科夫链方法分析中国区域资源利用水平（相对于全国平均水平）的变化规律。首先将 30 个省份的资源利用指数分为 3 类：小于全国平均水平 96.5%的为类别 1，即低等类别；全国平均水平的 96.5%到 102.5%为类别 2，即中等类别；大于全国平均水平 102.5%的为类别 3，即高等类别。分类规则是要使初始的每个分类中包含的个体数目相似（Quah，1993），即资源利用等级①的初始分布为 $F_0=[1/3,1/3,1/3]$。其次使用极大似然估计法计算 2006~2015 年资源利用等级的转移概率矩阵，结果如表 4-1 所示。从表中可以看出，主对角线上的转移概率相对较高，如果某省份资源利用水平在第 i 类，其年末仍在该类的概率至少为 46.2%，而且处于中间类别的省份更容易向其他类别转变。次对角线上的转移概率为 24.7%~28.6%，特别是从低等类别向中等类别转变的概率为 24.7%。转移概率矩阵的元素 $M(1, 3)$ 和 $M(3, 1)$ 的取值分别为 16%和 10.2%，因此，资源利用水平发生极端变化的可能性为 10%~16%。

表 4-1　2006~2015 年资源利用等级的转移概率矩阵②

t_i/t_i+1	资源利用水平（相对于全国）			n
	1：<96.5%	2：<102.5%	3：>102.5%	
1	0.593	0.247	0.160	81
2	0.253	0.462	0.286	91
3	0.102	0.265	0.633	98

为了确定各区域资源利用等级的变化速度，可以计算平均首达时间矩阵 M_P，其中 $M_{P,\ ij}$ 表示一个区域从第 i 类首次转变到第 j 类的时间。对于常返马尔科夫链，平均首达时间矩阵 M_P 定义为（Kemeny 和 Snell，1976）式（4-5）：

$$M_P=(I_K-Z+SS'Z_{dg})D \tag{4-5}$$

① 再次重申，本章中的资源利用等级是相对于全国平均水平而言的，接下来的环境治理等级、环境质量等级、生态保护等级、增长质量等级、绿色生活等级及绿色发展等级也是如此。

② 本章所有表中的数据均是使用 Matlab 2015b 编程计算得到。

其中，I_K 是 K 阶单位矩阵，Z 是基础矩阵 $Z=(I_K-M+M^*)^{-1}$，M^* 是极限矩阵，S 是单位列向量，Z_{dg} 是将 Z 的非对角线元素设为 0 的结果，D 是对角矩阵，其中，对角线元素为$\frac{1}{m_j^*}$（这里第 j 行的元素是$\frac{1}{m_j^*}$）。

资源利用等级的首达时间矩阵 M_p 的计算结果如表 4-2 所示。从该表可以看出，平均而言，资源利用水平从低等类别转变为中等类别至少需要 4 年左右，转变为高等类别至少需要 5 年左右。资源利用水平从中等类别转变为高等类别至少需要 4 年左右。资源利用水平等级从高等类别下滑为中等类别的平均时间也大约为 4 年。

表 4-2　资源利用等级的首达时间矩阵

i/j	1：<96.5%	2：<102.5%	3：>102.5%
1	(3.379)	3.960	5.003
2	5.353	(3.093)	4.206
3	6.588	3.822	(2.626)

可以通过计算马尔科夫链的遍历分布考察资源利用等级分布的长期均衡状态。马尔科夫链可能会出现不同类型的收敛，概率集中于中间类别意味着收敛到均值；概率集中于一个多峰的极限分布，可能被解释为一种分化到不同的收敛俱乐部的趋势，分布在所有类别中的扩散被解释为分散。本节资源利用水平的遍历分布中，低、中、高等类别的稳态概率分别为 0.296、0.323、0.381，可以看出高等类别的稳态概率稍大，因此，长期来看，各区域的资源利用水平将趋向于向全国高等类别靠拢。

还可以根据转移概率矩阵构造流动性指数，以反映区域在离散化后的截面分布中类别改变的平均速度（Gallo，2004）。最常见的流动性指标主要有两类（见表 4-3）：一类是收敛流动性指数，这类指数主要用来测度向均衡收敛的速度，这些指数从不同角度刻画了达到稳态的速度。另一类是均衡流动性指数，用来刻画当分布达到均衡时从一个类别向另一个类别的流动情况，此指数包括 3 个指数：第一个指数为 Bartholomew's 指数，表示在稳态条件下从一个时间到另一个时间的跨越类别的预期数值；第二个指数为离开当前类别的无条件概率；第三个指数为平均首达时间，即对任意选取的两个类别，平均来讲一个区域从第一个类别首次转变为第二个类别的预期年数。

表 4-3　流动性指数

收敛流动性指数			均衡流动性指数		
Prais 指数	基于第二大特征值	基于行列式	Bartholomew 指数	离开当前类别的无条件概率	平均首达时间
$\frac{K-tr(M)}{K-1}$	$1-\lvert\lambda_2\rvert$	$1-\lvert\det(M)\rvert$	$\sum_{i=1}^{K} F_i^* \sum_{j=1}^{K} M_{ij} \lvert i-j \rvert$	$\frac{K}{K-1}\sum_{i=1}^{K} F_i^*(1-M_{ii})$	$F^{*\prime} M_p F^*$

注：M 是转移概率矩阵；F^* 是其遍历分布；K 是分类的个数；λ_2 是 M 的第二大特征值的绝对值；M_p 是首达时间矩阵。

下面对资源利用等级的流动性进行考察。在向均衡收敛过程中的流动性指标中，Prais 指数为 0.657，基于第二特征值的流动性指数为 0.519，基于行列式的流动性指数为 0.901。在达到均衡状态时的流动性指标中，Bartholomew 指数为 0.521，即在均衡状态下从一年到下一年发生变化的类别的平均数为 0.521；离开当前类别的无条件概率为 0.652；平均首达时间约为 4 年。计算结果表明：资源利用水平的各个类别之间存在较强的流动性。因此，低等类别区域有可能在经过一定时期努力后提升为较高类别，但高等类别区域若放松管理其资源利用水平也很有可能向较低类别下滑。

为了说明空间因素在收敛模式中的重要性，本节使用空间自相关检验方法考察资源利用等级转移的空间自相关性。本节利用邻接空间权重矩阵，对 2006~2015 年资源利用等级的向上转移和向下转移的空间自相关性进行联合计数检验（见式（4-6））（Cliff 和 Ord，1981）：

$$BB = \frac{1}{2}\sum_{i}\sum_{j} w_{ij}^{*}(\delta_i \delta_j) \tag{4-6}$$

其中，w_{ij}^* 是空间权重矩阵的元素，如果区域 i 向上移一个，则 $\delta_i=1$，

其他情况 $\delta_i = 0$。BB 统计值是两个相邻区域均经历了资源利用水平向上移动一个等级的区域对的个数。相似地，为了检验向下转移的空间自相关性，本节定义如果区域 i 的资源利用水平向下移动一个等级，则 $\delta_i = 1$，否则 $\delta_i = 0$。

BB 空间自相关检验是根据条件置换方法（用地图上 30 个区域的 9999 个随机排列）检验不存在空间自相关的原假设是否成立。检验区域在“排序中上移或下移超过一个标准差的偏离”不存在空间自相关的零假设是否能够被拒绝。

利用 2006 年和 2015 年两年的数值计算结果表明，2006~2015 年的资源利用等级向上转移的空间自相关性为 1.333，向下转移的空间自相关性为 0.45。根据条件置换方法，使用 Matlab 2015b 编程计算可得，向上转移的空间自相关检验的 p 值为 0.0084，向下转移的空间自相关性检验的 p 值大于 0.15。所以，中国区域资源利用水平等级的向上转移存在较大的空间相关性，若在马尔科夫链分析中忽略地理因素对转移概率的影响会存在模型误设的问题，导致研究结果不可靠。因此，在分析区域资源利用等级的动态变化的过程中需要考虑空间维度。

三、资源利用等级变化的空间效应

下面应用空间马尔科夫链方法检验资源利用等级变化的空间效应。空间马尔科夫链方法把“空间滞后”的概念引入到马尔科夫链中，用来分析地理背景对各区域资源利用等级转移的影响效应。构建空间马尔科夫链的具体方法如下：首先，确定空间权重矩阵。相邻地区的产业、环境等变量由于地理位置的接近常常导致其存在空间相关性，这是空间相关性初始的定义，也与地理学第一定律相吻合。因此，本章采用的空间权重矩阵为邻接权重矩阵，记为 W，即如果地区 i 与地区 j 相邻，则 w_{ij} 等于 1，否则 w_{ij} 等于 0。其次，构造“空间滞后”变量。在空间计量文献中，一般借助空间权重矩阵计算某地区的邻近地区资源利用水平的加权平均值，并将其定义为该变量的“空间滞后值”，即邻居资源利用水平序列。具体地，设变量 $x=(x_1,x_2,\cdots,x_N)'$，定义其空间滞后为 WX，其第 i 行是 $\sum_{j=1}^{N} w_{ij}x_j$，这正是地区 i 所有邻居的资源利用水平 y 的加权平均。为了更加突出加权平均的含义，一般将空间权重矩阵 W 进行行标准化。最后，根据其邻居资源利用水平的类型，计算相应的转移概率矩阵，因此产生了空间转移概率矩阵，即将传统的 $K\times K$ 矩阵分解为 K 个 $K\times K$ 的条件矩阵 $M(k)$（本书$K=3$）。如果考虑第 k 个条件矩阵，则该矩阵的元素 $p_{ij}(k)$ 是在给定其空间滞后值 t 时刻在第 k 类的条件下，一个 t 时刻在第 i 类的区域在 $t+1$ 期转移到第 j 类的概率。

2006~2015 年中国区域资源利用等级的空间转移概率矩阵的计算结果如表 4-4 所示。从平均的意义上看，①对低等类别区域来说，当以中等类别区域为邻居时，其资源利用水平维持在低等类别的可能性为 64. 3%；当以高等类别区域为邻居时，其维持在低等类别的可能性增加至 69. 2%；因此，以高等类别区域为邻居反而会对低等类别区域的资源利用水平提高有一定的阻碍作用。②对中等类别区域来说，当以同类区域为邻居时，其资源利用等级上升的可能性为 27. 8%；当以低等类别区域为邻居时，其资源利用等级上升的可能性下降为 18. 2%；而以高等类别区域为邻居时，其资源利用等级上升的可能性增加为 46. 7%。因此，以高等类别区域为邻居会对中等类别区域的资源利用水平提高有显著的促进作用。③对高等类别区域来说，当以中等类别区域为邻居时，其资源利用水平维持高等类别的可能性为 58. 3%；当以高等水平区域为邻居时，其资源利用水平维持高等类别的可能性大幅增加至 82. 8%，如天津市邻居的资源利用水平一直处于高等类别，因此，其资源利用水平也一直处于高等类别；而当以低等水平区域为邻居时，其资源利用水平维持高等类别的可能性下降为 47. 6%，因此，以低等类别区域为邻居会对高等类别区域的资源利用水平提高有显著的阻碍作用。综合来看，高等类别区域与低等类别区域相邻的模式对这两类区域资源利用水平提高均存在阻碍作用。

表 4-4　2006~2015 年资源利用等级的空间转移概率矩阵

空间滞后	t_i/t_i+1	资源利用水平（相对于全国）			n
		1：<96.5%	2：<102.5%	3：>102.5%	
1	1	0.250	0.333	0.417	12
	2	0.227	0.591	0.182	22
	3	0.238	0.286	0.476	21
2	1	0.643	0.250	0.107	56
	2	0.296	0.426	0.278	54
	3	0.083	0.333	0.583	48
3	1	0.692	0.154	0.154	13
	2	0.133	0.400	0.467	15
	3	0.034	0.138	0.828	29

实际上，空间依赖性的影响反映在无条件转移值和各种条件转移值之间的差异上。如果 $p_{ij}<p_{ij}$（k），则其邻居为第 k 类的第 i 类区域向第 j 类转移的概率比平均水平下的转移概率更高。相反，如果 $p_{ij}>p_{ij}$（k），则其邻居为第 k 类的第 i 类区域相对于平均水平来说向第 j 类转移的概率更低。如果区域背景对转移概率没有影响，则条件概率将和初始概率相等（见式（4-7））：

$$p_{ij}(1)=p_{ij}(2)=\cdots=p_{ij}(K)=p_{ij},\qquad \forall i,\ j=1,\ 2,\ \cdots,\ K \tag{4-7}$$

可以通过构造统计量检验资源利用等级的空间转移概率及非空间转移矩阵是否在统计上互不相同。检验的原假设是转移概率独立于空间背景，即式（4-7）成立。在原假设成立的条件下，资源利用等级的转移概率不依赖于其空间滞后，可以按照式（4-4）估计；若原假设不成立，则应该根据其空间滞后分别估计不同的转移概率。根据陶晓红和齐亚伟（2013），空间依赖性的似然比检验的统计量 Q 如式（4-8）所示：

$$Q=-2\left\{\prod_{l=1}^{K}\prod_{i=1}^{K}\prod_{j=1}^{K}\left[\frac{\hat{p}_{ij}}{\hat{p}_{ij}(l)}\right]^{n_{ij}(l)}\right\} \tag{4-8}$$

其中，Q 近似服从自由度为 $K(K-1)^2$ 的卡方 χ^2 分布，K 是分布中的元素数。$\hat{p}_{ij}$是式（4-4）中的稳态估计，$\hat{p}_{ij}$（l）是其空间滞后 $t-1$ 时刻在

第 l 类时的一个区域在 $t-1$ 时刻的第 i 类转移到 t 时刻的第 j 类的概率，$n_{ij}(l)$ 是相应的区域数目。若检验统计量 Q 的取值大于临界值 χ_{α}^{2} （$K(K-1)^{2}$），则应该拒绝原假设，认为区域的空间背景对该变量的变化有显著影响，否则认为转移概率独立于空间背景。

下面进行似然比检验，统计量 Q= 24.058，临界值为 21.026（自由度为 12 的卡方分布的 0.05 分位数），p 值为 0.02。检验结果拒绝了资源利用等级的转移概率独立于空间背景的原假设，因此，区域的空间背景强烈地影响其在资源利用水平分布内的变化。如高等类别区域与低等类别区域相邻的模式对这两类区域资源利用水平提高均存在阻碍作用。

结合空间转移概率矩阵的计算过程可知，中国区域资源利用水平的等级变化基本情况如下：北京市、天津市、上海市、浙江省、重庆市、海南省等省份的资源利用水平一直处于高等类别。北京市作为我国的政治、文化中心，其科技发达，服务业占比超过 70%；天津市作为北方经济中心，是先进制造业和技术研发的转化基地；重庆市作为西部地区唯一的直辖市，科技实力较为雄厚；海南省以生态立省，工业比重较小。而且这些地区的资源利用量普遍较小，在资源利用总量和强调双控的考核条件下占有突出优势，因此，这些地区的资源利用水平一直处于高等类别。

福建省的资源利用水平总是在中等类别和高等类别之间，作为东部发达地区，科技较为发达，资源利用量相对较小，资源利用水平较高。但山东省、江苏省、广东省的资源利用量普遍较大，其能源消耗量占全国能源消费量的 20%左右，在资源利用总量和强度的双控条件下，这些地区的资源利用水平等级较低。除山西省以外的大部分中部地区和西南地区的资源利用水平等级变化较为频繁。

有两个连片地区的资源利用水平相对较低：一是辽宁省、河北省和山西省，辽宁省是我国传统的老工业基地，历史上为我国工业化进程做出了基础性的贡献，以重工业为主。重化工业需要的初始资本量大，更新的周期较长。所以近些年来，这些传统工业基地由于技术相对落伍而面临升级换代的压力，国家也提出了“振兴东北老工业基地”的主张。河北省环绕京畿，承接了北京市和天津市的工业转移。但是由于北京市、天津市核心区域的“虹吸效应”，河北省的优质资源外溢，资本、技术、人才都相对落后。山西省是传统的能源大省，地处中西部，按照“雁型模式”在我国的体现，它们承接的也都是东部发达地区的相对落后的产业。因此，这些省份的相对资源利用水平较低。二是西北地区新疆维吾尔自治区、宁夏回族自治区等地区的资源利用水平基本上一直处于低等类别。这主要是由于西北地区地广人稀，社会问题是西北地区的主要问题，因此，经济发展的重要性相对下降。近些年来，西北地区的经济主要依靠自然环境（比如日照、温差）的优势来发展农产品、经济作物、中药材等，进而有了较大的增长，但总的来说，都是以初级产业为主。综上分析可以看出，资源利用水平和工业化进程有密切的关系。这些地区的共性都是没有建立现代工业体系，因此资源利用水平都相对较低。

第二节 中国生态环境的时空分析

本节首先分别研究中国环境治理、环境质量、生态保护状况的时空变化规律，其次揭示二者等级变化的内在联系。

一、环境治理水平的时空分析

（一）环境治理水平分布的变化规律

中国 2006 年、2010 年和 2015 年环境治理水平和邻居环境治理水平的核密度曲线分别如图 4-3 和图 4-4 所示。

从图 4-3 可以看出，2006~2015 年，环境治理水平的核密度曲线明显右移，中国环境治理整体水平有较大幅度的提升。具体地，2006 年环境治理水平呈右偏分布，峰值较低，取值范围在 0.5~0.9，这说明 2006 年中国环境治理水平区域差异较大。2015 年呈单峰分布的总体态势不变，密度函数曲线整体上向右移动，呈较为明显的尖峰分布，并且分布稍微左偏，2015 年环境治理水平整体上显著提升，但仍有少数省份环境治理水平还处于相对较低水平。从图 4-4 可以看出，2006 年邻居环境治理水平为右偏分布，取值范围在 0. 6~0. 8；“十二五”期间邻居的环境治理水平稳步提升。但 2015 年邻居环境治理水平分布左偏非常明显，这说明有一小部分区域环境治理水平还比较低，有待进一步加大环境治理力度。

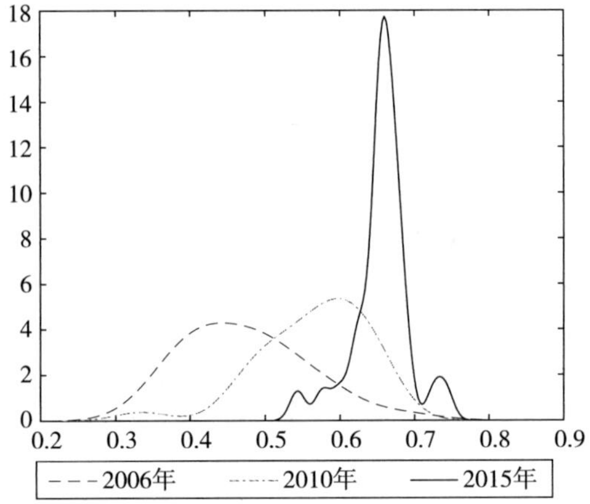

图 4-3　环境治理水平分布的 Kernel 估计

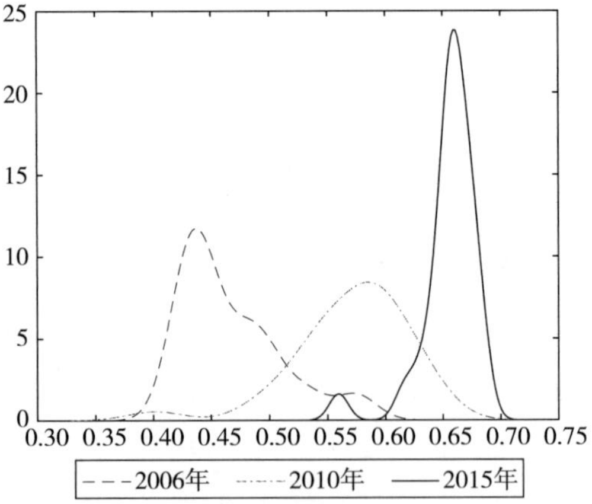

图 4-4　邻居环境治理水平分布的 Kernel 估计

（二）环境治理水平的等级变化规律

下面利用马尔科夫链方法，通过估计转移概率矩阵来研究各省份环境治理水平的动态变化过程。首先取全国环境治理平均水平的 90%和 105%作为分界点，将 30 个省份的初始环境治理水平分为三个类别：小于全国平均水平的 90%为类别 1，即低等类别；全国平均水平的 90%到 105%为类别 2，即中等类别；大于全国平均水平的 105%为类别 3，即高等类别，即环境治理等级的初始分布为 F_0 = ［0. 367，0. 333，0. 300］。其次使用极大似然估计法计算 2006~2015 年环境治理等级的转移概率矩阵，如表 4-5 所示。主对角线上的转移概率相对较高，如果某省份年初的环境治理水平在第 i 类，年末仍在该类的概率至少为 55. 8%。次对角线上的转移概率为 9. 6%~44. 2%，特别是从中等类别向低等类别转移的概率为 9. 6%，环境治理水平等级下滑的可能性较小。转移概率矩阵的元素 M（1，3）和 M（3，1）的取值分别为 0 和 1. 2%，因此，环境治理水平的等级发生极端变化的可能性较小。

表 4-5　2006~2015 年环境治理等级的转移概率矩阵

t_i / t_i +1	环境治理水平（相对于全国）			n
	1：<90%	2：<105%	3：>105%	
1	0. 558	0. 442	0. 000	52
2	0. 096	0. 735	0. 169	136
3	0. 012	0. 341	0. 646	82

环境治理等级的首达时间矩阵 M_p 的计算结果如表 4-6 所示。从该表中可以看出，平均而言，环境治理水平从低等类别提升为中等类别至少需要 9 年，提升为高等类别至少需要 9 年，环境治理水平从中等类别提升为高等类别至少需要 7 年。

表 4-6 环境治理等级的首达时间矩阵

i/j	1：<90%	2：<105%	3：>105%
1	(7.447)	2.261	9.452
2	14.575	(1.707)	7.191
3	16.900	2.906	(3.571)

下面考察环境治理等级的遍历分布和流动性。①在环境治理等级的遍历分布中，低、中、高三种类别的稳态概率分别为0.134、0.586和0.28，因此与初始分布相比，环境治理等级的长期均衡状态更集中于中等类别，即全国环境治理水平更趋于相同。②在向均衡收敛过程中的流动性指标中，Prais 指数为0.53，基于第二特征值的流动性指数为0.411，基于行列式的流动性指数为0.794；在达到均衡状态时的流动性指标中，Bartholomew 指数为0.317，即在均衡状态下从 t 年到 $t+1$ 年大约平均转移 0.317 个类别；离开当前类别的无条件概率约为 0.47；平均首达时间大约为 4.97 年。环境治理等级的流动性和资源利用等级的流动性相似，环境治理等级较高的区域若其治理力度有所放松在一定时期后也有可能下滑为较低类别。

接下来考察环境治理等级转移的空间自相关性。利用 2006 年和 2015 年的数据及 BB 统计量，对环境治理等级向上（向下）转移的空间自相关性进行检验，其中，向上转移的 BB 统计量为 1.78，p 值为 0.116；向下转移的 BB 统计量为 1.225，p 值为 0.083。因此，在 10%的显著性水平下，应该拒绝向下转移不存在空间自相关的原假设，所以在环境治理等级的类别转移中需要考虑空间因素。

（三）环境治理等级变化的空间效应

下面利用空间马尔科夫链方法检验环境治理等级变化的空间效应。2006~2015 年中国区域环境治理等级的空间转移概率矩阵的计算结果如表 4-7 所示。①低等类别区域的邻居环境治理水平为低、中、高等类别的可能性分别为 25%、67.3%、7.7%。当其邻居环境治理水平为中等类别时，该低等区域环境治理等级向上转移的可能性为 48.6%；当其邻居环境治理水平为低等类别时，该低等区域环境治理等级向上转移的可能性降低至15.4%左右，因此，平均来看，相邻的低等区域有可能形成环境治理的“低水平俱乐部①”。当其邻居环境治理水平为高等类别时，该区域环境治理等级向上转移的可能性达到100%。②平均来讲，中等区域环境治理水平下滑为低等类别的可能性为9.6%（见表4-5）；当其邻居环境治理水平为高等类别时，该风险下降为4.2%。因此，中等区域以高等类别区域为邻居时，对其环境治理等级提升有显著的促进作用。③平均来讲，高等类别区域环境治理等级维持不变的可能性为64.6%（见表4-5），当其以高等类别区域为邻居时，该可能性虽然增加至76.3%，但相邻的高等类别区域形成环境治理“高水平俱乐部”的可能性仍然较小，因为该区域即使以高等类别区域为邻居，其环境治理水平等级下滑的可能性仍然达到23.7%左右。

表4-7　2006~2015年环境治理等级的空间转移概率矩阵

空间滞后	t_i / t_i +1	环境治理水平（相对于全国）			n
		1：<90%	2：<105%	3：>105%	
1	1	0.846	0.154	0.000	13
	2	0.000	1.000	0.000	1
	3	0.000	0.500	0.500	2
2	1	0.514	0.486	0.000	35
	2	0.108	0.748	0.144	111
	3	0.000	0.452	0.548	42
3	1	0.000	1.000	0.000	4
	2	0.042	0.667	0.292	24
	3	0.026	0.211	0.763	38

下面利用似然比检验环境治理水平的等级转移概率是否独立于空间背景。经过对自由度个数的调整后，检验结果表明应该拒绝环境治理等级的变化独立于空间背景的原假设（p= 0.000，Q= 22.567，自由度为4的卡

① 本书中的“低水平俱乐部”和“高水平俱乐部”均强调经济体在空间上的连续分布。

方分布的 0.05 分位数为 9.488)。这个结果表明：一个地区在环境治理水平横截面分布中相对位置的变化受到其地理位置环境的高度限制。

结合空间转移概率矩阵的计算过程可以看出，中国各区域环境治理等级逐步形成向中间类别靠拢的态势，具体情况为如下：①高等类别区域。仅有北京市和上海市的环境治理情况基本上一直处于高等类别。北京市是我国的政治中心、文化中心，上海市是我国的金融中心。这两个直辖市是我国面向世界的窗口，环境治理压力大，从而治理力度亦会相应增大。②等级向上转移区域。河北省和山西省的环境治理水平提升至高等类别，这主要是由于河北省和山西省的环境污染问题极为严重，近年来环境治理力度不断加大，主要污染物总量有一定幅度的下降。湖北省和湖南省的环境治理水平也由低等类别提升至中等类别，湖北省和湖南省近些年来非常注重因地制宜谋求发展，通过综合治理、因地制宜、合理规划，这些地方的环境治理水平显著提高。③等级向下转移区域。天津市、辽宁省、江苏省、浙江省和山东省等大部分东部地区的环境治理水平由高等类别下滑至中等类别；随着这些地区工业化进程的加快，污染物排放量也逐年增加，环境污染治理难度进一步加大。宁夏回族自治区的环境治理水平从高等类别逐渐下滑至低等类别，于 2013 年又回升至中等类别。④中等类别区域。东部地区的福建省、广东省、海南省，中部地区安徽省、河南省、江西省，西部地区的四川省、陕西省、内蒙古自治区和广西壮族自治区的环境治理水平基本处于中等类别，云南省各年份环境治理情况差异较大，但自 2012 年起稳定在中等类别。新疆维吾尔自治区的环境治理水平在中等类别和低等类别间转换。⑤低等类别区域。东部地区的吉林省和黑龙江省以及西北地区的甘肃省和青海省的环境治理水平基本处于低等类别，这些地区形成了环境治理水平的“低水平俱乐部”。其中，东北地区和西北地区的情况又有所不同。相对西北地区而言，东北地区人口稠密，气候寒冷，为了保障民生，在当前的工业基础和技术条件下，不得不牺牲一些环境治理力度。而西北地区地广人稀，自然环境恶劣，环境治理的难度大、成本高。而破坏环境则相对容易，监管难度也大，因此，环境治理水平相对低下。

二、环境质量的时空分析

（一）环境质量分布的变化规律

2006 年、2010 年和 2015 年中国环境质量分布和邻居环境质量分布的核密度估计如图 4-5 和图 4-6 所示。从图 4-5 可以看出，2006 年和 2015 年环境质量的分布基本相似，取值范围在0. 3~1. 0，因此，中国环境质量区域差异较大。2006 年区域环境质量呈左偏双峰分布，较低的峰值出现在 0. 5 左右；2010 年和 2015 年环境质量的核密度曲线呈单峰分布，峰值有所下降，并且分布更向左偏，2015 年中国环境质量整体上稍有好转。从图4-6可以看出，在 2006 年至 2015 年间邻居环境质量变化不大，但 2015 年邻居环境质量分布左偏非常明显，这说明有一小部分连片地区的环境质量存在进一步下滑的趋势，有待于进一步加大环境治理力度，改善环境质量。

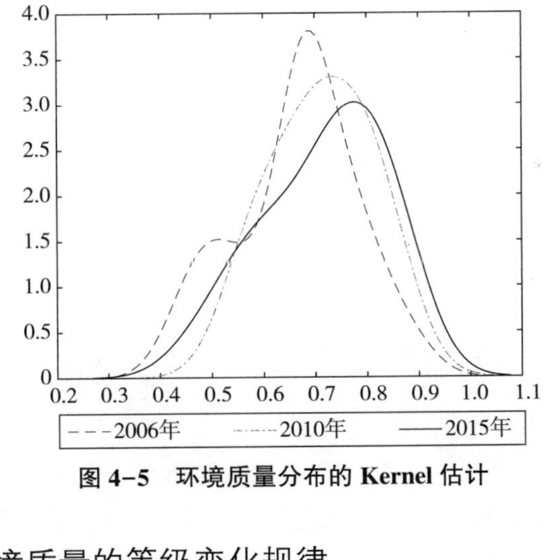

图 4-5　环境质量分布的 Kernel 估计

（二）环境质量的等级变化规律

下面利用马尔科夫链方法，通过估计转移概率矩阵来研究每个省份环境质量等级的动态变化过程。首先取平均水平的 94%和 106%作为分界点，将 30 个省份的初始环境质量分为三个类别：小于全国平均水平的 94%为

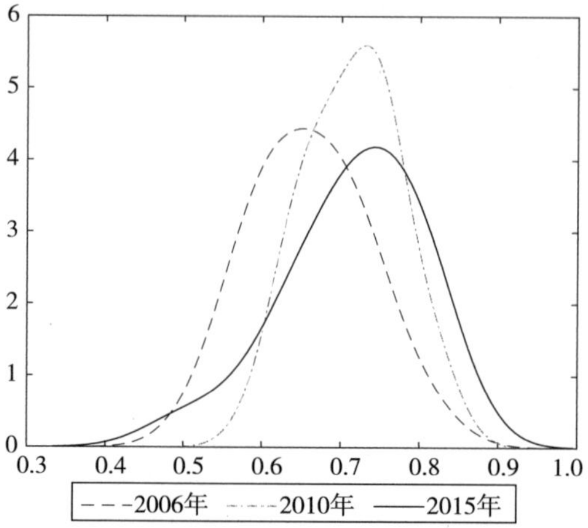

图 4-6 邻居环境质量分布的 Kernel 估计

类别 1，即低等类别；全国平均水平的 94%到 106%为类别 2，即中等类别；大于全国平均水平的 106%为类别 3，即高等类别；其初始分布为 F_0 = [0.3，0.367，0.333]。其次使用极大似然估计法计算 2006~2015 年环境质量的转移概率矩阵，结果如表 4-8 所示。

表 4-8 2006~2015 年环境质量等级的转移概率矩阵

t_i / t_i +1	环境质量（相对于全国）			n
	1：<94%	2：<106%	3：>106%	
1	0.963	0.038	0.000	80
2	0.043	0.872	0.085	94
3	0.000	0.063	0.938	96

从表 4-8 中可以看出，主对角线上的转移概率相对较高，如果某省份环境质量等级在第 i 类，年末仍在该类的概率至少为 87.2%。次对角线上的转移概率为 3.8%~8.5%。转移概率矩阵 M 的元素 $M(1, 3)$ 和 $M(3, 1)$ 的取值均为 0，因此，环境质量类别发生极端变化的可能性较小。

环境质量等级的首达时间矩阵 M_p 的计算结果如表 4-9 所示。从该表中可以看出，平均而言，环境质量为低等类别的省份要提升为中等类别至少需要 26 年，提升为高等类别至少需要 50 年。环境质量为中等类别的省份要提升为高等类别至少需要 24 年，由此可见，环境质量的提升是一个相当漫长的过程。

表 4-9　环境质量等级的首达时间矩阵

i/j	1：<94%	2：<106%	3：>106%
1	(3.075)	26.440	50.580
2	54.243	(3.496)	24.732
3	69.736	16.092	(2.565)

下面对环境质量等级的遍历性和流动性进行考察。①在环境质量等级的遍历分布中，低、中、高三种类别的稳态概率分布为 0.325、0.286 和 0.389，与初始分布相比，遍历分布的低等类别取值概率及高等类别的取值概率有所变大，而中等类别的取值概率明显变小。长期来看，中国区域环境质量有向两极分化的趋势。②在向均衡收敛过程中的流动性指标中，Prais 指数为 0.114，基于第二特征值的流动性指数为 0.045，基于行列式的流动性指数为 0.219；在达到均衡状态时的流动性指标中，Bartholomew 指数为 0.073，即在均衡状态下环境质量从 t 年到 $t+1$ 年大约平均转移 0.073 个类别；离开当前类别的无条件概率为 0.109；平均首达时间约为 28 年左右。因此，环境质量类别的变化速度较为缓慢，要使环境质量从低等类别提升为较高类别需要长期持续加大环境整治力度。

接下来考察环境质量等级转移的空间自相关性。利用 2006 年和 2015 年的数据，进行 BB 检验的结果表明：向上转移和向下转移均不存在空间自相关性。下面进一步利用空间马尔科夫链方法检验转移概率是否具有空间依赖性。

（三）环境质量等级变化的空间效应

2006~2015 年中国环境质量等级的空间转移概率矩阵的计算结果如表 4-10 所示。注意，条件转移概率是以每一年开始时该区域环境质量的空间滞后值所属类别为条件进行计算的。①低等类别区域的邻居环境质量等级为低、中、高等类别的可能性分别为68.8%、31.2%和0%。当以中等类别区域为邻居时，该区域环境质量等级向上提升的可能性为8%；当以低等类别区域为邻居时，该区域环境质量等级向上提升的可能性下降为1.8%。因此，相邻的低等类别区域比较容易形成环境质量的“低水平俱乐部”。②对中等类别区域来说，当以中等区域为邻居时，该区域环境质量等级下滑的可能性为4.3%；当以低等区域为邻居时，该区域环境质量等级下滑的可能性增加至9.5%；当以高等区域为邻居时，该区域环境质量等级下滑的可能性减小为0。③高等类别区域的邻居环境质量为高、中、低等类别的可能性分别为56.3%、39.6%和4.2%。当其邻居为中等类别区域时，该区域环境质量维持在高等类别的可能性为86.8%左右；当其邻居也为高等类别时，该区域在年末维持在高等类别的可能性增加至100%，因此，相邻的高等类别区域容易形成环境质量的“高水平俱乐部”。

表4-10　2006~2015年环境质量等级的空间转移概率矩阵

空间滞后	t_i / t_i +1	环境质量（相对于全国）			n
		1：<94%	2：<106%	3：>106%	
1	1	0.982	0.018	0.000	55
	2	0.095	0.810	0.095	21
	3	0.000	0.250	0.750	4
2	1	0.920	0.080	0.000	25
	2	0.043	0.870	0.087	46
	3	0.000	0.132	0.868	38
3	1	0.000	0.000	0.000	0
	2	0.000	0.926	0.074	27
	3	0.000	0.000	1.000	54

下面利用似然比检验环境质量的等级转移概率是否独立于空间背景。经过对自由度个数的调整后，检验结果表明应该拒绝环境质量等级转移概率独立于空间背景的原假设（p=0.007，Q= 16.63，自由度为2的卡方分

布的 0.05 分位数为 5.99)，计算结果表明：一个地区在环境质量截面分布中相对位置的变化受到其地理位置环境的高度限制，如天津市的环境质量受周边地区影响较大，导致其环境质量等级逐渐由中等类别下降为低等类别。

结合空间转移概率矩阵的计算过程可知，中国区域环境质量的时空变化情况如下：①高等类别区域。福建省、海南省、湖南省、江西省、广西壮族自治区、重庆市、贵州省和青海省等连片地区的环境质量在全国均一直处于高等类别，形成了环境质量的“高水平俱乐部”。其中大部分地区受东南季风影响较强，降水比较丰富，空气湿度大，森林覆盖率较高，因此，这些地区环境质量较好。②等级向上转移区域。吉林省的环境质量在 2012 年左右实现了从中等类别向高等类别的提升；2015 年吉林省的森林覆盖率高达 40.38%，现有活立木总蓄量 86089 万立方米，列全国第 6 位。此外，甘肃省的环境质量也由低等类别逐步提升至高等类别。③等级向下转移区域。四川省和浙江省的环境质量由高等类别逐步下滑至中等类别；天津市、陕西省和宁夏回族自治区的环境质量也由中等类别下滑至低等类别；广东省和黑龙江省的环境质量基本上为中等类别，安徽省的环境质量在中等类别和低等类别之间。④一直属于低等类别的区域主要有东部地区的辽宁省、北京市、河北省、山东省，以及中部地区的山西省和河南省，而且其中大部分地区邻居的环境质量也为低等类别。这些地区均已陷入环境质量的“低水平俱乐部”。除北京市服务业占比较高，上海市以先进制造业和服务业为主外，河北省、山东省、辽宁省、山西省、河南省和周边的江苏省、内蒙古自治区的支柱产业多为煤炭、钢铁、水泥、石化、玻璃等高污染行业。2006 年这 6 个省份的原煤产量占全国总量的 62.6%左右，仅山西省原煤产量在全国占比就达到 24%；粗钢产量占全国总量的 60%，河北省作为中国第一产钢大省，其粗钢产量在全国占比达到 21.7%；水泥产量占全国生产总量的 42.2%，仅山东省水泥生产量在全国占比就达到 10%左右；火力发电量占全国总量的 50%，仅江苏省火力发电量占全国比重就达到 11%左右。这些地区在经济快速粗放式发展的过程中，也伴随着大量污染物的排放，北京市和上海市以这些污染严重的地区为邻，环境质量也逐渐恶化，因此，这些地区形成了环境质量的“低水平俱乐部”。

三、生态保护水平的时空分析

（一）生态保护水平分布的变化规律

2006 年、2010 年和 2015 年中国生态保护水平分布和邻居生态保护水平分布的核密度曲线如图 4-7 和图 4-8 所示。由图 4-7 可以看出，2006~2015 年，生态保护水平的分布基本相似，呈右偏单峰分布，中国生态保护水平区域差异较大。2006 年区域生态保护指数取值范围为 0~0.7；2015 年密度函数曲线峰值有所下降，并且分布更趋于对称，2015 年生态保护水平整体上稍有提升。由图 4-8 可以看出，邻居生态保护水平核密度函数的取值范围为 0~0.50；2006~2015 年邻居生态保护分布密度曲线整体向右移动，这说明邻居生态保护水平有了稳步的提升，但提升幅度不大。

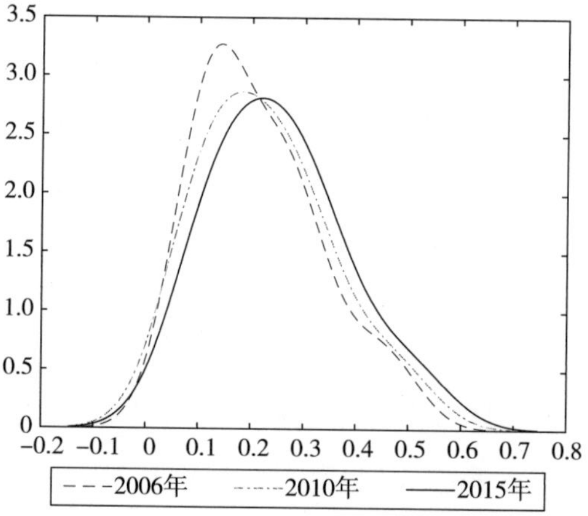

图 4-7　生态保护水平分布的 Kernel 估计

（二）生态保护水平的等级变化规律

下面利用马尔科夫链方法，通过估计转移概率矩阵来研究每个省份生态保护水平的动态变化过程。首先取生态保护平均水平的 65%和 115%作

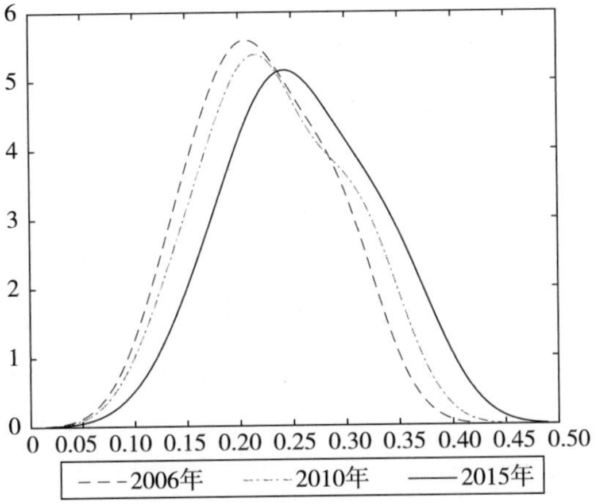

图 4-8　邻居生态保护水平分布的 Kernel 估计

为分界点，将 30 个省份的初始生态保护水平分为三个类别：小于全国平均水平的 65% 为类别 1，即低等类别；全国平均水平的 65% 到 120% 为类别 2，即中等类别；大于全国平均水平的 120% 为类别 3，即高等类别；生态保护等级的初始分布为 F_0 = [0. 333，0. 333，0. 333]。其次使用极大似然估计法计算 2006~2015 年生态保护水平的等级转移概率矩阵如表4-11 所示。从表中可以看出，主对角线上的转移概率相对较高，如果年初某省份的生态保护水平在第 i 类，其年末仍在该类的概率至少为 95%。次对角线上的转移概率为 2%~5. 9%。$M(1, 3)$ 和 $M(3, 1)$ 的取值均为 0，因此，生态保护水平的等级发生极端变化的可能性较小。

表 4-11　2006~2015 生态保护水平的等级转移概率矩阵

t_i / t_i +1	生态保护水平（相对于全国）			n
	1：<65%	2：<120%	3：>120%	
1	0. 941	0. 059	0. 000	85
2	0. 030	0. 950	0. 020	100
3	0. 000	0. 035	0. 965	85

各区域生态保护水平等级变化的首达时间矩阵 M_p 的计算结果如表 4-

12 所示。平均而言，生态保护水平从低等类别提升为中等类别至少需要 17 年，提升为高等类别至少需要 88 年。生态保护水平从中等类别提升为高等类别至少需要 72 年。

表 4-12 生态保护等级的首达时间矩阵

i/j	1：<65%	2：<120%	3：>120%
1	(4.064)	17.199	88.847
2	51.407	(2.076)	72.908
3	78.019	27.862	(3.652)

下面对生态保护等级的遍历性和流动性的考察。①在生态保护等级的遍历分布中，低、中、高三种类别的稳态概率分别为 0.246、0.482 和 0.272，与初始分布相比，低等类别的取值概率明显变小，中等类别的取值概率变得最大，高等类别的取值概率基本不变。长期来看，生态保护水平处于低等类别的省份有进一步向中等类别靠拢的趋势。②在向均衡收敛过程中的流动性指标中，Prais 指数为 0.072、转移概率矩阵的第二特征值为 0.042、行列式为 0.14；在达到均衡状态时的流动性指标中，Bartholomew 指数为 0.048，即在均衡状态下生态保护水平从 t 年到 $t+1$ 年大约平均转移 0.048 个类别；离开当前类别的无条件概率约为 0.072；平均首达时间为 33 年左右。这两类流动性指标的计算结果显示，生态保护水平的等级变化速度极为缓慢，生态保护水平在全国处于落后地位的地区要提升为较高类别需要经过长期不懈的努力。

接下来考察生态保护等级转移的空间自相关性。利用 2006 年和 2015 年的数据，进行 BB 检验的结果表明，生态保护等级向上转移和向下转移均不存在空间自相关性，但是这里只利用了 2006 年和 2015 年两年的数据，下面进一步利用空间马尔科夫链方法检验转移概率是否具有空间依赖性。

（三）生态保护等级变化的空间效应

2006~2015 年我国区域生态保护等级的空间转移概率矩阵的计算结果

如表 4-13 所示。从表中可以看出，①对生态保护水平处于低等类别的区域来说，其邻居生态保护水平为低、中、高等区域的可能性分别为 16.5%、83.5%、0；而且无论其邻居为低等类别还是中等类别，该低等类别区域生态保护等级向上转移的可能性均较小（5.6%~7.1%），因此，相邻的低等类别区域容易陷入生态保护的“低水平俱乐部”。②对于生态保护水平为中等类别的区域来说，当其邻居生态保护水平也为中等类别时，该区域下滑为低等类别的可能性为 3.1%；当其邻居生态保护水平为低等类别时，该区域下滑为低等类别的可能性增加至 12.5%；而当其邻居生态保护水平为高等类别时，该区域下滑为低等类别的可能性减少为零。因此，以低等类别区域为邻居会显著增加中等区域生态保护类别下滑的风险，并且使其基本上不可能转移为高等类别。③对生态保护水平处于高等类别的区域来说，其邻居生态保护水平为高、中、低等水平的可能性大约分别为 63.5%、36.5%和 0%。而且无论其邻居生态保护水平为中等类别还是高等类别，该区域在年末维持在高等类别的可能性均高达 96%，因此，这些相邻的高等类别区域比较容易形成生态保护的“高水平俱乐部”。

表 4-13　2006~2015 年生态保护等级的空间转移概率矩阵

空间滞后	t_i / t_i +1	生态保护水平（相对于全国）			n
		1：<65%	2：<120%	3：>120%	
1	1	0.929	0.071	0.000	14
	2	0.125	0.875	0.000	8
	3	0.000	0.000	0.000	0
2	1	0.944	0.056	0.000	71
	2	0.031	0.969	0.000	65
	3	0.000	0.032	0.968	31
3	1	0.000	0.000	0.000	0
	2	0.000	0.926	0.074	27
	3	0.000	0.037	0.963	54

下面利用似然比检验生态保护水平的等级转移概率是否独立于空间背

景。经过对自由度个数的调整后，检验结果表明，应该拒绝生态保护等级的转移概率独立于空间背景的原假设（p=0.000，Q= 13.863，自由度为1的卡方分布的0.05分位数为3.841）。计算结果表明：一个地区在生态保护水平横截面分布中的相对位置的变化受到其地理位置环境的高度限制。

结合空间转移概率矩阵的计算过程可知，中国区域生态保护等级的时空变化情况如下：①有两个连片地区的生态保护水平在全国一直处于高等类别：一是泛珠三角地区[①]的福建省、广东省、江西省、广西壮族自治区、四川省和云南省形成的连片地区，而且其中大部分地区的邻居生态保护水平也处于高等类别；二是东北地区的黑龙江省、吉林省和西北地区的内蒙古自治区。这两个地区分别形成了生态保护的两个"高水平俱乐部"。究其原因，珠江流域属于亚热带地区，气候温和多雨，森林覆盖率普遍较高。东北地区的黑龙江省、吉林省，及西北地区的内蒙古自治区也具有良好的生态条件，森林、草原、湿地是这些地区重要的生态屏障，也是这些地区有别于我国其他地区的独特优势，2006年这三个省份的森林蓄积量占全国森林蓄积量的27%左右，湿地面积占全国湿地面积总量的25%左右，其中内蒙古自治区和黑龙江省的湿地面积分别居全国第2位和第3位。②北京市和重庆市的生态保护水平实现了从低等类别向中等类别的提升。北京市"十二五"期间的森林覆盖率、森林蓄积量均增长较快；重庆市"十二五"期间生态保护水平显著提高。③海南省生态保护水平由高等类别很快下滑至中等类别；山东省也由中等类别下滑至低等类别；湖南省的生态保护水平介于中等类别和高等类别之间；④上海市、河北省、辽宁省、河南省、湖北省、安徽省、陕西省和贵州省的生态保护水平基本上一直处于中等类别。⑤有两个地区的生态保护水平在全国一直处于低等类别：一是西北地区的甘肃省、青海省、宁夏回族自治区和新疆维吾尔自治区，这些地区形成了生态保护的"低水平俱乐部"。这些地区属于生态脆弱性区域，降水

① "泛珠三角"又叫"9+2"，"泛珠三角"计划是指沿珠江流域的广东省、福建省、江西省、广西壮族自治区、海南省、湖南省、四川省、云南省、贵州省9个省（区），加上香港和澳门两个特别行政区在内的11个地区合作，共谋发展。

稀少、气候干旱、植被稀疏，因此风沙灾害严重、土壤盐碱化、土地贫瘠等问题突出（刘上洋，2017）；而且由于长期以来的不合理开发，导致水土流失严重、地质灾害频发。二是天津市、江苏省和山西省。这些地区普遍面临森林面积较少，森林覆盖率低，湿地面积少等较差的自然生态条件；另外由于这些省份经济的高速发展及城镇化建设进一步导致森林面积减少，造林树种单一，林业生态系统不稳定，面临着湿地面积减少，自然生态系统功能退化，生物多样性受到威胁等问题①。

四、环境治理、环境质量和生态保护水平等级的关系

首先，环境质量和生态保护的等级关系密切。对于环境质量的“高水平俱乐部”成员：福建省、海南省、湖南省、江西省，以及西部地区的广西壮族自治区、重庆市、贵州省、青海省，其生态保护水平在全国均处于中高等类别。而对于环境质量的“低水平俱乐部”成员：辽宁省、北京市、河北省、山东省、上海市、山西省、河南省，其生态保护水平也均处于中低等类别。

其次，环境质量的好坏和环境治理力度的强弱并不完全一致。环境质量的好坏一方面受地理因素的影响，另一方面受经济发展进程的影响。通过仔细观察可以看出，环境质量相对较高的地区也不是经济最发达的地区；反之，环境质量相对较低的地区也不是经济最不发达的地区，这也说明了上述观点。就“高水平俱乐部”而言，有些地区环境质量好是禀赋好，有些地方环境质量好是治理得好。就“低水平俱乐部”而言，环北京地区和环上海地区的环境质量相对较低具有部分相同的原因：北京市和上海市处于中国经济两大增长极的核心区域，北京市服务业占比超过70%，上海市以先进制造业和服务业为主，而周围地区承接了北京市、上海市这些核心区域的产业转移。河北省、山东省、辽宁省、山西省、河南省、江

① 天津市“十三五”生态环境保护规划［EB/OL］．［2017-05-18］．http：//www.h2o-china.com/news/258298.html.

苏省和内蒙古自治区的地区传统支柱产业多为采掘业、冶金、石化等高污染行业，这些地区资源开发、城市建设与生态环境保护冲突严重，生态破坏严重、雾霾频发。因为空气是动态流动的，周围地区的空气污染非常容易影响核心区域。因此，环境质量的提升不是单独一个区域的事情，要着力推进区域环境协同治理。然而破坏生态环境容易，修复生态环境困难，而且环境污染还具有累积效应和滞后效应，因此出现了这些地区虽然环境治理力度不断加大，但是生态环境方面却没有明显改善的局面。在以后相当长一段时间，这些省份仍需持续改善生态环境质量。

由于过去我们对于环境问题的认识没有达到现在的高度，所以走了一条以牺牲环境为代价的发展道路。我国经济最发达的地区，如江苏省、上海市、浙江省、广东省等，多数不是环境质量相对最高的地区，在一定程度上也符合关于环境的“库兹涅茨曲线”假说，这说明我国的工业化进程还远没有结束，无论是经济发展还是环境质量的改善，都有很长的路要走。

第三节　中国经济增长质量的时空分析

一、经济增长质量分布的变化规律

2006 年、2010 年和 2015 年中国经济增长质量分布和邻居经济增长质量分布的核密度估计如图 4-9 和图 4-10 所示。由图 4-9 可以看出，在 2006 年到 2015 年间中国经济增长质量的分布基本相似，均呈右偏单峰分布。2006 年中国经济增长质量指数取值范围为 0~0.7；2015 年中国经济增长质量的密度函数曲线峰值有所下降，极化现象比较严重。将图 4-9 与图 4-10 相比可以看出，邻居的经济增长质量相对而言更集中，经济增长质量随着时间的推移稳步增加，2006 年邻居经济增长质量也出现了一定的极化现象，“十二五”末期该极化现象仍没有缓解。

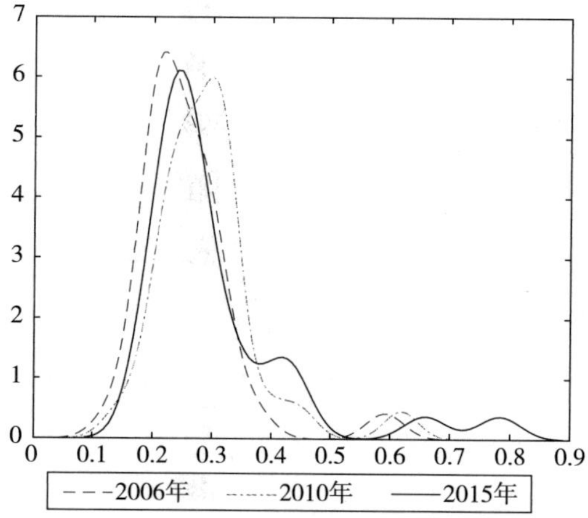

图 4-9　经济增长质量分布的 Kernel 估计

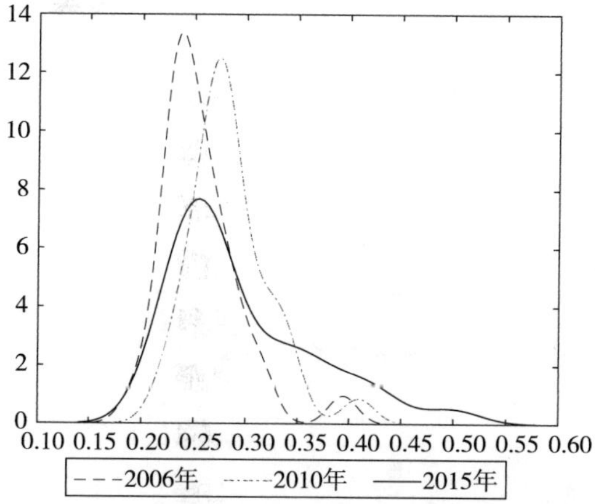

图 4-10　邻居经济增长质量分布的 Kernel 估计

二、经济增长质量的等级变化规律

下面利用马尔科夫链方法，通过估计转移概率矩阵来研究各区域经济增长质量的动态变化过程。首先取经济增长质量平均水平的 85% 和 105% 作为分界点，将 30 个省份的初始（2006 年）经济增长质量分为三个类别，小于全国平均水平的85%为类别1，即低等类别；全国平均水平的85%到105%为类别2，即中等类别；大于全国平均水平的105%为类别3，即高等类别，其初始分布为 F_0 = [0.333，0.333，0.333]。其次使用极大似然估计法计算2006~2015年经济增长质量的等级转移概率矩阵，计算结果如表4-14所示。从表中可以看出，主对角线上的转移概率相对较高，如果年初某省份的经济增长质量在第 i 类，其年末仍在该类的概率至少为65.4%。次对角线上的转移概率为13.4%~21%。转移概率矩阵 M 的元素 M（1，3）和 M（3，1）的取值均为0，因此，经济增长质量等级发生极端变化的可能性较低。

表4-14　2006~2015年经济增长质量等级的转移概率矩阵

t_i / t_i +1	经济增长质量（相对于全国）			n
	1：<85%	2：<105%	3：>105%	
1	0.866	0.134	0.000	97
2	0.210	0.654	0.136	81
3	0.000	0.141	0.859	92

经济增长质量等级的首达时间矩阵 M_p 的计算结果如表4-15所示。从表中可以看出，平均而言，经济增长质量从低等类别提升为中等类别至少需要7年，提升为高等类别至少需要26年左右；经济增长质量从中等类别提升为高等类别至少需要18年。

表4-15　经济增长质量等级的首达时间矩阵

i/j	1：<85%	2：<105%	3：>105%
1	(2.252)	7.462	26.357
2	9.344	(3.527)	18.895
3	16.421	7.077	(3.670)

下面对经济增长质量等级的遍历性和流动性进行考察。①经济增长质

量等级的遍历分布为［0.444，0.284，0.272］，与初始分布相比，遍历分布中低等类别的取值概率显著增加，中等类别和高等类别的取值概率明显变小；长期来看，中国区域经济增长质量有向两极分化的趋势。②在向均衡收敛过程中的流动性指标中，Prais 指数为 0.311，基于第二特征值的流动性指数为 0.000，基于行列式的流动性指数为 0.554；在达到均衡状态时的流动性指标中，在均衡状态下经济增长质量从 t 年到 $t+1$ 年大约平均转移 0.196 个类别；离开当前类别的无条件概率约为 0.294；平均首达时间约为 10 年左右。对经济增长质量而言，这两类流动性指标结果显示流动性较高，因此平均来看，经济增长质量类别的提升所需时间并不长。

接下来考察经济增长质量等级转移的空间自相关性。向下转移的 BB 统计量为 1.26，p 值为 0.002；向下转移的 BB 统计量为 0，p 值大于 0.15。因此，经济增长质量等级的向下转移存在空间自相关性。

三、经济增长质量等级变化的空间效应

下面利用空间马尔科夫链方法考察经济增长质量等级变化的空间效应。经济增长质量等级的空间转移概率矩阵如表 4-16 所示。从平均意义上看：①对经济增长质量处于低等类别的区域来说，当其邻居经济增长质量处于中等类别时，该区域的经济增长质量等级向上转移的可能性大约为 16.3%；当其邻居经济增长质量处于高等类别时，该区域的经济增长质量等级向上转移的可能性基本不变（15%）；而当其邻居经济增长质量处于低等类别时，该区域的经济增长质量等级向上转移的可能性减少为 8.8%，即以低等类别区域为邻居会显著降低低等类别区域经济增长质量等级向上转移的可能性，因此，当低等类别区域的邻居经济增长质量也为低等类别时，该区域陷入经济增长质量“低水平俱乐部”的可能性也就越大。②对经济增长质量处于中等类别的区域来说，当其邻居的经济增长质量也为中等类别时，该区域的经济增长质量等级向下转移的可能性为 15.5%、向上转移的可能性为 19%；当该区域邻居的经济增长质量为低等类别时，其向

下转移的可能性达到50%、向上转移的可能性为0，因此，对经济增长质量处于中等类别的区域来说，以低等类别为邻居时会显著增加其经济增长质量等级向下转移的风险。③对经济增长质量处于高等类别的区域来说，当其邻居的经济增长质量为中等类别时，该区域经济增长质量维持在高等类别的可能性为78.8%、经济增长质量等级下滑的可能性为21.2%；当其邻居经济增长质量处于低等类别时，该区域的经济增长质量维持在高等类别的可能性降低为50%、向下转移的可能性增加到50%；当其邻居的经济增长质量处于高等类别时，该区域经济增长质量维持在高等类别的可能性增加到97.4%、经济增长质量等级下滑的可能性减少为2.6%。因此，对经济增长质量处于高等类别的区域来说，以低等类别为邻居会显著增加其经济增长质量等级下滑的风险；而以高等类别区域为邻居会显著增加其维持在高等类别的可能性，从而这些相邻的高等类别区域会形成经济增长质量的“高水平俱乐部”。

表4-16　2006~2015年经济增长质量等级的空间转移概率矩阵

空间滞后	t_i / t_i +1	经济增长质量（相对于全国）			n
		1：<85%	2：<105%	3：>105%	
1	1	0.912	0.088	0.000	34
	2	0.500	0.500	0.000	12
	3	0.000	0.500	0.500	2
2	1	0.837	0.163	0.000	43
	2	0.155	0.655	0.190	58
	3	0.000	0.212	0.788	52
3	1	0.850	0.150	0.000	20
	2	0.182	0.818	0.000	11
	3	0.000	0.026	0.974	38

下面检验经济增长质量的等级转移概率是否独立于空间背景。经过对自由度个数的调整后，检验结果表明应该拒绝经济增长质量等级的转移概率独立于空间背景的原假设（p=0.000，Q=22.93，自由度为4的卡方分

布的 0.05 分位数为 9.488），因此，一个区域的空间背景强烈地影响其在经济增长质量分布内的转移。

结合空间转移概率矩阵的计算过程可以看出，中国经济增长质量的时空变化规律如下：①经济增长质量在全国一直处于高等类别的地区有北京市、天津市、江苏省、上海市、浙江省和广东省等东部沿海地区，而且天津市、江苏省和上海市邻居的经济增长质量也一直处于高等类别，这些地区形成了经济增长质量的“高水平俱乐部”。②重庆市和山东省的经济增长质量由中等类别跃升至高等类别，海南省的经济增长质量由低等类别提升至中等类别。③辽宁省和内蒙古自治区的经济增长质量均从高等类别下滑至低等类别；湖北省和福建省的经济增长质量也从高等类别下滑至中等类别；吉林省、广西壮族自治区和贵州省等经济增长质量从中等类别下滑至低等类别。④安徽省、湖南省、陕西省和四川省的经济增长质量在全国基本居于中等水平。黑龙江省和广西壮族自治区的经济增长质量在低等类别和中等类别之间。⑤有两个连片地区的经济增长质量在全国一直处于低等水平：一是河北省、山西省和河南省，二是西部地区的云南省、甘肃省、青海省、宁夏回族自治区和新维吾尔自治区，而且新疆维吾尔自治区邻居省份的经济增长质量也一直处于较低水平，这些地区陷入了经济增长质量的“低水平俱乐部”。本节关于我国区域之间的经济增长质量的空间分布结论基本体现了我国经济增长和发展从东南沿海向西北内陆雁阵型发展的规律。但是与此同时，也说明了我国的经济增长质量也受国家在不同时期的经济发展战略的影响。几个直辖市和东南沿海地区，在资本充分积累之后，均经历了产业优化升级，科技先进、附加值高。在建立起现代工业体系之后，可以克服资源禀赋的局限，保证经济增长的质量。中西部地区和东北老工业基地则无此优势。目前，我国技术含量相对较低的工业主要转移到了中部地区（比如加工工厂富士康内迁），而中西部有很多相对落后的地区又只能依靠传统的资源禀赋进行发展，如能源、农业、传统制造业等，因此，经济发展质量就显得不及东南沿海地区。广大的西北地区经济增长质量相对较低，究其原因，与前面资源利用水平相对较低有一致之处。

第四节　中国绿色生活水平的时空分析

一、绿色生活水平分布的变化规律

2006 年、2010 年和 2015 年中国绿色生活水平分布和邻居绿色生活水平分布的核密度估计如图 4-11 和图 4-12 所示。由图 4-11 可以看出，2006 年绿色生活水平呈右偏分布且峰值较低，绿色生活水平区域差异较大；2010 年和 2015 年密度函数曲线整体上向右移动且呈较为明显的尖峰分布，中国绿色生活整体水平显著提升。从图 4-12 可以看出，2006~2015 年邻居绿色生活水平的核密度曲线整体向右移动而且峰值增大，邻居绿色生活整体水平有了稳步的提升。

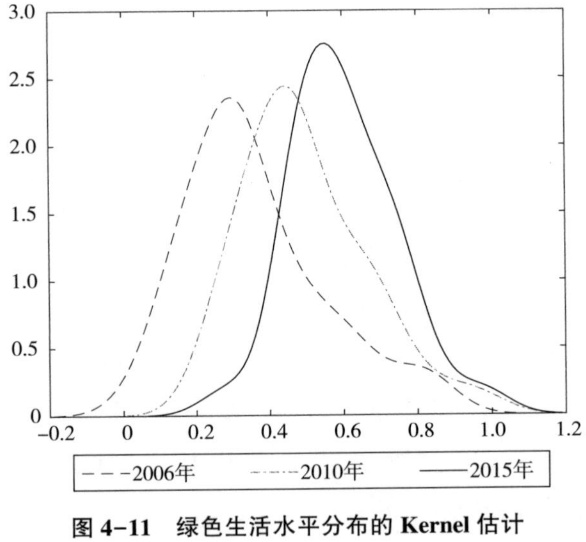

图 4-11　绿色生活水平分布的 Kernel 估计

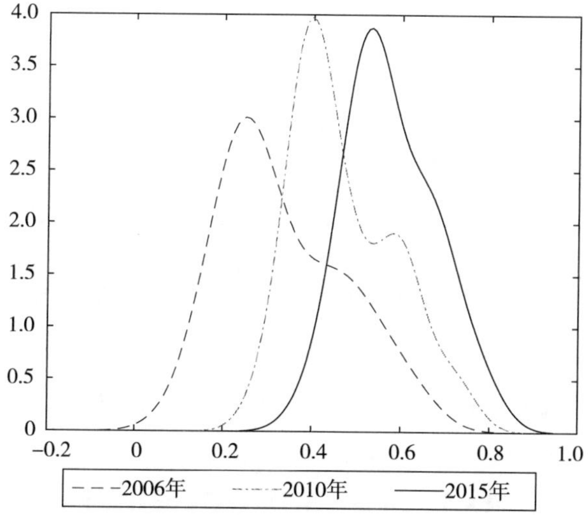

图 4-12　邻居绿色生活水平分布的 Kernel 估计

二、绿色生活水平的等级变化规律

下面利用马尔科夫链方法，通过估计转移概率矩阵来研究各地区绿色生活等级（相对于全国平均水平）的动态变化过程。首先取绿色生活平均水平的 80%和 115%作为分界点，将 30 个省份的初始绿色生活水平分为三个类别：小于全国平均水平的 80%为类别 1，即低等类别；全国平均水平的 80%~115%为类别 2，即中等类别；大于全国平均水平的 115%为类别 3，即高等类别。其初始分布为 F_0 = ［0. 367，0. 333，0. 3］。其次使用极大似然估计法计算 2006~2015 年绿色生活水平的等级转移概率矩阵，如表 4-17 所示。从表中可以看出，主对角线上的转移概率相对较高，如果年初某省份的绿色生活水平在第 i 类，年末仍在该类的概率至少为 90%。次对角线上的转移概率为 1%~9. 9%，特别地，从中等类别向高等类别转移的概率仅为 1%。转移概率矩阵 M 的元素 M（1，3）和 M（3，1）的取值均为 0，绿色生活水平几乎不可能发生极端变化。

表 4-17 2006~2015 年绿色生活等级的转移概率矩阵

t_i / t_i +1	绿色生活水平（相对于全国）			n
	1：<80%	2：<115%	3：>115%	
1	0.901	0.099	0.000	81
2	0.017	0.974	0.009	115
3	0.000	0.027	0.973	74

绿色生活等级转移的首达时间矩阵 M_p 的计算结果如表 4-18 所示。从表中可以看出，平均而言，绿色生活水平为低等类别的省份要想转移为中等类别至少需要 10 年左右，几乎不可能转移为高等类别，因此，生活方式的绿色转变尤其困难。

表 4-18 绿色生活等级的首达时间矩阵

i/j	1：<80%	2：<115%	3：>115%
1	(8.480)	10.628	121.535
2	74.982	(1.496)	113.613
3	104.439	32.062	(4.561)

对绿色生活等级的遍历性和流动性进行考察发现：①绿色生活等级的遍历分布为［0.1118，0.669，0.213］。与初始分布相比，遍历分布中的高等类别和低等类别取值概率明显缩小，中等类别的取值概率高达 0.669。长期来看，中国绿色生活水平的区域差距将呈现逐渐缩小的趋势。②在向均衡收敛过程中的流动性指标中，Prais 指数为 0.076，基于第二特征值的流动性指标为 0.118，基于行列式的流动性指标为 0.148；在达到均衡状态时的流动性指标中，在均衡状态下绿色生活水平从 t 年到 t+1 年大约平均转移 0.035 个类别；离开当前类别的无条件概率约为 0.052，平均首达时间大约为 34 年。因此，绿色生活水平等级的流动性非常低，绿色生活水平处于低等类别的区域在短期内很难转移为较高水平。

对绿色生活等级转移的空间自相关性进行考察，利用 2006 年和 2015 年的数据进行绿色生活等级转移的空间自相关检验。结果表明，向上转移的 BB 统计量为 1.667，p 值为 0.0014；向下转移的 BB 统计量为 0，p 值大于0.15。因此，绿色生活的向上转移存在显著的空间自相关性。

三、绿色生活等级变化的空间效应

下面考察绿色生活等级变化的空间效应。绿色生活等级的空间转移概率矩阵如表4-19所示，从平均意义上看：①对绿色生活水平处于低等类别的区域来说，无论其邻居的绿色生活水平为低等类别、中等类别还是高等类别，该区域维持在低等类别的可能性均高达88.4%。因此，低等类别区域的绿色生活水平的等级提高尤为困难。②对中等类别区域来说，无论其邻居区域的绿色生活水平为低等类别、中等类别还是高等类别，该区域绿色生活水平等级维持不变的可能性均达到95.9%以上，因此，中等类别区域的绿色生活水平等级提高也较为困难。③对高等类别区域来说，当其邻居区域的绿色生活水平为中等类别时，该区域绿色生活等级向下转移的可能性几乎为零；当邻居区域的绿色生活水平为低等类别时，该区域绿色生活等级向下转移的可能性大幅增加至100%，因此，以低等类别区域为邻居会显著增加高等类别区域绿色生活等级下滑的风险。当邻居区域的绿色生活水平为高等类别时，该区域的绿色生活等级向下转移的可能性为零，所以相邻的高等类别区域会形成绿色生活的“高水平俱乐部”。

表4-19　2006~2015年绿色生活等级的空间转移概率矩阵

空间滞后	t_i / t_i +1	绿色生活水平（相对于全国）			n
		1：<80%	2：<115%	3：>115%	
1	1	0.912	0.088	0.000	34
	2	0.020	0.959	0.020	49
	3	0.000	1.000	0.000	1
2	1	0.884	0.116	0.000	43
	2	0.018	0.982	0.000	57
	3	0.000	0.000	1.000	22

续表

空间滞后	t_i / t_i +1	绿色生活水平（相对于全国）			n
		1：<80%	2：<115%	3：>115%	
3	1	1.000	0.000	0.000	4
	2	0.000	1.000	0.000	9
	3	0.000	0.020	0.980	51

下面检验“绿色生活等级的转移概率独立于空间背景”的原假设是否成立。经过对自由度个数的调整后，检验结果表明，应该拒绝绿色生活等级的转移概率独立于空间背景的原假设（$p=0.001$，$Q_2=11.627$，自由度为 2 的卡方分布的 0.05 分位数为 5.99），结果表明，区域的空间背景强烈地影响该区域在绿色生活水平分布内的转移。

结合空间转移概率矩阵的计算过程可知，中国区域绿色生活水平的时空变化基本情况如下：①东部地区除河北省、辽宁省和海南省外，其余省份的绿色生活水平在全国一直处于高等类别，而且其中大部分地区的邻居绿色生活水平也基本上处于高等类别，因此，这些东南沿海地区形成了绿色生活的“高水平俱乐部”。②东部地区的海南省、河北省、辽宁省，除安徽省、河南省外的大部分中部地区，以及西部地区的重庆市、青海省、新维吾尔自治区的绿色生活水平基本处于中等类别。③中部地区的安徽省和河南省，西部地区的四川省、广西壮族自治区、宁夏回族自治区的绿色生活水平均实现了由低等类别向中等类别的转移。④河北省的绿色生活水平从高等类别下滑为中等类别。⑤云南省、内蒙古自治区、贵州省、陕西省、甘肃省的绿色生活水平在全国一直处于低等类别。这些地区的邻居绿色生活水平也不高，因此陷入绿色生活的“低水平俱乐部”。绿色生活主要体现了人们观念的转移和认识的提高。比如说绿色出行，当人们认识到了环境保护的重要性，同时减少在不必要的情况下开私家车“炫富”的观念时，大家就会不约而同地尽量使用公共交通通勤。东部地区除河北省、辽宁省和海南省外，其余地区的人均 GDP 已实现了中高国家收入水平，其中天津市、上海市和北京市超过了世界平均水平。“仓廪实而知礼节”，绿色生活水平的等级和我国各地区的经济发展水平基本符合。

第五节　中国绿色发展总水平的时空分析

一、绿色发展水平分布的变化规律

本节使用 2006~2015 年 30 个省份的绿色发展指数数据（见表 3-13）分析中国绿色发展整体水平的演化过程。本节以高斯分布为核函数，得到绿色发展水平截面分布的核密度函数，并据此绘制中国绿色发展水平分布的核密度曲线，结果如图 4-13 所示。

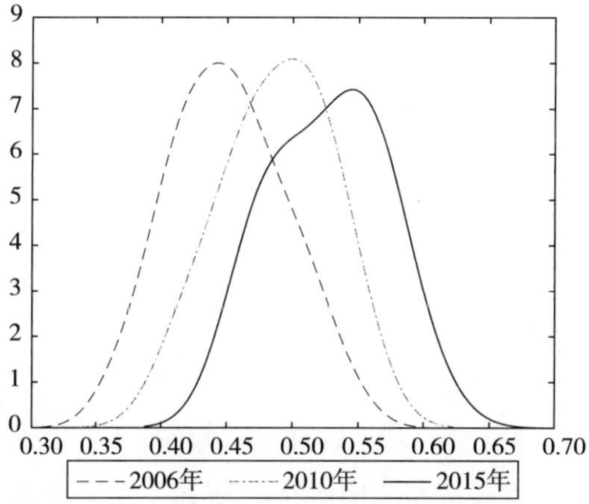

图 4-13　绿色发展水平分布的 Kernel 估计

从图 4-13 可以看出，2006 年中国绿色发展水平分布为基本对称的单峰曲线，且该曲线较为靠左，表明"十一五"初期中国绿色发展整体水平较低。2010 年中国绿色发展水平分布的核密度曲线仍然为对称的单峰曲线，分布向右移动而且更为集中，表明"十一五"期间中国绿色发展整体水平有所提升。2015 年绿色发展水平的密度曲线进一步向右移动，且为左偏分布；“十二五”期间中国绿色发展整体水平有显著的提升，但有小部分省份的绿色发展水平仍然较为落后，但没有明显的极化趋势。

图 4-14 给出了 2006 年、2010 年和 2015 年邻居绿色发展水平的密度曲线。将图 4-13 与图 4-14 比较可以看出，邻居绿色发展水平的密度函数更对称而且更集中在均值附近。一般来说，区域的绿色发展水平能够更好地被邻居的绿色发展水平解释，但区域的绿色发展水平特别高的情况除外（如北京市）。

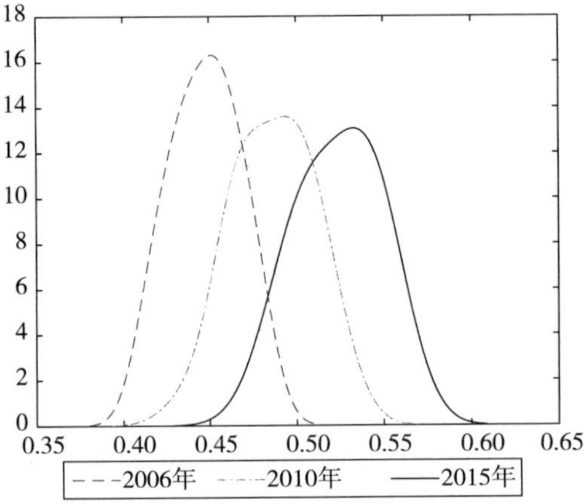

图 4-14　邻居绿色发展水平的 Kernel 估计

二、绿色发展水平的等级变化规律

本节使用 2006~2015 年 30 个省份的绿色发展指数借助马尔科夫链方法分析中国区域绿色发展等级的时空变化规律。首先，将 30 个省份的绿色发展指数分为三类：小于全国平均水平的 96%为类别 1，即低等类别；全国平均水平的 96%到 104%为类别 2，即中等类别；大于全国平均水平的 104%为类别 3，即高等类别。绿色发展等级的初始分布为 F_0 = [0.367，0.333，0.3]。

其次，使用极大似然估计法计算 2006~2015 年绿色发展水平的等级转移概率矩阵，计算结果如表 4-20 所示。例如，在 9 年间，有 85 个区域的绿色发展水平低于我国平均水平的96%。这些地区中大多数（88.2%）在年末仍然在该类别，而有11.8%的地区绿色发展水平在年末向上移动了一个类别。从表4-20可以看出，转移概率矩阵中主对角线上的转移概率是相当高的。实际上如果一个区域某年初属于第 i 类，年末该区域仍然在该类的概率至少是74%。主对角线元素占主导地位，特别是低等类别和高等类别。而且绿色发展水平的等级不可能出现极端变化，因为 $M(1, 3)$ 和 $M(3, 1)$ 分别为0和1.1%。

表4-20　2006~2015年绿色发展水平的等级转移概率矩阵

t_i/t_{i+1}	绿色发展水平（相对于全国）			n
	1：<96%	2：<104%	3：>104%	
1	0.882	0.118	0.000	85
2	0.094	0.740	0.167	96
3	0.011	0.157	0.831	89

为了确定绿色发展等级的变化速度，本节计算了平均首达时间矩阵 M_P，计算结果如表4-21所示。平均来看，各区域从当前类别首次变化为其他类别所需的平均年数差异较大，最短为6.5年，最长约为23年。绿色发展水平处于中等类别的区域其等级向上转移所需时间（10年左右）比向下转移（19年左右）的短；但是绿色发展水平从高等类别向下转移为中等类别的时间较短（6年左右），这意味着绿色发展水平走在前列的省份若管理不当则其倒退为中等类别的可能性较大。

表4-21　绿色发展等级的首达时间矩阵

i/j	1：<96%	2：<104%	3：>104%
1	(3.231)	8.500	19.281
2	18.967	(2.880)	10.781
3	23.636	6.500	(2.913)

下面考察绿色发展等级的长期均衡状态和流动性。①首先根据马尔科夫链的遍历分布考察中国区域绿色发展等级分布的长期均衡状态。绿色发展等级的遍历分布为［0.309，0.347，0.343］，其结果表明，长期来看，绿色发展水平的各类别较为均衡，不会出现极化现象。②其次考察绿色发展等级的流动性。在收敛的流动性指数中，Prais 指数为 0.273，基于第二大特征值的流动性指数为 0.141，基于行列式的流动性指数为 0.489，这说明区域在向均衡收敛的过程中状态的流动性适中，其跨类别流动性没有受到限制；在均衡流动性指数中，Bartholomew 指数为 0.189，即在均衡状态下绿色发展水平从 t 年到 $t+1$ 年大约平均转移 0.189 个类别；各区域离开目前类别的无条件概率为 0.277，各区域从原来等级首次转移为其他等级的平均时间，即平均首达时间约为 10 年。这表示从长期来看，实现绿色发展类型转变需要的时间并不是很长。根据遍历分布的结果结合适度的流动性指数，可以看出绿色发展状况在全国处于低等类别的地区可以提升至较高类别。

接下来考察绿色发展等级转移的空间自相关性。利用 2006 年和 2015 年的数据进行绿色发展等级转移空间相关检验，结果如下，向上转移的 BB 统计量为 1.65，p 值为 0.028；向下转移的 BB 统计量为 0.46，p 值为 0.0487，因此，绿色发展等级的转移存在空间自相关性。

三、绿色发展等级变化的空间效应

空间马尔科夫链方法不仅考虑了空间集聚在区域绿色发展水平分布的动态变化中的作用，而且解决了区域间的收敛问题。实际上空间依赖性的影响反映在无条件转移概率值（见表 4-20）和各个条件转移概率值之间的差异上。

表 4-22 报告了区域绿色发展等级的空间转移概率矩阵。注意，条件转移概率是以每一年开始时该区域绿色发展水平的空间滞后值所属类别为条件进行计算的。从平均意义上看：①对低等区域来说，其邻居绿色发展

水平为中、低等类别的可能性合计为 98.8%。当年初其邻居绿色发展等级为中等类别时，该区域在年末绿色发展水平仍然维持低等类别的可能性为 91.3%；当年初其邻居绿色发展等级为低等类别时，其年末绿色发展水平仍然维持低等类别的可能性仍高达 86.8%，因此低—低集聚可能导致这些区域长期处于绿色发展的低等类别，形成绿色发展的“低水平俱乐部”。②对中等类别区域来说，当以中等类别区域为邻居时，年末其绿色发展等级下滑至低等类别的可能性为 5.1%，向上转移为高等类别的可能性为 23.7%；当以低等类别区域为邻居时，年末其绿色发展水平下滑至低等类别的可能性增加至 31.6%，向上转移为高等类别的可能性减少为 0，因此，以低等类别区域为邻居会使中等类别区域绿色发展水平的提高受到负面影响。③对高等类别区域来说，其邻居绿色发展水平为高等类别和中等类别的可能性分别为 22.5%和 74.2%。当以中等类别区域为邻居时，年末其绿色发展水平维持高等类别的可能性为 84.8%；当以高等类别区域为邻居时，年末其绿色发展水平维持高等类别的可能性有所降低（为 75%）。而且高等类别区域的邻居的绿色发展水平仍为高等类别的可能性仅为 22.5%，因此，高等类别区域形成绿色发展的“高水平俱乐部”的可能性较小。

表 4-22　2006~2015 年绿色发展等级的空间转移概率矩阵

空间滞后	t_i / t_i +1	绿色发展水平（相对于全国）			n
		1：<96%	2：<104%	3：>104%	
1	1	0.868	0.132	0.000	38
	2	0.316	0.684	0.000	19
	3	0.000	0.000	1.000	3
2	1	0.913	0.087	0.000	46
	2	0.051	0.712	0.237	59
	3	0.000	0.152	0.848	66
3	1	0.000	1.000	0.000	1
	2	0.000	0.889	0.111	18
	3	0.050	0.200	0.750	20

下面利用似然比检验转移概率是否独立于空间背景。经过对自由度个数的调整后，检验结果表明，应该拒绝绿色发展等级的转移概率独立于空间背景的原假设（p=0.000，Q=29.069，自由度为3的χ^2分布的0.05分位数为7.815）。该结果表明，一个区域的空间背景强烈地影响该区域在绿色发展水平分布内的转移。空间马尔科夫链分析的结果表明，一个地区的绿色发展水平在横截面分布中相对位置的变化受到其地理位置环境的高度限制。

结合空间转移概率矩阵的计算过程可知，中国区域绿色发展等级的时空变化基本情况如下：①高等类别区域。北京市、浙江省、福建省和海南省的绿色发展水平在全国一直属于高等类别。这些地区的能源资源丰裕度普遍较低（张力小、梁竞，2010），工业化进程高，产业结构以轻工业为主，科技发达，资源利用效率普遍较高，增长质量、环境质量、生态保护等方面均处于全国高等类别。②等级向上转移区域。重庆市和云南省的绿色发展水平实现了从中等类别向高等类别的转移，吉林省和黑龙江省的绿色发展水平等级也有向高等类别转移的趋势。这些地区的环境质量和生态保护水平的优势突出，增长质量也有一定程度的提高，因此，这些地区的绿色发展水平提升较快。此外，江苏省、安徽省的绿色发展水平也实现了从低等类别向中等类别的转移。③等级向下转移区域。天津市由于环境质量和生态保护水平在全国排名由中等类别逐渐下滑，导致其绿色发展水平由高等类别逐渐下滑到低等类别。由于青海省的绿色生活水平等级下滑，导致其绿色发展水平逐渐下滑至低等类别。④湖北省、湖南省、江西省、贵州省、内蒙古自治区和广西壮族自治区的绿色发展水平在全国基本处于中等类别。⑤低等类别区域。总是停留在低等类别的省份有两个连片区域：一是辽宁省、河北省、山西省和河南省，特别是河南省邻居的绿色发展水平在全国也一直处于低等类别。二是西部地区的甘肃省、宁夏回族自治区和新维吾尔自治区，特别是新疆维吾尔自治区邻居的绿色发展水平在全国也一直处于低等类别。这两个连片区域形成了绿色发展的“低水平俱乐部”。这些地区的能源资源丰裕度普遍较高（张力小、梁竞，2010），工业结构以煤炭、冶金等重化工业为主，这些地区不仅经济落后而且技术水平也普遍较为落后。辽宁省是我国东北传统的老工业基地，历史上为我国工业化进程做出了基础性的贡献。重化工业需要的初始资本量大，更新的周期较长。所以近些年来，这些传统工业基地由于技术相对落伍而面临升级换代的压力，国家也提出了“振兴东北老工业基地”的主张。河北省环绕京畿，承接了北京市和天津市的工业转移。但是由于北京市、天津市核心区域的“虹吸效应”，使河北省的优质资源外溢，资本、技术、人才都相对落后。山西省和河南省，一个是传统的能源大省，一个是传统农业大省，地处中西部，按照“雁型”模式在我国的体现，它们承接的也都是东部发达地区的相对落后的产业。因此这些地区经济增长质量不高，而且生态保护和环境质量在全国一直处于低等类别，环境治理和生态保护工作尤为艰巨。而西北地区，地广人稀，生态环境脆弱，而且社会问题是西北地区的主要问题，因此经济发展的重要性相对下降。近些年来，西北地区的经济主要依靠自然环境（比如日照、温差）的优势来发展农产品、经济作物、中药材等，进而有了较大的增长，但总的来说，工业以初级工业原材料生产加工为主，导致其资源利用、增长质量、绿色生活等各方面均处于落后地位，因此，绿色发展水平在全国一直处于低等类别。

综上所述，首先，“十一五”和“十二五”期间中国区域绿色发展存在俱乐部趋同现象，地理背景对各地区绿色发展类型转变具有显著影响，绿色发展类型的低—低集聚导致这些区域长期处于绿色发展的低等类别，形成绿色发展的“低水平俱乐部”。其次，经济发展水平和绿色发展水平是高度相关的，但是并不是绝对的相互吻合，比如山东省、江苏省经济发展水平处于全国前列，但是在绿色发展总水平排名并不高，其间的差异和地理位置、自然环境、工业化进程等诸多因素都有关系。最后，从传统产业向现代化的工业体系转移，是走上绿色发展的必经之路。我国还是发展中国家，经济增长有很大的压力。一个地区如果长久处在传统产业模式之下，一是贻误经济增长和发展的良机，二是经济增长的压力也会迫使其不能走绿色发展之路，“低水平俱乐部”正是体现了这一点。如果不进行产业升级、产业转型，最终会陷入经济滞胀和环境恶化的双重陷阱之中。

第五章

中国绿色发展系统内部的动态协调关系

绿色发展是在自然资源和生态环境承载能力的制约下，集约利用资源、加强环境治理和生态保护的发展方式和生活方式，其目的是实现人与自然的和谐发展。经济与资源、生态环境的动态协调性是绿色发展的典型特征。为了进一步判断我国各区域经济绿色发展实施过程中是否能够实现经济与资源、生态环境的动态协调性，本章根据资源—经济—生态环境系统理论构建面板向量自回归（PVAR）模型分析绿色发展系统内部的动态关系，并根据协调度模型分析2006~2015年我国各区域资源、经济、生态环境之间的动态协调性，有助于从经济与资源、生态环境协调性方面判断各地区绿色发展进程存在差异的原因，为各地区绿色发展的未来趋势提供强有力的现实依据。本章具体内容安排如下：第一节，简要介绍PVAR模型的构建方法；第二节，构建PVAR模型深入探讨绿色发展系统内部的动态关系；第三节，利用协调度模型研究我国绿色发展系统内部的协调性。

第一节　PVAR 模型的理论简介

一、PVAR 模型的一般表达式

PVAR 模型是由 Holtz-Eakin、Newey 和 Rosen 于 1988 年提出的一种动态联立方程模型。与 VAR 模型一致，PVAR 模型也将模型中的每个变量都视为内生变量，并把每一个变量看作所有内生变量的滞后项。可以通过正交化的脉冲响应函数，考察一个内生变量的冲击给其他内生变量带来的影响程度。PVAR 方法的优点有以下几个方面：一是该方法对经济理论的要求相对较为宽松、将所有变量均视为内生变量，避免传统联立方程模型对经济理论的严格要求、区分内生变量和外生变量等方面的问题（陈守东和王淼，2011）；二是 PVAR 方法结合了面板数据模型的优点，引入个体效应和时间效应、捕捉不同截面和不同个体受到的共同冲击，同时，PVAR 模型采用广义矩估计，因此对样本数据的统计特征要求较低，具有比较强的鲁棒性。

PVAR 模型的一般表达式如式（5-1）所示：

$$y_{it} = \alpha_i + \beta_0 + \sum_{j=1}^{p} \beta'_j y_{i,t-j} + v_t + \varepsilon_{i,t} \quad (5-1)$$

其中，y_{it} 是包含内生变量的向量（$i=1, 2, \cdots, N$；$t=1, 2, \cdots, T$；N 为个体数，T 为时期数，p 为滞后阶数）。假设每个截面的基本结构相同，采用固定效应模型，引入反映个体异质性的变量 α_i 以克服该假设对参数的限制；引入反映个体时点效应的变量 v_t 以反映在同一时点的不同截面上可能受到的共同冲击。$\varepsilon_{i,t}$ 为随机扰动，假设其服从正态分布。

在构建 PVAR 模型时，一般需要进行面板单位根检验，常用的检验方法有 LLC 和 PP 等方法。在选择 PVAR 模型的最优滞后阶数时，一般常用 AIC 准则、BIC 准则和 HIC 准则等方法，这些准则一般根据信息量最小准则确定模型的阶数。其中，AIC 准则和 BIC 准则可由式（5-2）和式（5-3）给出：

$$AIC = -2l/T + 2n/T \tag{5-2}$$

$$BIC = -2l/T + n\ln T/T \tag{5-3}$$

其中，$n = k(d + pk)$是被估计参数的总数，k 是内生变量个数，T 是时期数，d 是外生变量的个数，p 是滞后阶数，l 是由式（5-4）确定：

$$l = -\frac{Tk}{2}(1 + \ln 2\pi) - \frac{T}{2}\ln\left|\hat{\Sigma}\right| \tag{5-4}$$

其中，$\left|\hat{\Sigma}\right|$ 是 PVAR 模型的残差协方差矩阵的估计。

二、PVAR 模型的脉冲响应函数与方差分解

由于对 PVAR 模型中每个变量系数经济解释较为困难，因此，建立 PVAR 模型的主要目的是根据脉冲响应函数的图形和方差分解的结果，对变量之间的动态关系进行分析。

脉冲响应函数（IRF）是描述一个内生变量对其他内生变量的误差冲击的反应，以直观地刻画出 PVAR 系统中各内生变量之间的动态交互作用。其基本思想是：首先，消除 PVAR 模型中的固定效应，常采用均值差分的方法，但是这种方法可能会产生一定的偏误，为避免出现该问题，一般使用 Helmert 转换法（前向均值差分法）消除固定效应。其次，将消除固定效应后的 PVAR 模型转化为 VAR 模型，并进一步转化为 VMA 模型，以计算脉冲响应函数。最后，使用 Monte Carlo 模拟的方法，估计每个变量一个标准差的冲击对所有内生变量若干滞后期的作用。

方差分解方法主要用来考察一个变量的冲击对另一个变量的影响程度。一般来说，首先计算各内生变量的预测均方误差，其次将其分解为所有内生变量的随机冲击所做的贡献，最后计算每个内生变量的冲击对该变量变化贡献程度的大小。因此，方差分解给出 PVAR 模型中各内生变量间相对重要性的信息。

第二节　中国绿色发展系统内部的动态关系

鉴于资源利用、生态环境保护、经济增长质量、绿色生活之间的密切联系及其对实现绿色发展的重要性，本节首先基于资源—经济—生态环境系统分析绿色发展各维度（资源利用、环境治理、环境质量、生态保护、增长质量和绿色生活）间的相互依存关系。其次进一步量化其相互影响程度。本节将绿色发展指标体系中的环境治理、环境质量、生态保护 3 个一级指标合并为生态环境综合指标（具体数据见附录中的附表 8），利用 30 个省份的面板数据构建 PVAR 模型，通过脉冲响应函数和方差分解方法分析中国区域资源利用、生态环境保护、增长质量和绿色生活 4 个变量间的动态关系，从而为实现绿色发展系统内部的平衡与协调发展提供宏观决策的事实依据。

一、绿色发展系统内部的相互作用机制

绿色发展系统内部存在着相互依存、相互影响的关系。首先，全面节约集约和高效利用资源，减少废弃物的排放，在一定程度上可以降低生态环境压力，改善生态环境状况；而且资源的节约集约利用必然会提升经济增长的质量。其次，加大环境治理力度，加强生态保护、会增加森林、淡水等自然资源的储量，为经济活动提供更多的原材料；加强生态保护，改善环境质量，有助于更好地为人类提供舒适性服务。环境保护通过环境规制政策纠正资源错配以及配置扭曲的现象，因而环境保护有助于经济增长，尤其是有助于经济的良性发展，包括提升经济增长质量，推动经济结构的转型等[①]。最后，提升经济增长质量，倡导绿色生活方式，必然会要求对自然资源的集

① 把握好环境保护与经济增长的平衡［EB/OL］.［2015-11-26］http：//www.cssn.cn/dzyx/dzyx_ llsj/201511/t20151126_ 2714489.shtml.

约节约利用，降低生态环境压力。经济增长质量的提升意味着部分资源被劳动力、资本取代。倡导绿色生活方式主要是崇尚节约资源、减少损失浪费，选择高效、环保的产品和服务，降低污染排放，促进环境保护。总之，资源节约集约利用、生态环境保护与增长质量提升及绿色生活之间相互促进、相互影响，为实现绿色发展共同发挥重要作用。

二、中国绿色发展系统的 PVAR 模型构建

基于上述理论分析，本章选取资源利用、生态环境保护、增长质量和绿色生活 4 个变量建立 PVAR 模型，各变量主要来源于绿色发展指标体系中的 6 个分维度指标。资源利用方面由一级指标“资源利用”表示，记作 V1；生态环境保护方面由环境治理、环境质量、生态保护 3 个一级指标的加权平均表示，记作 V234；经济增长质量方面用一级指标“增长质量”表示，记作 V5；绿色生活方面用一级指标“绿色生活”表示，记作 V6。

中国绿色发展系统的 PVAR 模型的数学表达式如式（5-5）所示：

$$\begin{pmatrix} V1 \\ V234 \\ V5 \\ V6 \end{pmatrix}_{it} = \alpha_i + \beta_0 + \sum_{j=1}^{p} \beta'_j \begin{pmatrix} V1 \\ V234 \\ V5 \\ V6 \end{pmatrix}_{i,t-j} + v_{i,t} + \varepsilon_{i,t} \tag{5-5}$$

同样地，假设每个截面的基本结构相同，采用固定效应模型，引入反映个体异质性的变量 α_i 以克服该假设对参数的限制；并引入反映个体时点效应变量 $v_{i,t}$ 以体现在同一时点的不同截面上可能受到的共同冲击，$\varepsilon_{i,t}$ 为随机扰动，假设其服从正态分布。

三、中国绿色发展系统的 PVAR 模型结果分析

（一）面板单位根检验

在回归分析中变量的非平稳性可能导致伪回归现象，使回归结果出现

大的偏差，甚至无效。变量的平稳性对 PVAR 模型的估计结果和脉冲响应函数分析具有重要影响，因此必须对面板数据进行单位根检验。为保证面板单位根检验结果的稳健性，本章采用 LLC、IPS 和 HT 检验 3 种方法，其检验原假设为面板数据存在单位根，结果如表 5-1 所示①。从表中可以看出，大部分检验结果拒绝了变量非平稳的假设，因此可以认为资源利用 V1、生态环境保护 V234、增长质量 V5、绿色生活 V6 这 4 个变量是平稳的，可以进行面板向量自回归分析。

表 5-1　中国绿色发展系统内各变量的面板单位根检验

检验方法	资源利用 V1	生态环境保护 V234	增长质量 V5	绿色生活 V6
LLC	-4.8496***	-7.2109***	-12.6969***	-9.6549***
IPS	-1.5790*	-2.4643***	-1.9815**	0.2589
HT	-5.1969***	-3.8543***	-1.4148*	3.7075

注：*、**、*** 分别表示统计值在 10%、5%、1%的水平上显著。

（二）最优滞后阶数选择

为了估计 PVAR（4）系统，本章利用 AIC 准则、BIC 准则和 HQIC 准则判断该模型的最优滞后阶数，这些准则一般根据最小信息量准则确定模型的阶数，计算结果如表 5-2 所示。从表中可以看出，这 3 种判断准则的结果一致表明滞后阶数应选取 1，因此，本章绿色发展系统的 PVAR 模型的最优滞后阶数为滞后一阶。

表 5-2　PVAR 模型最优滞后阶数选择

滞后阶数	AIC	BIC	HQIC
1	-15.1244*	-12.9568*	-14.2481*
2	-13.8392	-11.1429	-12.746
3	-13.1971	-9.82516	-11.8272
4	-12.2595	-7.98539	-10.5238

注：*、**、*** 分别表示统计值在 10%、5%、1%的水平上显著。

① 本节所有数据均是利用 Stata13 软件计算得到。

在估计 PVAR 模型时通常需要先消除样本中的固定效应。为了避免一般均值差分方法可能会产生的偏误，本章采用向前均值差分方法，即 Helmert 转换。向前均值差分通过消除每个个体每一期未来观测值的均值，实现了转换变量和滞后回归系数之间的正交变换，从而与误差项无关。同时本章利用 GMM 估计得到资源利用、增长质量、生态环境保护、绿色生活 4 个变量的 PVAR 模型估计结果，如表 5-3 所示。

表 5-3　中国绿色发展系统的 PVAR 模型参数估计结果

解释变量		被解释变量			
		V1	V234	V5	V6
V1_ L1	系 数	0. 610**	0. 113	0. 701*	-0. 026
	标准差	0. 293	0. 206	0. 399	0. 274
	Z 值	2. 080	0. 550	1. 760	-0. 090
V234_ L1	系 数	0. 709	0. 238	1. 257*	0. 066
	标准差	0. 459	0. 333	0. 676	0. 488
	Z 值	1. 540	0. 710	1. 860	0. 130
V5_ L1	系 数	-0. 006	-0. 063	0. 325	-0. 116
	标准差	0. 223	0. 162	0. 290	0. 163
	Z 值	-0. 030	-0. 390	1. 120	-0. 710
V6_ L1	系 数	-0. 133	0. 137	-0. 404*	0. 783***
	标准差	0. 155	0. 111	0. 231	0. 169
	Z 值	-0. 860	1. 240	-1. 750	0. 169

注：工具变量为 V1_ L1，V234_ L1，V5_ L1，V6_ L1；*、**、*** 分别表示统计值在 10%、5%、1%的水平上显著。

由表 5-3 可知，对于资源利用 V1 方程，滞后一阶的资源利用 V1_ L1 的估计系数在 5%的显著性水平下显著为正值（0. 61），其余 3 个变量滞后项的系数均不显著，这可能说明资源利用 V1 的惯性作用较大。对于生态环境保护 V234 方程，所有系数均不显著。对于增长质量 V5 方程，资源利用 V1 的系数在 10%的显著性水平下显著为正值（0. 701），生态环境保护

V234 的系数在 10%的显著性水平下显著为正值（1.257），绿色生活 V6 的系数在 1%的显著性水平下显著为负值（-0.404）。对于绿色生活 V6 方程，只有其一阶滞后 V6_ L1 的系数在 1%的显著性水平下显著为正值（0.783）。需要说明的是，PVAR 模型引入很多变量的滞后项后会导致一些估计参数不显著，但这并不影响预测分析。

（三）脉冲响应分析

本节使用脉冲响应分析方法直观地刻画中国绿色发展系统内部各变量相互的动态时滞关系。具体地，给予每个变量一个标准差的冲击并使用蒙特卡洛方法模拟 200 次，即可得到每个变量的冲击对各变量之后的 0~20 期的作用。图 5-1 列出资源利用 V1、生态环境保护 V234、增长质量 V5 和绿色生活 V6 这 4 个变量的脉冲响应函数曲线图。横轴表示冲击反应的响应期数，最大滞后期数为 10，纵轴表示变量对冲击的响应程度；虚线表示反应为 0，中间的实线表示各期内对冲击反应的大小，上下线表示 95%的置信区间。

本章重点分析资源利用、生态环境保护、增长质量三者的动态交互效应。

首先，增长质量对其他 3 个变量的冲击响应。由图 5-1 可以看出，面对资源利用的一个正交化冲击，增长质量在当期就有较大的正向响应，这种响应有所上升，到第二年达到高峰，而后逐渐下降直到收敛于零，这反映了资源利用效率的提高对增长质量的提升有非常显著的积极作用。面对生态环境保护的一个正交化冲击，增长质量在当期没有反应，在第一年和第二年正向作用迅速达到最大值，而后逐渐下降直到收敛于零。从增长质量对其自身的脉冲响应看，有显著的正向作用，这体现出增长质量自身的惯性影响，这种惯性来自产业结构、经济发展水平等方面。面对绿色生活变量的一个正交化冲击，增长质量在第一年有微小的负效应，但是这种效应维持时间较短。

其次，资源利用对其他 3 个变量冲击的响应。面对生态环境保护的一个正交化冲击，资源利用在当期没有反应，但是在一年后有明显的正向作

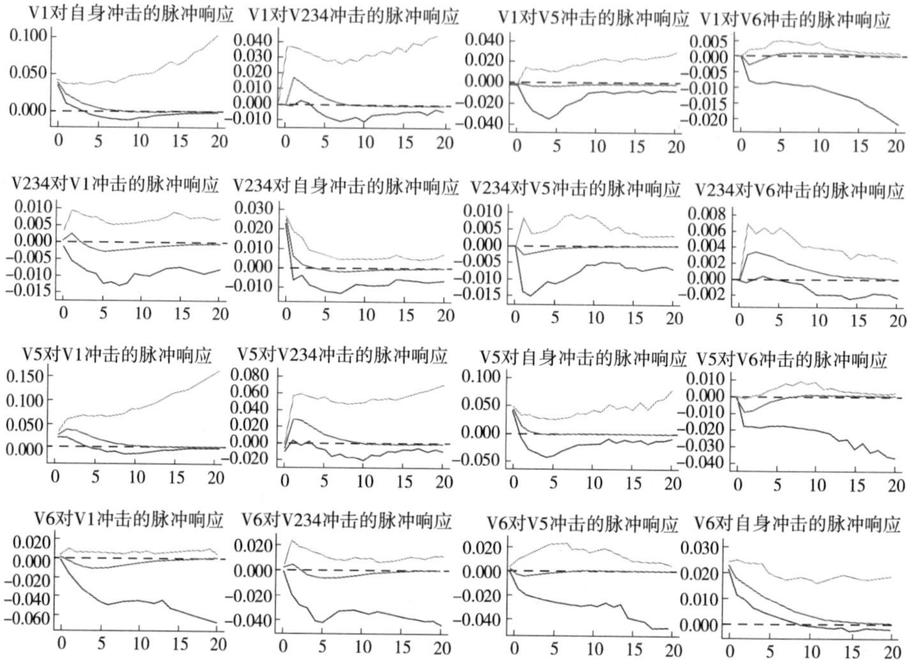

图 5-1　基于 PVAR 模型的各变量脉冲响应

注：变量的进入顺序是 V1，V234，V5 和 V6，进行了 200 次蒙特卡洛模拟。横轴表示冲击的滞后期数（年），中间曲线为脉冲响应函数曲线，上下两侧为 95%置信区间。

用，之后逐渐减弱至零，影响持续 9~10 年。面对增长质量的一个正交化冲击，资源利用的反应较小，这可能是因为增长质量提高的同时数量也在提高，并没有明显减轻资源承受力。面对绿色生活的一个单位的正向冲击，资源利用在当期没有反应，之后一年有微弱的负向反应，而且持续时间较短，仅有 3~4 年。

最后，生态环境保护变量对其他三个变量冲击的响应。面对资源利用变量的一个正交化冲击，生态环境保护变量在一年后产生较小的正向作用，之后逐渐减少并变为负值，而且持续时间较长。生态环境保护变量自身的惯性作用较大。面对增长质量的一个正交化冲击，生态环境保护变量在一年后产生非常微小的负向作用，而且这种负向作用很快减弱至零。面对绿色生活变量的一个正交化冲击，生态环境变量在之后的 1~4 年有明显的正向作用，并逐渐减弱至零，这种作用至少持续 15 年，因此，绿色生活水平的提高对生态环境的影响是长期的。

总的来看，生态环境保护变量的一个正交化冲击对资源利用变量具有显著的正向作用，增长质量变量和绿色生活变量的冲击作用不明显；绿色生活变量的一个正交化冲击对生态环境变量的正向作用最大；资源利用水平的提高和生态环境的改善对增长质量都有明显的正向作用，其中，资源利用变量一个正交化冲击的正向作用最为显著。绿色生活变量对其他 3 个变量的冲击均没有明显响应。

（四）方差分解分析

为了更精确地考察中国绿色发展系统中各内生变量之间的相互影响程度，本章使用方差分解方法得到 PVAR（4）系统中 4 个变量的冲击对各变量波动的贡献度，表 5-4 给出第 1、第 5、第 10、第 15 和第 20 个预测期内 4 个变量的误差方差分解结果。图 5-2 为各变量的方差分解图。

表 5-4　PVAR 模型各内生变量预测误差的方差分解

方差分解	期数	V1	V234	V5	V6
资源利用变量 V1	1	0. 731	0. 007	0. 262	0. 000
	5	0. 441	0. 005	0. 511	0. 042
	10	0. 408	0. 007	0. 497	0. 088
	15	0. 405	0. 008	0. 492	0. 095
	20	0. 404	0. 008	0. 492	0. 096
生态环境保护变量 V234	1	0. 160	0. 336	0. 503	0. 001
	5	0. 161	0. 155	0. 648	0. 036
	10	0. 152	0. 146	0. 625	0. 077
	15	0. 150	0. 145	0. 620	0. 085
	20	0. 150	0. 145	0. 619	0. 085

续表

方差分解	期数	V1	V234	V5	V6
增长质量变量 V5	1	0.000	0.004	0.984	0.012
	5	0.004	0.008	0.940	0.048
	10	0.006	0.008	0.935	0.051
	15	0.006	0.008	0.935	0.051
	20	0.006	0.008	0.935	0.051
绿色生活变量 V6	1	0.010	0.010	0.090	0.890
	5	0.008	0.027	0.121	0.844
	10	0.010	0.030	0.111	0.849
	15	0.010	0.031	0.111	0.848
	20	0.010	0.031	0.111	0.848

结合表 5-4 和图 5-2 可以看出，资源利用变量波动和生态环境保护变量波动的方差分解结果在第 10 期以后基本稳定，增长质量变量和绿色生活变量波动的方差分解结果在第 5 期以后基本稳定。

资源利用变量的波动在短期主要来源于其自身的惯性作用，方差贡献率达到 73.1%，增长质量变量对资源利用变量波动的贡献率为 26.2%，其他两个变量的贡献率几乎可以忽略。随着时间的推移，增长质量变量对资源利用变量波动的贡献率变为最大，达到 50%左右；绿色生活变量对资源利用变量波动的贡献率变为 9%左右。

生态环境保护情况的波动第一来自增长质量变量，第 1 期对生态环境保护变量波动的方差贡献率为 50%，前 5 期的累计贡献率达到 65%左右，之后逐渐稳定在 62%左右。第 2 期是生态环境保护变量自身的惯性作用，第 1 期的方差贡献率为 33.6%，第 5 期以后方差贡献率逐渐稳定在 15%。资源利用变量对生态环境保护变量波动的贡献率约为 15%。短期来看，绿色生活变量对生态环境保护变量的波动几乎没有影响，长期来看，绿色生活变量对生态环境保护变量波动的贡献率约为 8.5%。

增长质量变量的波动主要来源于其自身的惯性作用，其第 1 期的方差贡献率达到 98.4%，第 5 期以后累积贡献率稳定在 93.5%左右。其他变量

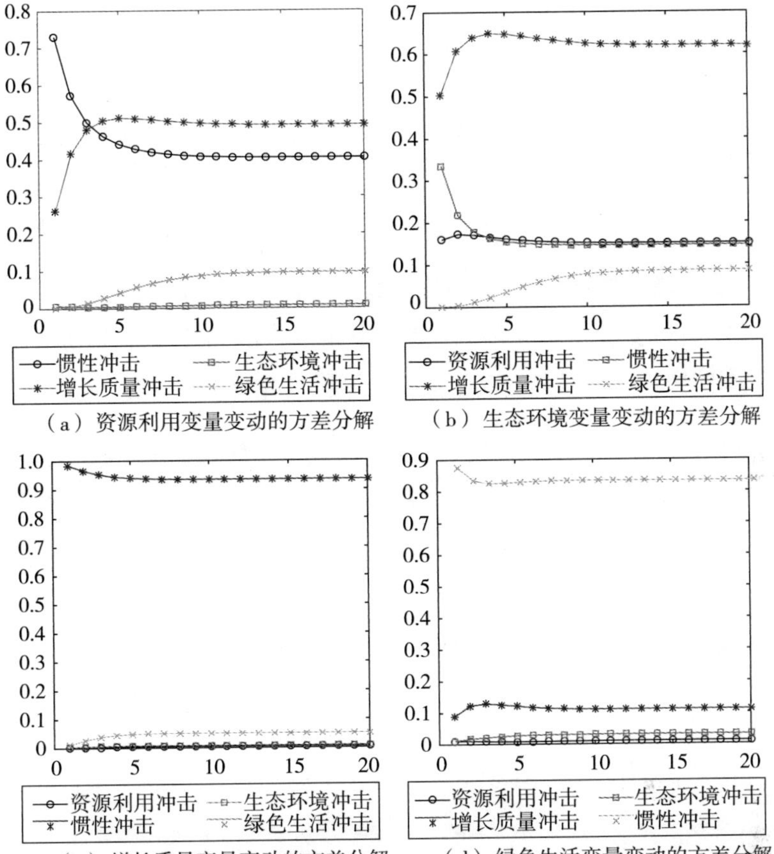

（a）资源利用变量变动的方差分解　（b）生态环境变量变动的方差分解

（c）增长质量变量变动的方差分解　（d）绿色生活变量变动的方差分解

图 5-2　PVAR 模型各内生变量变动的方差分解

注：该图形是用 Matlab R2015b 软件绘制得到。

对其波动的解释能力非常有限。

绿色生活变量的波动主要来源于其自身的惯性作用，其方差贡献率在84%以上。其他变量对其波动的解释能力非常有限。

因此，方差分析结果表明，资源利用水平的波动主要来源于其自身的惯性作用和增长质量的波动；生态环境保护综合水平的波动主要来自增长质量波动、自身的惯性作用；增长质量和绿色生活水平的波动均来源于其自身的惯性作用。

总之，资源利用、生态环境、增长质量和绿色生活 4 个变量之间的 PVAR 模型研究结果表明，绿色发展水平的持久提升主要依靠增长方式的转变和生活方式的转变。其主要原因如下：资源利用水平的变化主要来源于增长质量的变化，生态环境保护情况的变化除了受自身惯性影响外也主要受增长质量和绿色生活水平变化的影响，而增长质量和绿色生活水平的变化均源于自身的惯性作用，因此，绿色发展水平的持久提升主要依靠增长方式的转变和生活方式的转变。此外，根据第三章增长质量和绿色生活的等级变化规律可知，绿色生活水平的等级变化非常缓慢，而增长质量的等级变化速度较为适中，因此从长期看，绿色发展水平处于低等类别的省份要实现向中高等类别转移唯有依靠增长质量的提高。

第三节　中国绿色发展系统内部的协调性

如何协调高速经济增长与资源耗竭、生态环境恶化的关系涉及人类能否实现绿色发展。为了实现中国经济的绿色转型，经济与资源、生态环境协调发展是经济绿色可持续发展的根本途径之一，协调度用来衡量两个或者两个以上系统相互作用和相互影响的协调发展程度。本节从中国区域绿色发展指数测算过程中，发现中国区域绿色发展指数各分项指数的排名并不一致，因此从定性上判断各省份在经济增长的同时，经济与资源利用、生态环境保护等方面的协调性存在显著差异。为了进一步证实这种认定，本节将绿色发展指标体系的 6 个维度归类合并后纳入资源—经济—生态环境系统。具体地，就绿色发展指标体系的各维度来说，“资源利用”直接反映各地区资源方面的情况；“环境治理”“环境质量”和“生态保护”三者的综合指数可以综合反映生态环境状况；“增长质量”体现各地区的经济实力和经济结构；“绿色生活”的核心是绿色消费方式，而消费环节是国民经济循环流程的一部分，因此，“增长质量”和“绿色生活”可以综合反映经济运行情况。下面采用耦合协调分析方法研究中国区域绿色发展系统内部的协调性。

一、耦合协调模型

耦合是指两个或两个以上的系统或运动方式之间通过各种相互作用而彼此影响以至协同的现象，是一个物理学概念，用于对系统内部协同作用的度量（吴玉鸣等，2008）。类似地，可以把经济与环境系统间通过各种相互作用而彼此影响的现象定义为经济与环境的耦合。

协调度是度量系统或要素之间协调状况好坏程度的定量指标（李国柱，2007）。对于资源—经济与生态环境协调关系的定量测算，学术界借用耦合原理，建立了耦合协调模型。耦合协调模型通过构造耦合度模型与协调度模型，测算系统间的耦合度与协调度，从而分析判断中国各省份绿色发展系统内部的协调关系。

（一）两系统间的耦合协调公式

本节两系统耦合协调度模型主要基于姜磊（2017）的研究成果，两个系统的耦合度计算公式如式（5-6）所示：

$$C = 2\left[\frac{U_i \times U_j}{(U_i + U_j)^2}\right]^{\frac{1}{2}} \tag{5-6}$$

其中，U_i，$U_j(i, j = 1, 2, 3; i \neq j)$ 分别为第 i 个系统和第 j 个系统的综合指数。C 表示第 i 个系统和第 j 个系统的耦合度，其取值范围为$[0,1]$。当且仅当 $U_i = U_j$ 时，耦合度 C 达到最大值 1。

由于耦合度在某些情况下较难体现第 i 个系统和第 j 个系统的综合取值情况，为了弥补这一缺陷，在耦合度模型的基础上又发展出了耦合协调发展模型。如式（5-7）和式（5-8）所示：

$$D = \sqrt{C \times T} \tag{5-7}$$

$$T=\lambda_i U_i+\lambda_j U_j \tag{5-8}$$

其中，T 表示第 i 个系统和第 j 个系统的综合发展水平。D 为协调度，其取值越大表示第 i 个系统和第 j 个系统的协调程度越好。λ_i，λ_j 为待定系数，本节根据绿色发展指标体系中的赋权原则确定 λ_i，λ_j 的取值。

（二）三系统间的耦合协调公式

与两系统的耦合度公式一致，三系统间的耦合度公式如式（5-9）所示：

$$C=3\left[\frac{U_1\times U_2\times U_3}{(U_1+U_2+U_3)^3}\right]^{\frac{1}{3}} \tag{5-9}$$

其中，U_1，U_2，U_3 分别为三个系统的综合指数，C 表示耦合度，其取值范围为［0，1］。同理，当且仅当 $U_1=U_2=U_3$ 时，耦合度达到最大值 1。

在计算出耦合度之后，可以计算三系统总的综合评价得分，如式（5-10）所示：

$$T=\lambda_1 U_1+\lambda_2 U_2+\lambda_3 U_3 \tag{5-10}$$

其中，λ_1，λ_2，λ_3 为待定系数，该系数作为综合评价得分的权重。

三系统的协调度公式仍然为式（5-7）。需要说明的是，为了识别协调度的区域差异，本节对三个综合指数进行了标准化处理。

如何针对协调度 D 的值划分协调关系，目前学术界存在不同观点，有些学者将其划分为四等，有些学者将其划分为十等，没有形成统一的标准。本节参照吴玉鸣等（2008）的方法根据协调度取值将协调水平划分为 4 个阶段，$D\in[0, 0.5)$ 为失调；$D\in[0.5, 0.65)$ 为濒临失调；$D\in[0.65, 0.8)$ 为勉强协调；$D\in[0.8, 1]$ 为协调发展。

下面首先分析经济与资源、经济与生态环境的二元协调度，其次分析三元系统的协调度。

二、经济与资源的协调性

由式（5-6）、式（5-7）可得 2006~2015 年中国 30 个、省、区市经

济与资源的协调度（见表 5-5）及协调度等级（见附录中的附表 9）。从表 5-5 可以看出，2006~2015 年中国经济与资源的协调度从 0.492 逐步上升至 0.651。从协调度等级划分结果看，经济与资源的协调度差异在空间上表现为区域经济的不平衡性。2006 年中国经济与资源的协调性较低，除了北京市经济与资源处于协调发展阶段、天津市和上海市经济与资源处于勉强协调发展阶段，其余地区的经济与资源均处于失调和濒临失调阶段，这主要是由于 2006 年我国经济正处于依赖高投入、高消耗的高速增长阶段决定的。

2015 年，中国经济与资源的协调度普遍提高。除北京市经济与资源处于协调发展阶段外，上海市经济与资源也处于协调发展阶段。除天津市经济与资源仍然处于勉强协调发展阶段外，江苏省、浙江省、山东省、福建省、海南省及湖北省、吉林省、重庆市等地区的经济与资源也处于勉强协调的发展阶段。这些东部沿海地区利用其有利的区位优势，基本上率先完成了产业结构的优化和升级，以高新技术产业引领经济快速发展，经济实力在全国处于领先地位，在经济快速发展的同时资源利用效率也处于较高水平，资源与经济处于勉强协调发展阶段。东部地区的辽宁省、河北省及除湖北省、吉林省、重庆市外大部分中西部地区的资源与经济均处于濒临失调阶段。其中辽宁省、河北省、山西省、河南省、内蒙古自治区、黑龙江省、陕西省、四川省等省份多以采掘业、金属冶炼加工、装备制造、石油化工等重工业为主，能源资源消耗量较大，而且技术更新换代较慢，这些地区的经济发展以大量的资源消耗为代价。中部地区的安徽省、江西省、湖南省及西部地区除陕西省、四川省、重庆市外的其余省份经济发展严重滞后，工业基础薄弱，技术水平普遍较为落后，资源利用水平低下，因此，资源与经济发展处于濒临失调阶段。从上述分析可以看出，经济较发达的东部地区经济与资源的协调发展程度普遍高于经济发展水平相对较低的中西部地区。

表 5-5　2006~2015 年中国 30 个省、区、市经济与资源的协调度

地区＼年份	2006	2007	2008	2009	2010	2011	2012	2013	2014	2015
北京	0.863	0.862	0.855	0.870	0.891	0.907	0.926	0.971	0.951	1.000
天津	0.715	0.712	0.751	0.701	0.744	0.735	0.766	0.795	0.770	0.771
河北	0.504	0.547	0.509	0.536	0.536	0.538	0.584	0.583	0.570	0.599
山西	0.486	0.555	0.513	0.463	0.491	0.488	0.576	0.571	0.547	0.531
内蒙古	0.425	0.448	0.466	0.511	0.445	0.477	0.540	0.557	0.552	0.586
辽宁	0.518	0.576	0.569	0.589	0.589	0.568	0.615	0.648	0.593	0.574
吉林	0.528	0.588	0.593	0.567	0.586	0.593	0.658	0.647	0.626	0.662
黑龙江	0.473	0.509	0.535	0.553	0.576	0.591	0.609	0.631	0.607	0.644
上海	0.734	0.759	0.752	0.675	0.739	0.796	0.826	0.795	0.900	0.845
江苏	0.609	0.627	0.625	0.645	0.607	0.612	0.662	0.669	0.668	0.711
浙江	0.644	0.672	0.635	0.679	0.650	0.681	0.726	0.714	0.742	0.772
安徽	0.415	0.451	0.401	0.476	0.585	0.533	0.562	0.561	0.617	0.602
福建	0.588	0.606	0.618	0.627	0.630	0.636	0.715	0.718	0.692	0.731
江西	0.416	0.445	0.522	0.523	0.565	0.556	0.627	0.556	0.616	0.633
山东	0.576	0.630	0.622	0.637	0.634	0.642	0.653	0.745	0.651	0.671
河南	0.434	0.529	0.468	0.465	0.508	0.530	0.553	0.576	0.625	0.591
湖北	0.535	0.597	0.550	0.584	0.565	0.592	0.604	0.710	0.620	0.677
湖南	0.470	0.571	0.544	0.556	0.558	0.554	0.607	0.623	0.612	0.621
广东	0.626	0.571	0.564	0.511	0.604	0.685	0.689	0.712	0.621	0.638
广西	0.410	0.488	0.423	0.529	0.528	0.494	0.524	0.567	0.578	0.604
海南	0.531	0.598	0.563	0.647	0.674	0.639	0.671	0.725	0.699	0.675
重庆	0.540	0.596	0.612	0.640	0.698	0.679	0.746	0.771	0.725	0.755
四川	0.454	0.503	0.419	0.545	0.603	0.621	0.597	0.610	0.602	0.582
贵州	0.363	0.495	0.404	0.506	0.525	0.583	0.568	0.602	0.569	0.596
云南	0.420	0.444	0.450	0.522	0.533	0.586	0.583	0.634	0.555	0.601
陕西	0.417	0.498	0.558	0.575	0.576	0.581	0.580	0.541	0.525	0.530
甘肃	0.272	0.397	0.416	0.431	0.455	0.523	0.575	0.573	0.562	0.608
青海	0.519	0.535	0.553	0.604	0.564	0.525	0.618	0.569	0.626	0.589
宁夏	0.000	0.400	0.421	0.472	0.481	0.423	0.607	0.563	0.576	0.577

续表

地区＼年份	2006	2007	2008	2009	2010	2011	2012	2013	2014	2015
新疆	0.287	0.407	0.302	0.335	0.357	0.449	0.000	0.401	0.495	0.540
均值	0.492	0.554	0.540	0.566	0.583	0.594	0.619	0.645	0.636	0.651

三、经济与生态环境的协调性

由式（5-6）、式（5-7）可得2006~2015年中国30个省、区、市经济与生态环境的协调度（见表5-6）及协调度等级（见附录的附表10）。从表5-6可以看出，2006~2015年中国经济与生态环境的协调度取值从0.484逐渐上升至0.738。从2006年各省份经济与生态环境的协调度等级划分结果看，仅有北京市、天津市、浙江省、福建省等省份的经济与生态环境处于勉强协调阶段。东部地区的上海市、广东省、海南省，中部地区的吉林省、黑龙江省、江西省、湖北省、湖南省及西南地区的经济与生态环境处于濒临失调阶段。东部地区的辽宁省、河北省、江苏省、山东省，中部地区的山西省、河南省、安徽省及西北地区的经济与生态环境处于失调阶段。其中山东省、江苏省、辽宁省、河北省、山西省、河南省等地区生态环境严重滞后，而西北地区的经济严重滞后。

随着中国经济从高速增长向高质量增长的迈进，及环境治理和生态保护力度的增加，2015年中国经济与生态环境的协调等级普遍提高，大部分省区市的经济与生态环境处于勉强协调的发展阶段。上海市、浙江省、福建省、广东省、海南省及湖南省、重庆市的经济与生态环境已经提高至协调发展阶段；但天津市、河北省、河南省、陕西省等省份的经济与生态环境仍然处于濒临失调阶段，这些地区近年来虽然环境治理力度不断加大，但是环境污染问题仍然较为严重，已经成为制约这些地区经济发展的瓶颈。

表 5-6　2006~2015 年中国 30 个省、区、市经济与生态环境的协调度

地区＼年份	2006	2007	2008	2009	2010	2011	2012	2013	2014	2015
北京	0.674	0.670	0.742	0.695	0.717	0.742	0.741	0.753	0.777	0.748
天津	0.657	0.668	0.688	0.679	0.583	0.676	0.707	0.555	0.568	0.577
河北	0.385	0.497	0.558	0.585	0.611	0.609	0.641	0.495	0.554	0.620
山西	0.000	0.307	0.374	0.458	0.562	0.602	0.642	0.591	0.611	0.666
内蒙古	0.490	0.549	0.573	0.648	0.631	0.672	0.701	0.669	0.708	0.743
辽宁	0.392	0.447	0.519	0.540	0.607	0.608	0.645	0.665	0.643	0.656
吉林	0.532	0.628	0.645	0.680	0.687	0.703	0.743	0.730	0.735	0.769
黑龙江	0.552	0.567	0.600	0.647	0.693	0.711	0.743	0.746	0.737	0.777
上海	0.612	0.658	0.703	0.766	0.728	0.727	0.716	0.742	0.786	0.827
江苏	0.464	0.558	0.612	0.629	0.640	0.655	0.718	0.729	0.739	0.761
浙江	0.703	0.742	0.768	0.783	0.797	0.769	0.801	0.817	0.826	0.850
安徽	0.424	0.475	0.505	0.553	0.614	0.627	0.663	0.680	0.692	0.716
福建	0.725	0.779	0.765	0.780	0.799	0.817	0.844	0.857	0.847	0.865
江西	0.531	0.619	0.672	0.716	0.729	0.749	0.772	0.764	0.784	0.796
山东	0.464	0.563	0.581	0.598	0.620	0.620	0.687	0.634	0.645	0.658
河南	0.456	0.500	0.535	0.515	0.554	0.550	0.577	0.561	0.610	0.614
湖北	0.535	0.619	0.622	0.671	0.676	0.680	0.712	0.739	0.754	0.778
湖南	0.530	0.623	0.640	0.687	0.729	0.735	0.743	0.744	0.772	0.802
广东	0.636	0.631	0.680	0.724	0.764	0.768	0.775	0.794	0.795	0.811
广西	0.529	0.611	0.616	0.705	0.725	0.709	0.719	0.744	0.756	0.791
海南	0.627	0.649	0.681	0.684	0.733	0.752	0.767	0.794	0.783	0.813
重庆	0.581	0.687	0.709	0.731	0.780	0.805	0.799	0.801	0.797	0.816
四川	0.537	0.616	0.562	0.671	0.739	0.763	0.750	0.739	0.748	0.786
贵州	0.450	0.572	0.556	0.601	0.665	0.694	0.710	0.732	0.728	0.764
云南	0.487	0.585	0.588	0.669	0.700	0.712	0.766	0.773	0.758	0.796
陕西	0.423	0.501	0.564	0.644	0.626	0.629	0.662	0.613	0.623	0.647
甘肃	0.274	0.426	0.434	0.449	0.487	0.555	0.623	0.642	0.651	0.675
青海	0.519	0.574	0.609	0.537	0.556	0.615	0.662	0.625	0.639	0.664
宁夏	0.000	0.460	0.563	0.531	0.528	0.525	0.610	0.623	0.625	0.658

续表

地区＼年份	2006	2007	2008	2009	2010	2011	2012	2013	2014	2015
新疆	0.327	0.445	0.435	0.458	0.539	0.547	0.628	0.667	0.684	0.709
均值	0.484	0.574	0.603	0.634	0.661	0.678	0.709	0.701	0.713	0.738

四、经济与资源、生态环境的协调性

由式（5-7）、式（5-9）可得2006~2015年中国经济与资源、生态环境三元系统的协调度（见表5-7）及协调等级（见附录中的附表11）。从表5-7可以看出，2006~2015年中国经济与资源、生态环境的协调度从0.5逐步提高至0.698。从2006年的协调度等级划分结果看，北京市、天津市、上海市、浙江省、福建省等地区的经济与资源、生态环境处于勉强协调的发展阶段，这些地区经济发展水平较高，生态环境治理力度较大，单位GDP资源消耗量较低。东部地区的江苏省、山东省，中部地区的吉林省、黑龙江省、湖北省、湖南省、江西省及大部分西南地区的经济与资源、生态环境处于濒临失调的发展阶段。其中，江苏省、山东省的经济发展水平较高，但是由于这两个省份的污染密集型产业基数较大，且污染密集型产业占比在全国处于前三位（周沂、贺灿飞和刘颖，2015），生态环境状况问题较为严重。中部地区的江西省、湖北省、湖南省、吉林省和黑龙江省，以及西部地区的内蒙古自治区、陕西省、青海省、四川省、重庆市、广西壮族自治区、云南省的资源利用水平和经济发展水平不及江苏省和山东省，但生态环境状况相对较好，综合来看，这些地区的资源、经济与生态环境也同样处于濒临失调的发展阶段。辽宁省、河北省、内蒙古自治区、山西省、河南省及大部分西北地区的经济与资源、生态环境处于失调的发展阶段。其中辽宁省、河北省、内蒙古自治区、山西省、河南省的经济发展水平不高，这些地区的污染密集型产业比重较高，生态环境问题较为严重；而西北地区属于生态环境脆弱区域，经济以传统基础产业、资源开发产业为主，大量的初级能源、原材料等以初级产品的形式进入市场，没有形成较长的产业链，而且资源利用水平极低，经济发展水平在全国处于较为落后的地位，因此，经济严重滞后是西北地区绿色发展面临的最大困境。

表 5-7　2006~2015 年中国 30 个省区市资源、经济与生态环境的协调度

地区＼年份	2006	2007	2008	2009	2010	2011	2012	2013	2014	2015
北京	0.779	0.776	0.805	0.790	0.812	0.833	0.842	0.874	0.872	0.887
天津	0.699	0.702	0.732	0.695	0.676	0.712	0.746	0.690	0.682	0.686
河北	0.460	0.540	0.550	0.574	0.577	0.578	0.623	0.554	0.572	0.616
山西	0.000	0.444	0.464	0.479	0.526	0.542	0.619	0.590	0.584	0.591
内蒙古	0.495	0.534	0.555	0.602	0.546	0.574	0.634	0.640	0.642	0.674
辽宁	0.468	0.527	0.556	0.576	0.601	0.593	0.636	0.665	0.621	0.614
吉林	0.552	0.632	0.637	0.634	0.643	0.651	0.715	0.708	0.693	0.729
黑龙江	0.541	0.566	0.593	0.617	0.646	0.661	0.688	0.707	0.685	0.722
上海	0.681	0.714	0.731	0.706	0.731	0.767	0.779	0.768	0.853	0.833
江苏	0.545	0.598	0.620	0.638	0.615	0.624	0.682	0.689	0.692	0.729
浙江	0.676	0.708	0.697	0.731	0.711	0.722	0.763	0.758	0.779	0.807
安徽	0.441	0.495	0.475	0.536	0.613	0.597	0.629	0.632	0.673	0.665
福建	0.656	0.688	0.689	0.699	0.702	0.714	0.782	0.786	0.763	0.802
江西	0.503	0.541	0.616	0.623	0.649	0.648	0.711	0.651	0.701	0.717
山东	0.532	0.609	0.612	0.626	0.631	0.635	0.670	0.705	0.648	0.666
河南	0.467	0.542	0.526	0.520	0.553	0.557	0.587	0.591	0.640	0.615
湖北	0.547	0.622	0.590	0.630	0.613	0.636	0.659	0.743	0.683	0.734
湖南	0.516	0.614	0.605	0.626	0.643	0.647	0.685	0.697	0.694	0.708
广东	0.637	0.594	0.611	0.589	0.668	0.727	0.730	0.750	0.684	0.701
广西	0.503	0.582	0.537	0.638	0.630	0.614	0.632	0.666	0.675	0.705
海南	0.616	0.653	0.658	0.698	0.716	0.707	0.739	0.778	0.754	0.749
重庆	0.581	0.652	0.673	0.696	0.747	0.743	0.787	0.802	0.768	0.801
四川	0.546	0.592	0.533	0.629	0.687	0.707	0.687	0.693	0.688	0.679

续表

地区＼年份	2006	2007	2008	2009	2010	2011	2012	2013	2014	2015
贵州	0.448	0.565	0.508	0.578	0.608	0.651	0.651	0.681	0.661	0.688
云南	0.487	0.536	0.546	0.617	0.632	0.663	0.682	0.724	0.669	0.712
陕西	0.450	0.530	0.579	0.629	0.616	0.620	0.636	0.601	0.596	0.608
甘肃	0.323	0.452	0.462	0.464	0.488	0.556	0.619	0.623	0.619	0.655
青海	0.537	0.571	0.597	0.603	0.570	0.574	0.661	0.610	0.658	0.643
宁夏	0.000	0.473	0.495	0.507	0.503	0.458	0.620	0.594	0.604	0.614
新疆	0.326	0.442	0.373	0.406	0.430	0.487	0.000	0.487	0.565	0.607
均值	0.500	0.583	0.588	0.612	0.626	0.640	0.663	0.682	0.681	0.698

从2015年30个省、区、市协调等级划分结果来看，北京市、上海市、浙江省、福建省及重庆市等地区的经济与资源、生态环境已提升至协调发展阶段。北京市和上海市服务业占比超过65%，在保证经济发展的同时资源利用效率明显提高，而且近年来持续加大环境整治力度，不断加强生态保护工作，环境质量明显好转。浙江省和福建省在经济保持中高速增长的同时，积极推进产业转型升级，产业结构调整取得重大突破，加强生态保护和环境治理工作，环境质量稳中趋好。重庆市积极推进产业结构调整，规模以上工业六大高耗能行业占全市规模以上工业能耗比重持续下降，实施五大功能区域差异化环境政策，环境质量持续向好。

江苏省、山东省、天津市的经济与资源、生态环境处于勉强协调发展阶段。这些省份的经济发展水平普遍较高，而且资源利用水平不断提高，污染防治取得积极进展，环境质量有所改善，但和公众的感受度和期望值相比，还存在一些差距。究其原因，这些省份工业发展对资源能源的依赖度较高，高耗能行业比重较高，工业发展对生态空间的挤占较大，污染物排放量已远超环境承载能力，环境质量持续改善的难度增大。

除河南省和山西省外的大部分中部地区，以及除重庆市外的大部分西南地区的资源、经济与生态环境也已处于勉强协调阶段。其中大部分省份具有良好的生态条件和自然环境比较优势，但目前尚未转化为经济优势。

目前这些省份的绿色发展工作重点是充分利用好经济社会发展的后发优势，促进经济又好又快发展。同时要注意避免重蹈“先污染、后治理”的覆辙，坚持走新型工业化道路，最大限度降低经济发展的生态环境代价，真正走出一条经济与生态环境相协调的绿色发展道路。

河北省、辽宁省、山西省和河南省及大部分西北地区的资源、经济与生态环境处于濒临失调阶段。河北省、辽宁省、山西省和河南省的资源利用水平和经济发展水平不高，虽然总量减排任务超额完成，生态环境质量有所改善，但仍存在资源约束趋紧，主要污染物排放量仍居高位，部分区域环境承载力已达到或接近上限，城市环境空气质量超标严重，重度及以上污染天气频发、高发，劣Ⅴ类水质断面比例仍然较高，生态系统退化严重，山、水、林、田、湖缺乏统筹保护等严重问题。大部分西北地区的经济与资源、生态环境也处于濒临失调阶段。这些地区不仅经济发展严重滞后，而且地处生态脆弱地区，存在水土流失和风沙危害严重，草原、湿地生态功能退化严重，环保基础设施建设滞后，公共服务能力不足等问题。经济基础薄弱、生态环境脆弱仍将是长期制约西部地区加快发展的“瓶颈”。

总的来看，各地区经济与资源、生态环境的协调等级和其绿色发展等级基本一致，中国区域绿色发展水平受经济与资源、生态环境协调度的制约。这再次阐释了绿色发展的系统论观点，即经济与资源、生态环境协调发展是提升绿色发展水平的关键所在。

第六章 中国绿色发展水平的影响因素研究

随着我国经济进入新常态，依靠“高投入、高消耗、高排放”的粗放型发展方式已难以为继，只有技术进步才能促进经济的绿色、可持续发展，而技术进步主要依靠技术创新和技术引进。本章在对技术创新和技术引进及其他因素对绿色发展的影响进行理论分析的基础上，构建空间计量模型深入探讨技术创新和技术引进等因素对我国绿色发展水平的影响及空间效应，对于我国全面实施技术创新驱动绿色发展战略的政策制定具有重要的现实意义。本章具体内容安排如下：首先，根据 2006~2015 年中国省级面板数据，在邻接空间权重矩阵和产业结构相关权重矩阵的条件下，利用探索性空间数据分析（ESDA）方法对我国各省区市绿色发展水平的空间相关性进行实证检验；其次，通过技术创新、技术引进、环境规制、产业结构等因素对绿色发展影响的理论分析，采用空间杜宾模型实证分析各因素对绿色发展的作用效果及空间效应。

第一节 绿色发展水平影响因素的理论简介

绿色发展旨在通过降低资源消耗，加强生态环境治理以缓解经济发展过程中的矛盾。绿色发展是经济与环境高度统一的和谐发展，在发展过程中将环境的承载能力放在更加重要的位置，维持环境质量和生态和谐是发展中始终遵循的目标原则。在发展的基础上更加注重自然资源的集约利用，加强环境治理及生态环境保护力度等，本质上体现了可持续发展的理念。根据发展经济学理论，经济可持续发展的影响因素主要有技术进步和结构变迁、环境规制强度、资源与环境、人口等；结合绿色经济发展强调“科技含量高、资源消耗低、环境污染少的生产方式”的本质要求及我国的社会文化和制度环境，中国区域经济的绿色发展水平主要受技术进步程度、结构变迁、环境规制等因素的影响。

一、绿色发展水平受技术进步程度的影响

技术进步是指使用相同的投入要素组合生产出更多的产出，或者使用更少的投入要素组合来生产同样多的产出。根据内生增长理论，技术进步是经济增长的主要动力；根据诱导性技术创新理论，要素价格反映出的要素的稀缺性会诱发节约该要素的技术创新（修静，2016）。Acemoglu 等（2012）的技术进步偏向性分析研究表明：清洁技术和污染技术的创新活动对经济产出和碳排放量的影响显著不同。

技术创新和技术引进是技术进步的两条主要途径。①技术创新是促进经济增长，提高国家竞争力的重要途径，Walz（2017）指出了创新在实现绿色可持续发展目标中的重要作用。但不同种类技术创新的能源偏向性不同，因此，技术创新对绿色发展的影响具有不确定性。绿色技术创新不仅可以实现传统技术创新带来的经济效益，而且在生产中将外部环境污染内部化，因此，绿色技术创新是实现经济绿色可持续发展的内在机理（许晓燕、赵定涛和洪进，2013）。②技术引进包括技术贸易、进口和利用国际直接投资（FDI）3 条途径（唐未兵、傅元海和王展祥，2014），先进技术转移最显著的途径是 FDI。FDI 对绿色发展水平的影响主要通过竞争效应、技术溢出和“污染避难所”等效应发挥作用（许和连和邓玉萍，2012；原毅军和谢荣辉，2015）：①竞优效应。FDI 的流入能够加剧竞争、形成优胜

劣汰机制，从而迫使国内同类企业进行技术革新、提高资源配置效率，促进绿色发展。②技术溢出效应。FDI 往往同时伴随着资本和先进技术的国际转移，因此，随着外国企业在东道国投资经营的开展，外国企业的先进生产技术会向本地企业扩散和传播，即技术溢出效应（蒋殿春和张宇，2008）。③FDI 的“污染避难所”效应，是指发展中国家或地区为了吸引外资，往往会放松环境标准，迎合发达国家污染企业向国内转移的需求，因此会成为发达国家的“污染避难所”，这种情形下，FDI 的流入将对我国绿色发展产生负面效应。总之，FDI 是影响绿色发展的重要因素，但作用机制较为复杂，其对一个地区绿色发展的影响具有不确定性。

二、绿色发展水平受结构变迁的影响

结构变迁是经济发展的重要特征之一，它包括产业结构的变化、城市化及能源结构变化等，其中，产业结构的变化对绿色发展起决定性作用。产业结构变化将要素引入边际报酬较高的行业，因此对经济增长有贡献，同时产业结构也会影响能源资源消耗总量和经济能耗强度（付允，2008）。发展中国家在工业化进程中，第二产业的比重不断上升。一方面，第二产业的发展对经济增长有重要的支撑作用；另一方面，第二产业是能源和资源消耗最大、污染物排放最多的产业，因此，产业结构变迁对绿色发展水平的影响具有不确定性。根据资源代换理论，产业结构升级会使劳动力、知识等要素替代自然资源。因此，产业结构升级是经济与资源、生态环境协调、全面实现绿色发展的关键路径。

三、绿色发展水平受环境规制强度的影响

绿色发展水平受环境规制强度的影响，其主要原因是生态环境是公共物品，因此对公众的需求而言，具有非竞争性。环境污染具有外部不经济性，会出现市场失灵现象，因此需要政府采取措施进行规范和调节。环境

规制对绿色发展的作用主要体现在以下两个方面：一是环境规制的绿色效应，主要包括直接强制企业降低污染物排放，发挥环境管制的门槛效应和市场淘汰效应；二是环境规制的增长效应，主要是环境规制的加强会使环保企业增加环保产品的生产，从而增加绿色环保产业的产出，促进经济的绿色增长（王鹏和尤济红，2016）。因此，环境规制的加强将有利于绿色发展水平提升。

除上述因素外，环境禀赋因素、能源结构、人口因素、社会文化和制度等也会对绿色发展水平产生一定影响。

第二节　绿色发展水平影响因素的空间计量模型设定

一、空间计量模型建立

（一）面板数据模型构建

基于上述理论分析，本节构建如式（6-1）所示的面板计量模型考察技术进步、结构变迁、环境规制等方面对绿色发展水平的影响：

$$GD=\alpha+\beta' X+\mu+\varepsilon \tag{6-1}$$

其中，被解释变量 GD 为绿色发展水平，X 为解释变量，包含技术进步、结构变迁、环境规制等。μ 为各省份之间不可观测的个体异质性，ε 为服从正态分布 $N(0, \sigma^2)$ 的随机扰动项。

下面需要对绿色发展水平的空间自相关性进行检验以确定是否需要将绿色发展水平影响因素的面板数据模型拓展为空间计量模型。

（二）绿色发展水平的空间自相关检验

因变量存在空间相关性是设定空间计量模型的前提。下面采用常见的

Moran's Ⅰ 统计量进行绿色发展水平的空间自相关检验。Moran's Ⅰ的取值一般介于-1 和 1 之间，大于 0 表示有正的空间相关性，即有相似的属性集聚在一起；小于 0 表示有负的空间相关性，即有相异的属性集聚在一起；等于 0 表示没有空间相关性（刘传江和胡威，2016）。为保证结果的稳健性，同时考虑到中国绝大部分省份之间都有相邻边界的现实，本节在进行空间相关性检验和空间计量分析时均考虑了邻接空间权重矩阵（W1）和产业结构相关权重矩阵（Wstr）两种形式。两种空间权重矩阵计算结果（见表 6-1）均表明，绿色发展水平的 Moran 指数取值为 0. 184～0. 431，p 值均小于 0. 057。2006～2009 年，除 2008 年和 2009 年按空间权重矩阵 Wstr 计算结果表明绿色发展水平在 10%的显著性水平下存在正的空间自相关外，其余计算结果表明绿色发展水平在 5%的显著性水平下存在正的空间自相关关系；2010～2015 年两种权重矩阵的计算结果均显示：绿色发展水平在 1%的显著性水平下存在正的空间自相关关系，可以看出，在"十二五"期间中国绿色发展水平正的空间自相关性更强。因此，构建绿色发展水平影响因素的面板数据模型时必须包含空间滞后因素。

表 6-1　绿色发展指数的空间自相关检验

年份		2006	2007	2008	2009	2010
W1	Moran's I	0. 26***	0. 214**	0. 195**	0. 198**	0. 339***
	p-value†	0. 009	0. 026	0. 041	0. 038	0. 001
Wstr	Moran's I	0. 242**	0. 211**	0. 184*	0. 184*	0. 329***
	p-value†	0. 016	0. 032	0. 057	0. 056	0. 002
年份		2011	2012	2013	2014	2015
W1	Moran's I	0. 431***	0. 346***	0. 369***	0. 314***	0. 317***
	p-value†	0. 000	0. 001	0. 000	0. 002	0. 002
Wstr	Moran's I	0. 421***	0. 336***	0. 357***	0. 309***	0. 302***
	p-value†	0. 000	0. 001	0. 001	0. 003	0. 002

注：†表示双侧检验；*、**、*** 分别表示 10%、5%、1%的显著性水平。

（三）空间面板模型构建

由于无法忽略其他地区绿色发展水平对本地区绿色发展水平的影响，因此需要在式（6-1）中引入空间变量。常见的空间计量模型主要有空间自回归模型（SAR）、空间误差模型（SEM）和空间杜宾模型（SDM）3种。

（1）空间自回归模型。该模型是在式（6-1）的基础上直接引入被解释变量——绿色发展水平的空间滞后项，因此也称为空间滞后模型。绿色发展水平的含有个体效应的空间滞后模型可以设定为式（6-2）：

$$GD=\rho W\times GD+\beta' X+\mu+\varepsilon \tag{6-2}$$

其中，W 表示非负的空间权重矩阵，表示各地区在地理空间上的联系。$W\times GD$ 表示本地区绿色发展水平的空间滞后项，ρ 表示绿色发展水平的空间溢出效应，代表其他地区绿色发展水平提升对本地区绿色发展水平的影响，这种影响力可能来自与周边地区产业间的联系、劳动力流动或技术成果转让等。

（2）空间误差模型。地区间绿色发展水平的空间相关性是相当复杂的，式（6-1）中的随机误差项可能具有较强的空间相关性，因此可以将式（6-1）化为空间误差模型进行估计，模型设定如式（6-3）所示：

$$\begin{aligned} GD&=\alpha+\beta' X+\mu+\varepsilon \\ \varepsilon&=\lambda W\times\varepsilon+\varphi \end{aligned} \tag{6-3}$$

其中，参数 λ 为回归残差之间的空间相关程度，φ 为服从均值为零的正态分布的随机扰动项。

（3）空间杜宾模型。该模型的优点是同时考虑了绿色发展的空间滞后值和空间滞后解释变量（如技术进步、结构变迁、环境规制等）对绿色发展水平的影响。根据勒萨杰和佩斯（2009）的空间杜宾模型构建方法，本节绿色发展水平影响因素研究模型的空间杜宾方程设定为式（6-4）：

$$GD=\rho W\times GD+\beta' X+\delta' W\times X+\mu+\varepsilon \tag{6-4}$$

其中，$W\times X$ 是本地区解释变量（包括技术进步、结构变迁、环境规制等）的空间滞后项，其系数 δ 代表其他地区的解释变量对本地区绿色发展水平的影响。β 为 6×1 向量，δ 为 6×1 向量。μ 代表空间特定效应，ε 代表随机扰动项。

本章使用极大似然估计方法对空间面板模型进行参数估计。

面板数据模型选择的一般步骤如下：

第一步，通过 Moran's I 检验判断中国区域绿色发展水平影响因素的面板数据模型是否需要引入空间变量。由表 6-1 可知，我国绿色发展水平存在空间相关性，因此需要引入空间变量。

第二步，进行（稳健）LM 空间滞后检验和（稳健）LM 空间误差检验。若 LM 空间滞后检验和 LM 空间误差检验只有一个通过显著性检验，那么直接作出选择，模型选择结束。如果基于（稳健）LM 检验拒绝了非空间的模型，则应该考虑使用空间杜宾模型。

第三步，Hausman 检验。在绿色发展水平影响因素的空间计量模型中，地区效应是采用随机效应模型还是固定效应模型可以使用 Hausman 设定检验来判断。如果拒绝原假设，就是拒绝随机效应，因而应采用空间固定效应；如果不能拒绝原假设，就应该采用随机效应。但在研究一个连续区域中的时空数据时，与随机效应相比，固定效应模型更合适。

二、空间权重矩阵的设定

空间权重矩阵能够反映一个地区与其他地区绿色发展的空间关系。地方绿色发展程度与整个地区的产业结构、地理位置、资源禀赋等密切相关，与这些方面越接近的地区，绿色发展越具有借鉴和模仿作用。基于此，本章使用两个空间权重矩阵来进行估计：一个是邻接权重矩阵。其计算公式为式（6-5）：

$$w_{ij}=\begin{cases}1, & \text{如果 } i \text{ 和 } j \text{ 在空间上相邻}\\ 0, & \text{否则}\end{cases} \tag{6-5}$$

另一个是产业结构相关权重矩阵。当两个相邻地区的产业结构的相关性越高，其绿色发展水平的接近程度也越高，因此空间权重也越大。产业结构相关的权重矩阵计算公式为式（6-6）：

$$w_{ij}=\begin{cases}\gamma_{ij}, & \text{如果 } i \text{ 和 } j \text{ 在空间上相邻}\\ 0, & \text{否则}\end{cases} \tag{6-6}$$

其中，γ_{ij} 是地区 i 和地区 j 的产业结构的相关系数。本章根据陈继勇、雷欣（2010）提出的方法计算产业结构相关系数，首先，分别计算地区 i 和地区 j 各细分产业产值占 GDP 的比重；其次，将地区 i 和地区 j 的各产业产值比重数据分别构建两个向量；最后，计算地区 i 和地区 j 产业比重向量的相关系数。这一权重矩阵意味着，产业结构相近的两个地区间，其发展模式也比较相近，因此相互之间的绿色发展水平存在空间关联的可能性也就更大。本章使用 2007 年 30 个省份细分行业数据计算产业结构相关矩阵。

第三节　绿色发展水平影响因素的空间计量模型估计与分析

一、指标选取及数据处理

技术进步方面，用技术专利存量的对数（lnTPS）表示，即技术创新，一方面由于技术创新促进经济增长，另一方面由于不同种类技术创新的能源偏向性不同。因此，技术创新对绿色发展的影响具有不确定性，该指标系数的符号不确定。本章参考陈艳春、韩伯棠和岐洁（2013）的方法测算技术专利存量。首先计算基年的技术存量，将 1985 年确定为基年，基年的技术存量可以用公式 $P_{i1985}^{stock}=\dfrac{P_{i1985}}{\delta+g}$ 计算，其中 δ 为折旧率，g 为技术专利增长率，P_{i1985}^{stock} 为地区 i 在 1985 年的技术专利存量，P_{i1985} 为地区 i 在 1985 年的技术专利申请量。根据前面查询的每年专利申请量，计算的专利申请量增长率大约为 30%，折旧率取 15%。其次计算第 t 年的技术存量。具体计算公式为 $P_{it}^{stock}=P_{it}+(1-\delta P_{it-1}^{stock})$，其中，$P_{it}$为地区 i 在 t 年的专利申请量，P_{it}^{stock}为地区 i 在 t 年的技术存量。

技术引进方面，用 FDI 表示，考虑到 FDI 的竞优、模仿—示范、技术溢出等正向效应及“污染避难所”的负向效应，该指标系数的符号不确定。本章选取各地区历年实际利用外资额占地区生产总值的比重来衡量外商直接投资水平，其中实际利用外资额的原始数据均按照当年人民币对美元的年平均汇率将其转化为人民币。

结构变迁方面，用第二产业占 GDP 比重（IS）表示，即产业结构。一方面，工业的发展对经济增长有重要的支撑作用；另一方面，工业是能源和资源消耗最大、污染物排放最多的产业，我国工业能源消耗占全社会能源消耗的 70 %以上，因此，产业结构系数的符号不确定。能源结构用煤炭占化石能源消费比重表示，该指标越大对环境造成的污染程度越大，预期其符号为负值。

环境规制方面，用环境污染治理投资占 GDP 比重（ER）表示，代表一个地区对当地环境管制的强度预期该指标系数的符号为正值。

资源与生态环境方面，用森林面积占土地面积的比重（For）表示，即环境禀赋。森林面积占比体现了一个地区环境禀赋及生态保护状况，指标越大说明该地区面临的生态环境压力越小，预期其系数为正值。

各自变量的描述性分析结果如表 6-2 所示。

表 6-2　各变量的描述性统计

变量	变量名称解释（单位）	均值	最小值	最大值	标准差
GD	绿色发展指数（无量纲）	0.536	0.424	0.650	0.047
TPS	技术专利存量（项）	75571	511	875615	134165
FDI	外商直接投资总额占 GDP 比重（%）	2.584	0.052	11.879	2.173
IS	第二产业生产总值占 GDP 比重（%）	48.241	21.300	61.500	7.721
ER	地方政府环保支出占一般预算支出的比重（%）	2.981	0.112	7.110	1.221
Estr	煤炭消费量占能源消费总量比重（%）	73.586	27.025	96.812	15.454
For	森林面积占辖区面积比重（%）	29.620	2.908	66.002	17.444

二、空间杜宾模型的参数估计

首先对不含空间交互效应的面板数据模型进行估计，计算结果如表 6-3 所示。传统的 LM 空间滞后检验和 LM 空间误差检验的结果均拒绝了没有空间滞后被解释变量的原假设和没有空间自相关误差项的原假设。但是当存在局部空间滞后相关时，LM-error 检验失效，稳健 LM-error 检验则能够识别空间误差关系存在与否；当存在局部空间误差相关时，LM-lag 检验失效，稳健 LM-lag 检验则能够识别空间滞后相关存在与否（欧变玲、郎冰和张非同，2015）。因此，应该根据稳健的 LM 空间滞后检验和稳健的 LM 空间误差检验结果进行模型选择。表 6-3 的结果显示，稳健的 LM 空间滞后检验结果也拒绝了没有空间滞后被解释变量的原假设；但是稳健的 LM 空间误差检验结果显示，在 10%的显著性水平下没有拒绝无空间自相关误差项的原假设，因此初步判断应该采用空间滞后模型。为了检验自变量的空间滞后项对绿色发展水平的影响，进一步考虑构建空间杜宾模型。并根据 Wald/LR 空间滞后检验和 Wald/LR 空间误差检验，确定是否可以将空间杜宾模型简化为空间滞后模型或空间误差模型。

表 6-3 （稳健）LM 空间滞后和（稳健）LM 空间误差检验结果

	LM 空间滞后	稳健 LM 空间滞后	LM 空间误差	稳健 LM 空间误差
W1	74.079***	9.867***	64.312***	0.100
	[0.000]	[0.002]	[0.000]	[0.752]
Wstr	72.792***	9.057***	63.906***	0.172
	[0.000]	[0.003]	[0.000]	[0.679]

注：*、**、*** 分别代表 10%、5%、1%的显著性水平，[ ] 内给出检验的 p 值。

使用邻接空间权重矩阵和产业结构相关空间权重矩阵的检验结果（见表 6-4）均表明，在 5%的显著性水平下拒绝可以将空间杜宾模型简化为空间滞后模型或空间误差模型的原假设。因此，采用空间杜宾模型是合适的。进一步地，使用 Hausman 检验确定采用随机效应模型还是固定效应模型。计算结果如表 6-4 所示，使用邻接权重矩阵时，Hausman 检验统计量取值为 55.519，p 值小于 0.01；使用产业结构相关空间权重矩阵时，Hausman 检验统计量取值为 65.405，p 值也小于 0.01。所以必须拒绝随机效应模型。

表 6-4　空间面板杜宾模型的估计结果

变量	邻接权重矩阵		产业结构相关权重矩阵	
	参数估计	t 值	参数估计	t 值
W×GD	0.4812***	7.846	0.4803***	7.819
lnTPS	0.0071	1.102	0.0080	1.260
FDI	0.0020*	1.891	0.0020*	1.846
IS	-0.0003	-0.793	-0.0004	-0.991
ER	0.0051***	2.999	0.0046***	2.643
Estr	-0.0007**	-2.164	-0.0007**	-2.060
For	0.0017***	2.860	0.0018***	2.971
W×lnTPS	0.0121*	1.766	0.0119*	1.665
W×FDI	0.0057*	1.848	0.0043	1.403
W×IS	0.0003	0.429	0.0005	0.838
W×ER	-0.0051**	-2.277	-0.0048**	-2.139
W×Estr	0.0011	1.611	0.0009	1.369
W×For	-0.0008	-0.953	-0.0008	-1.014
Wald 空间滞后检验	19.028***	p=0.004	15.403***	p=0.017
Wald 空间误差检验	23.251***	p=0.001	19.767***	p=0.003
LR 空间滞后检验	20.841***	p=0.002	16.955***	p=0.009
LR 空间误差检验	29.390***	p=0.000	24.746***	p=0.000
Hausman 检验	55.519***	p=0.000	65.405***	p=0.000
σ^2	0.000		0.000	
R^2	0.920		0.919	

续表

变量	邻接权重矩阵		产业结构相关权重矩阵	
	参数估计	t 值	参数估计	t 值
Log*L*	772.936		770.648	
个体效应	固定		固定	
时间效应	否		否	
观测值	270		270	
省份个数	30		30	

注：*、**、*** 分别代表 10%、5%、1%的显著性水平。

因此，本章采用个体固定效应的空间杜宾模型，借助 Matlab（2015b）对空间杜宾模型进行估计。表 6-4 的估计结果表明，两种空间权重矩阵下的 R^2 分别为 0.920 和 0.919，表明模型的拟合效果非常好。从绿色发展变量的空间滞后项来看，W×GD 的系数均为正数（分别为 0.481 和 0.480），且通过了 1%的显著性检验，这一结果再次证实了区域绿色发展存在显著的空间依赖性①，邻近地区绿色发展水平的提高对本地区的绿色发展有显著的空间溢出效应。相邻地区较高的绿色发展水平体现了该地区在提升经济增长质量的同时注重环境质量的改善，因此会减轻该地区节能减排的压力，更有利于本地区环境质量的提升及绿色发展水平的提高。

技术存量的回归系数不显著，但是其空间滞后项系数在 10%的显著性水平下显著为正。FDI 系数在 10%的显著性水平下为正值，其空间滞后项系数在 5%的水平下显著为正。产业结构及其空间滞后项系数均不显著。环境规制的回归系数在 1%的显著性水平下均显著为正，但其滞后项系数在 5%的显著性水平下显著为负值。能源结构的系数在 5%的显著性水平下显著为负值，其空间滞后项系数不显著。For 的系数在 1%的显著性水平下显著为正值，其空间滞后项系数不显著。

① 邻接权重矩阵的计算结果与产业结构相关权重矩阵的结果基本一致，下面如没有特别说明，仅报告产业结构相关权重矩阵的计算结果。

三、绿色发展水平各影响因素的效应分解

根据 LeSage 和 Pace（2009）的相关理论，纳入空间滞后项的空间杜宾模型的估计系数不能像传统计量模型那样直接反映解释变量对绿色发展的边际效应，因为可能存在“反馈循环效应”，即某一个地区的解释变量发生变动时，它不仅会对本地区造成影响，而且会影响到其他地区的绿色发展水平，从而反过来影响本地区的绿色发展水平。其结果是该影响不再是对解释变量的简单求偏导，而是需要借助空间权重矩阵将其区分为直接效应和间接效应。为了分别对这两种效应进行计算，本书借鉴 LeSage 和 Pace（2009）提出的平均总效应、平均直接效应和平均间接效应的概念，将空间杜宾模型整理为式（6-7）：

$$GD = \sum_{r=1}^{6} S_r(W)X_r + (I_N - \rho W)^{-1}(\mu + \varepsilon) \qquad (6-7)$$

其中，$S_r(W)=(I_N-\rho W)^{-1}(I_N\beta_r+W\delta_r)$，$r$ 表示第 r 个解释变量（$r=1, 2, \cdots, 6$）。$S_r(W)$ 主对角线上所有元素的平均值即为第 r 个解释变量对绿色发展水平的直接效应；$S_r(W)$ 主对角线以外元素的平均值则为间接效应，反映的是其他地区的第 r 个解释变量对本地区绿色发展水平的空间溢出效应。$S_r(W)$ 的所有元素之和的平均值为该解释变量对绿色发展水平的总效应。

另外，由于中国东、中、西部的区位特征、经济发展水平等方面存在明显差异，这种差异在各影响因素对绿色发展水平的影响效应上会有所反映，因此，本节从全国层面进行效应分解，在此基础上将全样本分为东、中、西部三个地区样本进行效应分解。

（一）全国层面的效应分解

从表 6-5 的效应分解可以得到以下结论：

表 6-5 全样本空间杜宾模型的效应分解

W	效应	lnTPS	FDI	IS	ER	Estr	For
W1	直接效应	0. 010 *	0. 003 **	0. 000	0. 005 ***	-0. 001 *	0. 002 ***
		[1. 673]	[2. 449]	[-0. 699]	[2. 942]	[-1. 731]	[2. 822]
	间接效应	0. 028 ***	0. 012 **	0. 000	-0. 005	0. 001	0. 000
		[3. 247]	[2. 093]	[0. 175]	[-1. 238]	[1. 136]	[-0. 075]
	总效应	0. 037 ***	0. 015 **	0. 000	0. 000	0. 001	0. 002
		[4. 872]	[2. 301]	[-0. 042]	[0. 067]	[0. 598]	[1. 019]
Wstr	直接效应	0. 010 *	0. 003 **	0. 000	0. 004 **	-0. 001 *	0. 002 ***
		[1. 710]	[2. 213]	[-0. 824]	[2. 446]	[-1. 818]	[3. 024]
	间接效应	0. 025 ***	0. 0011 **	0. 001	-0. 005	0. 001	0. 000
		[3. 076]	[2. 042]	[0. 595]	[-1. 302]	[0. 861]	[-0. 002]
	总效应	0. 035 ***	0. 014 **	0. 000	0. 000	0. 000	0. 002
		[4. 911]	[1. 993]	[0. 253]	[-0. 114]	[0. 330]	[1. 161]

注：*、**、*** 分别代表 10%、5%、1%的显著性水平，[ ] 内给出的是 t 值。

（1）两种权重矩阵下技术创新的直接效应在 10%的显著性水平下显著为正，间接效应和总效应均在 1%的水平下显著。这表明本地区的技术创新对本地区绿色发展水平的提高有一定的促进作用，其他地区的技术创新对本地区的绿色发展水平提高有显著的扩散效应。相邻地区由于地理邻近或产业结构相似，往往存在着频繁的技术人员和资本流动，比较容易形成技术或组织模式的空间扩散。技术创新的间接效应与黄建欢、吕海龙和王良健（2014）中的结论基本一致，但是本节技术创新的直接效应的显著性水平不是 1%，而仅为 10%，这主要由于我国国内申请授权的技术专利中的绿色技术专利所占份额较小，根据 Acemoglu 等（2012）技术进步的能源偏向性理论，技术创新对绿色发展水平的正向作用会受到一定的限制。

（2）FDI 的直接效应、间接效应和总效应均为正值且通过了 5%的显著性水平检验，该结论与黄建欢、吕海龙和王良健（2014）的结论基本一致，但与其间接效应不显著的结论不同，本章结果表明 FDI 的间接效应也在 5%的显著性水平下显著为正值。这表明 FDI 对本区域的绿色发展水平提高存在明显的正向效应，从全国层面看，FDI 对绿色发展水平的影响并不存在“污染避难所”效应。FDI 的增加不仅有利于提升本地区的绿色发展水平，而且对邻近地区的绿色发展水平提升也存在明显的正向效应，即 FDI 对绿色发展的影响也存在显著的空间溢出效应。

（3）产业结构的三个效应均不显著。这可能是因为工业发展对经济增长有正向作用，但同时污染排放又对绿色发展有负向作用，正负作用抵消导致产业结构对绿色发展水平的影响不显著。

（4）环境规制强度的直接效应在 10%的显著性水平下显著为正值，间接效应为负值但不显著。这意味着本地区环境规制强度的提高对本地区绿色发展水平有一定的正向作用，邻近地区环境规制强度的提高对本地区的负向作用不明显，但弱化了环境规制强度的提高对绿色发展的促进作用。环境规制对绿色发展的促进作用效果较弱，这主要是因为目前环境规制措施的强制性不够，影响政策本身效果的发挥。

此外，与黄建欢、吕海龙和王良健（2014）中能源结构的直接效应不显著的结论不同，本章结果显示，能源结构的直接效应在 10%的显著性水平下显著为负值，这体现了我国以煤炭为主的能源结构对绿色发展水平提高有一定的制约。环境禀赋（For）的直接效应为 0.002，通过了 1%的显著性检验，间接效应和总效应不显著。这说明一个地区生态环境方面的禀赋优势会减轻该地区的节能减排压力，对该地区的绿色发展有显著的促进作用。

（二）地区层面的效应分解

表 6-6 报告了两种权重矩阵下三大区域的空间杜宾模型的效应分解结果，从表中可以看出东、中、西部地区各变量的效应有显著不同。

表 6-6　地区样本空间杜宾模型的效应分解

地区	空间权重矩阵	效应	lnTPS	FDI	IS	ER	Estr	For
东部地区	W1	直接效应	0.008	0.004**	0.001	0.011***	0.000	-0.001
			[0.936]	[2.398]	[1.114]	[3.484]	[0.014]	[-0.476]
		间接效应	0.030***	0.016***	-0.004**	-0.002	0.001	-0.001
			[3.341]	[4.270]	[-2.183]	[-0.659]	[0.559]	[-0.604]
		总效应	0.037***	0.020***	-0.003	0.008*	0.001	-0.002
			[4.902]	[4.532]	[-1.426]	[1.776]	[0.554]	[-0.666]
	Wstr	直接效应	0.007	0.004**	0.001	0.011***	0.000	-0.001
			[0.833]	[2.419]	[1.048]	[4.067]	[0.433]	[-0.745]
		间接效应	0.036***	0.021***	-0.004*	-0.002	0.001	-0.001
			[4.056]	[4.622]	[-2.065]	[-0.704]	[0.543]	[-0.548]
		总效应	0.043***	0.025***	-0.003	0.009*	0.001	-0.002
			[5.700]	[4.906]	[-1.286]	[2.118]	[0.748]	[-0.743]
中部地区	W1	直接效应	0.031***	-0.001	-0.001*	0.006	-0.001	0.003*
			[4.096]	[-0.189]	[-2.032]	[1.369]	[-1.472]	[2.278]
		间接效应	0.021*	0.007	-0.003***	0.011	0.000	-0.003
			[2.092]	[0.922]	[-3.468]	[1.770]	[0.131]	[-1.526]
		总效应	0.053***	0.006	-0.004***	0.017*	-0.001	0.000
			[5.440]	[0.627]	[-3.488]	[2.202]	[-0.811]	[-0.105]
	Wstr	直接效应	0.032***	-0.001	-0.001*	0.006	-0.001	0.003**
			[3.962]	[-0.182]	[-2.180]	[1.357]	[-1.603]	[2.357]
		间接效应	0.020*	0.008	-0.003***	0.011	0.000	-0.003
			[2.046]	[1.047]	[-3.665]	[1.810]	[0.200]	[-1.439]
		总效应	0.052***	0.007	-0.005***	0.017*	-0.001	0.000
			[5.398]	[0.744]	[-3.768]	[2.204]	[-0.845]	[0.013]
西部地区	W1	直接效应	-0.012	0.002	-0.002**	-0.001	-0.001	0.003**
			[-0.854]	[0.802]	[-2.353]	[-0.393]	[-1.774]	[2.101]
		间接效应	0.049**	-0.002	0.000	0.006	0.001	0.000
			[2.715]	[-0.247]	[0.208]	[0.626]	[0.288]	[-0.065]
		总效应	0.037*	0.000	-0.001	0.005	-0.001	0.003
			[2.069]	[-0.015]	[-0.663]	[0.436]	[-0.228]	[1.344]

续表

地区	空间权重矩阵	效应	lnTPS	FDI	IS	ER	Estr	For
西部地区	Wstr	直接效应	-0.012	0.002	-0.002**	-0.001	-0.001*	0.003**
			[-0.830]	[0.800]	[-2.310]	[-0.312]	[-1.893]	[2.304]
		间接效应	0.052**	-0.002	0.000	0.006	0.001	0.000
			[2.939]	[-0.281]	[0.218]	[0.727]	[0.486]	[-0.209]
		总效应	0.039**	0.000	-0.001	0.005	0.000	0.002
			[2.298]	[-0.032]	[-0.707]	[0.549]	[-0.114]	[1.257]

注：*、**、*** 分别代表10%、5%、1%的显著性水平，[ ] 内给出的是t值。

（1）技术创新。东部地区技术创新的直接效应不显著，间接效应和总效应分别为0.03和0.037，且两者均在1%的显著性水平下显著为正值，技术创新对绿色发展的影响有显著的空间溢出效应。东部地区技术创新的促进作用不显著，主要是因为技术创新中清洁技术创新成果的比例较低，因此，技术创新的绿色化转向对于东部地区绿色发展水平的提升至关重要。

中部地区技术创新的直接效应为0.031，且通过1%的显著性检验；间接效应为0.021，在10%的显著性水平下显著为正值（产业结构相关权重矩阵结果为在10%的显著性水平下为正值），总效应为0.053，在1%的显著性水平下显著为正值。与东部地区相比，中部地区的技术创新成果相对较少，技术创新对绿色发展的促进作用非常显著。

西部地区技术创新的直接效应不显著，间接效应在5%的显著性水平下显著为正值0.049，总效应在10%的显著性水平下显著为正值（0.037）（产业结构相关空间权重矩阵的计算结果为0.039，在5%的显著性水平下显著为正值）。由于西部地区大部分省份的技术存量较低，本地区的技术创新对其绿色发展的作用还不显著，邻近地区技术创新存量较高省份的技术创新通过空间溢出效应对本地区绿色发展有显著的提升作用。

（2）FDI。东部地区FDI的直接效应在5%的显著性水平下显著为正值

（0.004），间接效应和总效应分别为0.016和0.02，在1%的显著性水平下显著为正值，这说明本地区FDI不仅对本地区绿色发展水平提升有显著的促进作用，而且邻近地区的FDI对本地区绿色发展水平的提升也有显著的促进作用，因此，对东部地区而言，FDI对绿色发展的影响存在显著的空间溢出效应。这主要是由于东部地区对外开放程度、经济发展水平普遍较高，各省份对环境质量的准入审核较为严格，FDI的竞优效应、模仿—创新、技术溢出等正向效应发挥作用，因此，FDI的增加对本地区及周边地区的绿色发展均有显著的促进作用。

中部地区和西部地区FDI的各效应均不显著，中部地区的环境规制强度较弱，FDI涉及的行业多为高能耗、高污染行业。地方政府在政绩考核或升迁压力下，存在对FDI的盲目竞争，过分追求FDI的规模而忽视了对FDI的“绿色”要求。而西部地区FDI企业较少，难以借此提高地区绿色发展水平。

（3）产业结构。东部地区产业结构的直接效应不显著，间接效应为-0.004，在5%的显著性水平下显著为负值。这表明东部地区工业的发展对经济增长与污染物排放的正负作用相互抵消，但邻近地区工业比重提高会造成较多的污染物排放，对本地区的绿色发展形成不利因素。中部地区产业结构的直接效应为-0.001，在10%的显著性水平下显著为负值，间接效应为-0.003，在1%的显著性水平下显著为负值，总效应为-0.004，在1%的显著性水平下显著为负值。中部地区的工业多为高消耗、高排放的落后产业，畸高的工业比重对该地区绿色发展形成严重的制约，邻近地区工业占比的提高也会对本地区绿色发展水平提升有显著的负向作用。西部地区产业结构的直接效应为-0.002，在5%的显著性水平下显著为负值，较高的二产占比对其绿色发展也会形成一定的不利影响。

（4）环境规制。东部地区环境规制的直接效应在1%的显著性水平下显著为正值0.011，间接效应为负但不显著，总效应在10%的显著性水平下显著为正值（0.008）。东部地区经济发展水平较高，对环境质量的要求也较高，中部地区环境规制的直接效应和间接效应均不显著，但总效应在

10%的显著性水平下显著为正值（0.017），这说明中部地区环境规制强度较低，对该地区的促进作用不明显。西部地区环境规制的各效应均不显著。在GDP“晋升锦标赛”的考核机制下，中西部地方政府往往会倾向于放松对其环境管制的执行力度，导致许多地方在经济增长的同时也暴露出日益严重的环境问题，不利于这些区域绿色发展水平的提高。

此外，东部和中部地区能源结构的各效应均不显著，西部地区能源结构的直接效应在10%的显著性水平下显著为负值（-0.001），间接效应和总效应不显著，西部地区以煤炭为主的能源结构对该地区绿色发展水平形成一定的制约因素。东部地区环境禀赋的直接效应不显著；中部地区的直接效应为0.003，在10%的显著性水平下显著为正值；西部地区环境禀赋的直接效应为0.003，在5%的显著性水平下显著为正值。与东部地区和中部地区相比，西部地区在推动绿色发展方面有明显的环境禀赋优势。

综上所述，中国绿色发展水平的空间计量分析结果表明，技术创新和FDI对绿色发展的影响存在显著的空间外溢效应。一个地区技术创新能力的增加不仅对本地区的绿色发展水平提升有一定的促进作用，而且能够通过空间溢出效应提高相邻地区的绿色发展水平。FDI对东部地区的绿色发展有显著的促进作用并具有显著的溢出效应，但FDI对中西部地区绿色发展水平的影响不显著。与东部地区和中部地区相比，西部地区在推动绿色发展方面有明显的环境禀赋优势。与东部和西部地区相比，中部地区工业比重的提高不仅对本地区绿色发展水平有显著的制约作用，且严重影响其他地区的绿色发展水平。东部地区较为严格的环境规制对绿色发展水平的提升有一定的促进作用，但中西部环境规制提高的促进作用不显著。此外，西部地区以煤炭为主的能源结构对该地区绿色发展水平形成一定的制约。

第七章

结论与政策建议

第一节　研究结论

本书在发展经济学、资源与环境经济学、生态经济学、计量经济学以及综合评价理论指导下，较为全面地探讨了中国绿色发展水平的时空变化规律，并对中国区域绿色发展水平的影响因素进行了深入研究。首先，从系统论的视角对绿色发展的基本理论进行了概括性研究，在此基础上构建了中国省际绿色发展水平的评价指标体系，并利用 Shannon-Spearman 测度方法及 Bootstrap 抽样技术，进行综合评价方法优良性的选择，对“十一五”至“十二五”时期各省份的绿色发展水平进行综合评价。其次，利用马尔科夫链方法从多个维度全面分析了中国绿色发展水平的时空变化规律；并利用空间马尔科夫链方法揭示中国绿色发展水平变化的空间效应。再次，利用 PVAR 模型研究中国绿色发展系统内部的动态关系，从脉冲响应函数、方差分解等方法分析各变量的波动来源和效果；同时测算了中国 30 个省、区、市绿色发展系统内部的协调性。最后，构建空间面板杜宾模型估计技术进步、结构变迁、环境规制等因素对中国绿色发展水平的影响效应。

通过研究，本书得到以下重要结论：

（1）从系统论的视角来看，绿色发展模式旨在促进资源—经济—生态环境系统的良性循环，人与自然的和谐发展。

从系统论的观点看，绿色发展模式下资源—经济—生态环境系统的循环运动中，自然资源经过绿色生产形成经济产品，并通过绿色消费环节满足消费者各种需要；绿色生产过程和绿色消费过程排放进入生态环境的废弃物减少，并再将一部分废弃物转化为资源投入生产环节，实现了国民经济生产过程和消费过程的绿色化。而且绿色发展模式下注重环境治理和生态保护，增加资源和生态环境公共产品的供给，促进资源的可持续利用及生态环境子系统内部自然生物的生产、消费、分解的良性循环过程不断演进，共同推动整个资源—经济—生态环境系统不断地循环运动。绿色发展模式下资源—经济—生态环境系统的循环运动过程同样伴随着物质循环、能量转化、信息流和价值流的交换和融合，推动资源—经济—生态环境系统不断地由简单向复杂、由低级向高级进化。

与传统发展模式不同的是，绿色发展模式下经济发展不会超越生态供给的阈值，经济的增长对自然资源的获取速度不会超过自然资源和生态环境的补给、再生和增殖速度，这将有利于减缓经济增长的正反馈机制与资源生态环境系统的负反馈机制之间的矛盾。因此，从系统论的观点看，绿色发展模式有利于减缓资源和生态环境的供给和经济需求之间的矛盾，旨在促进资源—经济—生态环境系统各要素之间的协调作用产生的结构有序与功能协调的动态平衡，从而实现资源—经济—生态环境系统的良性循环，实现人与自然的和谐发展。

（2）“十一五”和“十二五”期间我国绿色发展的整体水平稳步提升，但存在显著的区域差异。

“十一五”至“十二五”时期中国30个省、区、市绿色发展的6个分维度指数（资源利用指数、环境治理指数、环境质量指数、生态保护指数、经济增长质量指数和绿色生活指数）及绿色发展总指数的测算结果显示：2006~2015年中国绿色发展整体水平虽然逐步提升，但“十二五”期末绿色发展水平仍然不高。2006 年，东部地区资源利用、环境治理、经济增长质量和绿色生活方面优势较为突出，因此绿色发展指数排名靠前；但京津冀、长三角及连线地区的生态环境压力日趋增加，东部地区绿色发展的领先地位逐渐弱化，而西南部的环境质量和生态保护方面的禀赋优势逐渐凸显，绿色发展指数紧随东部之后，并在 2009 年时超越东部地区。中部地区绿色发展面临的资源环境压力依然较大，绿色发展指数低于东部地区。西北地区的资源利用指数、环境治理指数、生态保护指数、增长质量指数和绿色生活指数均低于其他地区，尤其是生态保护指数与其他地区的差距较大，因此，西北地区的绿色发展水平处于较为落后的地位。

（3）“十一五”和“十二五”期间我国区域绿色发展等级变化存在显著的空间效应。

我国区域绿色发展水平的空间马尔科夫链分析结果表明：“十一五”和“十二五”期间我国区域绿色发展等级变化存在显著的空间依赖性。低等区域邻居的绿色发展水平为中、低等类别的可能性高达 98.8%；低—低集聚可能导致这些区域长期处于绿色发展的低等类别，形成绿色发展的“低水平俱乐部”。以低等类别区域为邻居会使中等类别区域绿色发展水平的提高受到负面影响。高等类别区域邻居的绿色发展水平为高、中等类别的可能性分别为 22.5%、74.2%；但以高等类别区域为邻居，高等类别区域的绿色发展水平仍维持高等类别的可能性仅为 75%，因此形成绿色发展的“高水平俱乐部”的可能性较小。

我国区域绿色发展等级的时空变化基本情况为：北京市、浙江省、福建省和海南省的绿色发展水平在全国一直属于高等类别；这些地区的工业化进程高，产业结构以轻工业为主，增长质量、环境质量、生态保护等方面均处于全国高等类别。重庆市和云南省的绿色发展水平实现了从中等类别向高等类别的转移，吉林省和黑龙江省的绿色发展水平等级也有向高等类别转移的趋势，这些地区的环境质量和生态保护水平的优势突出，增长质量也有一定程度的提高，因此，这些地区的绿色发展水平提升较快。此外，江苏省、安徽省的绿色发展水平也实现了从低等类别向中等类别的转移。天津市由于环境质量和生态保护水平在全国排名由中等类别逐渐下滑，导致其绿色发展水平由高等类别逐渐下滑到低等类别，由于青海省的绿色生活水平等级下滑，导致其绿色发展水平逐渐下滑至低等类别。湖北省、湖南省、江西省、贵州省、内蒙古自治区和广西壮族自治区的绿色发展水平在全国基本处于中等类别。辽宁省、河北省、山西省和河南省，及西部地区的甘肃省、宁夏回族自治区和新疆维吾尔自治区两个连片区域形成了绿色发展的“低水平俱乐部”。按照“雁型模式”在我国的体现，辽宁省、河北省、山西省和河南省承接的都是东部发达地区相对落后的产业，经济增长质量不高，而且生态保护水平和环境质量均属于低等类别，因此绿色发展水平一直属于低等类别。而西北地区，地广人稀，生态环境脆弱，经济主要以农业及矿产资源开发等初级产业为主，导致其资源利用、增长质量、绿色生活等方面均处于落后地位，因此绿色发展水平在全国也一直处于低等类别。

总的来看，绿色发展水平和经济发展水平是高度相关的，但并不是绝对的相互吻合，比如山东省、江苏省等地区的经济发展水平较高，但是绿色发展总水平相对较低。其差异和地理位置、自然环境、工业化进程等诸多因素都有关系。我国还是发展中国家，经济增长有很大的压力，一些地区如果长久处在传统产业模式之下，不进行产业升级、产业转型，最终会陷入经济发展受阻和环境恶化的双重陷阱之中。因此，从传统产业向现代化的工业体系转移，是走上绿色发展的必经之路。

（4）长期来看，我国绿色发展水平的持续提高主要依靠经济增长质量的提升和生活方式的绿色转型。

中国绿色发展系统内部的 PVAR 模型的分析结果表明：①生态环境的改善对资源利用水平的提升具有显著的正向作用；绿色生活水平的提高对改善生态环境的正向作用最大；资源利用水平和生态环境综合水平的提高对经济增长质量的提升均有明显的正向作用；而绿色生活水平主要受其自身惯性的影响。②从长期看，资源利用水平的变化主要来源于经济增长质量的变化，生态环境综合情况的变化除了受自身惯性影响外也受到经济增长质量变化的影响，而经济增长质量和绿色生活水平的变化均源于自身的惯性作用，因此，绿色发展水平的持久提升主要依靠经济增长方式的转变和生活方式的转变。由于绿色生活水平的等级变化非常缓慢，而经济增长质量的等级变化速度较为适中，因此从长期看，绿色发展水平处于低等类别的省份要实现向中高等类别转移唯有依靠经济增长质量类型的变迁。

（5）经济与资源、生态环境的协调程度是导致我国区域绿色发展水平差异的主要原因。

2006~2015 年中国经济与资源、生态环境的协调度从 0.5 逐步提高至 0.698。从 2015 年 30 个省、区、市协调等级划分结果看，北京市、上海市、浙江省、福建省及重庆市等地区的经济与资源、生态环境处于协调发展阶段。江苏省、山东省、天津市，除河南省和山西省外的大部分中部地区，以及除重庆市外的大部分西南地区的经济与资源、生态环境处于勉强协调阶段。河北省、辽宁省、山西省和河南省及大部分西北地区的经济与资源、生态环境处于濒临失调阶段。因此，各地区经济与资源、生态环境的协调等级和其绿色发展等级基本一致，经济与资源、生态环境协调程度是导致中国区域绿色发展水平差异的原因。这再次阐释了绿色发展的系统论观点，即经济与资源、生态环境协调发展是提升绿色发展水平的关键所在。

（6）技术创新和 FDI 对绿色发展的影响存在显著的空间外溢效应。

中国绿色发展水平的空间计量分析结果表明：技术创新和 FDI 对绿色发展的影响存在显著的空间外溢效应。一个地区技术创新能力的增加不仅对本地区的绿色发展水平提升有一定的促进作用，而且能够通过空间溢出效应提高相邻地区的绿色发展水平。FDI 对东部地区的绿色发展有显著的促进作用并具有显著的溢出效应；但 FDI 对中西部地区绿色发展水平的影响不显著。与东部地区和中部地区相比，西部地区在推动绿色发展方面有明显的环境禀赋优势。与东部和西部地区相比，中部地区工业比重的提高不仅对本地区绿色发展水平有显著的制约作用，且严重影响其他地区绿色发展水平的提高。东部地区较为严格的环境规制对绿色发展水平的提升有一定的促进作用，但中西部环境规制提高的促进作用不显著。此外，西部地区以煤炭为主的能源结构对该地区绿色发展水平形成一定的制约因素。

第二节　政策建议

（1）加强地方政府领导自然资源资产离任审计工作的开展，贯彻落实生态环境损害责任终身追究制度。

鉴于我国绿色发展整体水平不高的现实情况，要实现中国经济发展的绿色转型，必须扭转地方政府重发展、轻环保的传统发展理念，在考核地方政府领导政绩时，必须扭转片面的注重经济增长的考评办法，要考核该地区的自然资源是否得到有效保护，因此，在地方政府领导离任时，不仅需要进行经济责任审计，还需要引入对自然资源资产的审计，只有这样才能倒逼地方政府在进行重大决定时充分考虑生态环境因素。党的十八届三中全会通过的《中共中央关于全面深化改革若干重大问题的决定》明确指出：要对领导干部实行自然资源资产离任审计，探索建立生态环境损害责任终身追究制度。2017 年 11 月，中共中央发布的《领导干部自然资源资产离任审计（试行）》明确指出：从 2018 年开始，正式对领导干部开展自然资源资产离任审计。2015 年 8 月，中共中央颁布《党政领导干部生态环境损害责任追究办法（试行）》，该办法强调“党政同责”，明确了生态环境损害的责任要终身追究，并规定了具体的追责情形。该办法若能有效实施，将会切实预防生态环境损害的发生，其目的重在防患于未然。因此，必须按照“三严”“三实”要求，贯彻落实生态环境损害责任终身追究制度，以促进我国绿色发展水平不断提高，生态文明建设取得显著成果。

（2）加强生态环境联防、联治、联控，健全区域协同绿色发展保障机制。

鉴于我国区域绿色发展水平存在显著的空间相关性，尤其是辽宁省、河北省、山西省和河南省由于粗放的发展方式造成严重的环境污染和生态破坏等问题，导致其绿色发展状况陷入“低水平俱乐部”，从而对北京市、天津市、山东省、上海市等周边地区的绿色发展构成严重的不利因素。因此，从区域协同视角出发，构建区域互动合作机制，推动生态环境联防、联治、联控，统筹区域经济绿色发展尤为迫切。各地区应当在政策、资金和技术等方面加强相互协调和对接，避免形成新一轮同质、同构的恶性竞争，消除区域壁垒，通过协同治理实现绿色发展。绿色发展水平较高的省份应该继续发挥示范效应和扩散效应，加强与落后省份在生态保护、环境治理等方面的扶持和帮助，实现区域绿色发展水平共同提升。为实现中国区域协同绿色发展，需要财政部、工业部、经济部、农业部以及能对环境产生政策影响和促进绿色增长的其他政府部委共同采取行动，全面建立各地区政府经济发展工作的协调机制、建立产业转移的利益疏导机制、绿色发展的效益分享机制等。

（3）加大对技术创新的投入，发挥技术创新的空间传导联动机制，提升技术创新能力。

创新驱动经济绿色可持续发展是我国经济发展适应新常态的必然要求。首先，要加大对技术创新的投入，引导企业技术创新的方向，尤其是加快绿色低碳工业技术、低碳能源技术、绿色建筑技术、绿色交通技术、低碳农业技术等。鉴于越来越多的证据表明年轻企业是重大创新的一大源泉，要消除妨碍低碳技术交易和新企业进入的障碍以及改善创业条件。科技创新的投资回报期长、风险高，政府应给予一定的信贷优惠、直接补贴或其他激励方式，以降低企业科技创新的成本。其次，有必要展开更有效和更具包容性的多边科技创新合作。要发挥技术创新的空间传导联动机制，加强“邻近”区域间的技术交流，特别是在可再生能源、能效和其他低碳技术等领域实施进一步开发与应用方面的交流与合作，推进区域绿色产业的协同发展，通过技术交流，在吸收、消化的基础上，提高模仿创新能力，培育技术创新能力，改变对技术引进的依赖，形成新产业或者优势产业，促进技术变量对绿色发展的正向溢出效应。最后，鉴于中西部地区技术创新成果较少的现实，急需加大中西部地区低碳环保技术的研发投入，为加强企业对低碳环保技术的研发强度和吸收能力制定科学合理的激励政策。在研发资源约束下，中西部地区应充分利用技术溢出的手段提升本地区的技术创新能力。

（4）提高 FDI 的环境准入门槛，充分发挥 FDI 在环境治理方面的技术优势和空间外溢效应。

为增强 FDI 对中西部地区绿色发展的促进作用，首先，要提高中西部地区的技术条件和人力资本水平，减少与引进技术之间的差距。技术引进对绿色发展水平的提升作用与本地模仿创新能力的提高具有密切关系，相关部门应积极引导企业引进与本地区经济发展特征相符的技术和投资，提升引进技术再开发利用率，促进本地区绿色发展。其次，中部地区需要对 FDI 的绿色程度进行甄别，提高 FDI 的环境准入门槛，充分发挥 FDI 在环境治理方面的技术优势和外溢效应，促进 FDI 在绿色发展方面发挥出积极作用。

（5）加快产业结构升级，促进产业结构高级化和合理化。

我国各区域要加快产业结构升级，促进产业结构高级化和合理化，减少污染物排放。尤其是中西部地区在鼓励第三产业发展的同时，必须促进工业从低端的重化工业向高技术产业、战略性新兴产业转型升级，从资源密集型、劳动密集型产业向技术密集型产业过渡，加快我国工业结构的转型升级，促进区域绿色发展水平的提升。特别地，中西部地区目前正处于承接发达地区落后产业转移的阶段，在承接产业转移的过程中，应结合各区域的特点制定相应的产业政策，有目的地调结构、促升级，发挥产业结构升级的低碳减排效应，促进我国区域经济的绿色发展转型。

（6）增加地方环境规制强度，促进中国区域经济绿色发展转型。

鉴于中国环境规制效果的正向作用，因此需要进一步增加地方环境规制强度，促进中国区域经济绿色发展转型。过去所依赖的传统经济增长方式遗留了大量的污染密集型产业，导致许多地方日益突出的环境问题，通过产业末端的环境规制有可能成为当前环境治理和倒逼产业转型升级的有效手段。提高环境管制强度短期内可能对经济增速有一定损失，但可能催生新兴产业和绿色环保产业的积极发展，因此从长期看是有利的。针对不同区域间存在的产业结构和禀赋性差异，需要因地制宜地采取有差异化的管制措施，使技术水平落后、耗能排污密集的企业退出市场，同时鼓励清洁生产技术的推广和示范，实现地方绿色发展水平的提高。

目前，中国的环境治理仍然是以行政手段为主，中央制定的环境规制法律法规经由国家环保部到地方逐级落实，这种自上而下的管制方式由于信息不对称等问题，不仅提高了管制成本而且执行效率较低，因而需要创新环境规制方式和手段，比如通过建立碳排放交易市场、推进环境税改革和政府补贴等，充分利用市场机制将减排困难或者治污成本较高的企业逐出市场。

参考文献

[1] Acemoglu D, Aghion P, Bursztyn L, et al. The environment and directed technical change [J]. American Economic Review, 2012, 102 (1): 131-166.

[2] Balatgi B H. Econometric analysis of panel data, 3rd ed [M]. Chichester: John Wiley & Sons Ltd, 2005.

[3] Bassi A M, Sheng F L. Green economy: Measuring progress towards a green economy [M]. Nairobi: UNEP, 2011.

[4] Bina O. The green economy and sustainable development: An uneasy balance? [J]. Environment and Planning C: Government and Policy, 2013 (31): 1023-1047.

[5] Bravo G. The human sustainable development index: New calculations and a first critical analysis [J]. Ecological Indicators, 2014 (37): 45-150.

[6] Brown L. Eco-Economy: Building an economy for the earth [M]. New York: W. W. Norton & Company, 2001.

[7] Cengiz Ture. A methodology to analyse the relations of ecological footprint corresponding with human development index: Eco-sustainable human development index [J]. International Journal of Sustainable Development & World Ecology, 2013, 20 (1): 9-19.

[8] Chen H. Supportmechanism in technopolis toward green growth [J]. Technopolis, 2014, 12 (4): 117-129.

[9] Chen Z, Wang J, Ma G, et al. China tackles the health effects of air

pollution [J]. The Lancet, 2013, 382 (9909): 1959-1960.

[10] Cliff A D, Ord J K. Spatial processes: Models and applications [M]. London: Pion, 1981.

[11] Cole M A, Fredriksson P G. Institutionalized pollution havens [J]. Ecological Economics, 2009, 68 (4): 1239-1256.

[12] Costanza R. What is ecological economics? [J]. Ecological Economics, 1989, 1 (1): 1-7.

[13] Daly H E. Ecolgical economics and sustainable development: Selected essays of Herman E. Daly [M]. London: Edward Elgar Pub, 2008.

[14] Daly H E. The economics of the steady state [J]. The American Economic Review, 1974, 64 (2): 15-21.

[15] Ehrlich P R, Ehrlich A H. Population, resources, environment: Issues in human ecology [M]. San Francisco: Freeman, 1970.

[16] Elhorst J P. Spatial econometrics: From cross-sectional data to spatial panels [M]. Berlin: Springer Heidelberg, 2014.

[17] Faucheud S, Pearce D, Proops J. Models of sustainable development [J]. Economic Journal, 2015, 96 (2): 385-396.

[18] Fay M. Inclusive green growth: The pathway to sustainable development [M]. Washington DC: World Bank, 2012.

[19] Fingleton B. Specification and testing of markov chain models: An application to convergence in the European union [J]. Oxford Bulletin of Economics and Statistics, 1997, 59 (3): 385-403.

[20] Gallo J L. Space-Time Analysis of GDP Disparities among European regions: A markov chains approach [J]. International Regional Science Review, 2004 (27): 138.

[21] Gibbs D, Oneill K. The green economy, sustainability transitions and transition regions: A case study of boston [J]. Geografiska Annaler: Series B, Human Geography, 2014, 96 (3): 201-216.

［22］ Grey K, Brank D. Environmental issues in policy-based competition for investment: A literature review [J]. Ecological Economics, 2002 (11): 71-81.

［23］ Hall B, Kerp M L. 1991~1992 green index: A state-by-state guide to the nation's environmental health [M] Frank furt: Island Press, 1991.

［24］ Han S J, Zhu J P. Research on the dynamic relationship of the Energy-Economy-Environment (3E) System-based on an empirical analysis of China [J]. Energy Procedia, 2011 (5): 2397-2404.

［25］ Holtz-Eakin D, Newey W, Rosen H. Estimating vector autoregressions with panel data [J]. Econometrica, 1988, 56 (6): 1371-1395.

［26］ Kardos M. The relevance of foreign direct investment for sustainable development: Empirical evidence from European union [J]. Procedia Economics and Finance, 2014 (15): 1349-1354.

［27］ Kaya Y. Impact of carbon dioxide emission on GNP growth: Interprelation of proposed scenarios [R]. Paris: Presentation to the Energy and Industry Subgroup, Response Strategies Working Group, IPCC, 1989.

［28］ Kemeny J, Snell L. Finite markov chains [M]. New York: Springer-Verlag, 1976.

［29］ Lee L F, Yu J, Some recent developments in spatial data models [J]. Reg Sci Urban Economics , 2010 (40): 255-271.

［30］ Lesage J, Pace R K. Introduction tospatial econometrics [M]. New York: CRC Press, 2009.

［31］ Meadows D H, Randers J, Behrens W W. The limits to growth : A report for the club of rome's project on the predicament of mankind. Potomac associates [M]. New York: Universe Books, 1972.

［32］ Mota R P, Domingos T, Martins V. Analysis of genuine saving and potential green net national income: Portugal, 1990-2005 [J]. Ecological Economics, 2010, 69 (10): 1934-1942.

[33] Nahman A, Mahumani B K, Lange W J. Beyond GDP: Towards a green economy index [J]. Development Southern Africa, 2016 (33) 2: 215-233.

[34] OECD. OECD green growth studies: Green growth indicators 2014 [R]. Paris: OECD, 2014.

[35] OECD. Towards green growth: Monitoring progress-OECD indicators [R]. Paris: OECD, 2013.

[36] OECD. Towards green growth: Monitoring progress [R]. Paris: OECD, 2011.

[37] Olaiya A. Transforming our world: The 2030 agenda for sustainable development [J]. Civil Engineering Siviele Ingenieurswese, 2015, 24 (1): 26-30.

[38] Pearce D, Markandya A, Barbier E B. Blueprint for a green economy [M]. London: Earthscan, 1989.

[39] Pearce P W, Worford J J. Worldwithout end: Economics, environment and sustainable development [M]. Oxford: Oxford University Press, 1993.

[40] Quah D. Empirical cross-section dynamics in economic growth [J]. European Economic Review, 1993 (37): 426-434.

[41] Shironitta K. Global structural changes and their implication for territorial CO_2 emissions [J]. Journal of Economic Structures, 2016, 5 (20): 1-18.

[42] Sippel M, Michaelowa A. Financing agreen urban economy: The potential of the clean development mechanism (CDM) [J]. The Economy of Green Cities, 2013, 3 (9): 363-368.

[43] The Global Leaders of Tomorrow Environment Task Force. Pilot environmental sustainability index. World economic forum annual meeting 2000 [R]. Davos: Switzerland, 2000.

[44] The Green Growth Knowledge Platform (GGKP). Moving towards a common approach on green growth indicators [R]. Mexico City: Green Growth

Knowledge Platform Scoping Paper, 2013.

[45] UNEP. Measuring progress towards an inclusive green economy [R]. Nairobi: UNEP, 2012.

[45] UNEP. Towards a green economy: Pathways to sustainable development and poverty eradication [R]. Nairobi: UNEP, 2011.

[47] United Nations. Department of economic. Indicators of sustainable development: Guidelines and methodologies (third editon) [M]. New YorK: United Nations, 2007.

[48] Wackernagel M, Rees W E. Our ecological footprint: Reducting human impact on the earth [M] . Rio de Janeiro: Gabriola Island, 1996.

[49] Walz R, Pfaff M, Marscheider F. Innovations for reaching the green sustainable development goals-where will they come from? [J]. International Economics and Economic Policy, 2017 (3): 449-480.

[50] Walz R. Competences for green development and leap-frogging in newly industrializing countries [J]. International Economics and Economic Policy, 2010, 7 (2): 245 -265.

[51] Wang Q S, Yuan X L. Coordinated development of energy, economy and environment subsystems—A case study [J]. Ecological Indicators, 2014, 46 (6) : 514 523.

[52] World Bank. Inclusive green growth: The pathway to sustainable development [R] . Washington D C: World Bank, 2012.

[53] World Bank. The changing wealth of nations measuring sustainable development in the new millennium [R]. Washington D C: World Bank, 2011.

[54] World Commission on Environment and Developnent. Our common future [M] . Oxford: Oxford University Press, 1987.

[55] Zhou P, Ang B W. Comparing MCDA aggregation methods in constructing composite indicators using the Shannon-Spearman measure [J]. Social Indicators Research, 2009, 94 (1): 83-96.

[56] 埃尔霍斯特·J. P. 空间计量经济学：从横截面数据到空间面板[M]. 北京：中国人民大学出版社，2015.

[57] 白瑞，秦书生. 论我国绿色发展思想的形成[J]. 理论月刊，2012（7）：106-109.

[58] 北京师范大学科学发展观与经济可持续发展研究基地，西南财经大学绿色经济与经济可持续发展研究基地，国家统计局中国经济景气监测中心. 2010中国绿色发展指数年度报告：省际比较[M]. 北京：北京师范大学出版社，2010.

[59] 毕国华，杨庆媛，刘苏. 中国省域生态文明建设与城市化的耦合协调发展[J]. 经济地理，2017，37（1）：50-58.

[60] 约翰·C. 伯格斯特罗姆，阿兰·兰多尔，Bergstrom J等. 资源经济学：自然资源与环境政策的经济分析（第三版）[M]. 北京：中国人民大学出版社，2015.

[61] 曹清尧. 西部地区低碳经济发展研究[D]. 北京林业大学博士学位论文，2013.

[62] 陈春华. 江苏省经济、能源与环境系统（3E）协调与可持续发展研究[D]. 江苏大学博士学位论文，2009.

[63] 陈德昌，张敬一. 生态经济学[M]. 上海：上海科学技术出版社，2003.

[64] 陈继勇，雷欣. 我国区域间知识溢出的数量测度[J]. 科技进步与对策，2010，27（1）：39-44.

[65] 陈诗一. 能源消耗、二氧化碳排放与中国工业的可持续发展[J]. 经济研究，2009，44（4）：41-55.

[66] 陈守东，王淼. 我国银行体系的稳健性研究——基于面板VAR的实证分析[J]. 数量经济技术经济研究，2011，28（10）：64-77.

[67] 陈艳春，韩伯堂. 绿色技术溢出与中国区域经济增长[M]. 北京：科学出版社，2013.

[68] 程宝良，高丽. 论生态价值的实质[J]. 生态经济，2006（4）：

32-43.

［69］迟全华. 从政治高度深刻认识绿色发展理念重大意义［N］. 光明日报，2016-04-10.

［70］赫尔曼 · E. 戴利，乔舒亚 · 法利. 生态经济学：原理和应用［M］. 金志农译. 北京：中国人民大学出版社，2014.

［71］赫尔曼 · E. 戴利. 超越增长：可持续发展的经济学［M］. 诸大建，胡圣等译. 上海：上海译文出版社，2001.

［72］戴星翼 . 走向绿色的发展［M］. 上海：复旦大学出版社，1998.

［73］邓舒仁. 低碳经济发展研究：理论分析和政策选择［D］. 中共中央党校博士学位论文，2012.

［74］方齐云，姚遂. 发展经济学［M］. 大连：东北财经大学出版社，2008.

［75］付允，汪云林，李丁. 低碳城市的发展路径研究［J］. 科学对社会的影响，2008（2）：5-10.

［76］盖凯程. 西部生态环境与经济协调发展研究［D］. 西南财经大学博士学位论文，2008.

［77］龚锋，雷欣. 中国式财政分权的数量测度［J］. 统计研究，2010，27（10）：47-55.

［78］谷树忠，土兴杰. 绿色发展经济学：对绿色发展的诠释［N］. 中国经济时报，2016-03-11.

［79］谷树忠，谢美娥，张新华. 绿色转型发展［M］. 杭州：浙江大学出版社，2016.

［80］顾海兵 . 经济形势的科学分析问题［J］ . 经济学动态，2003（7）：15-17.

［81］关华. 能源—经济—环境系统协调可持续发展研究［D］. 天津大学博士学位论文，2012.

［82］郭玲玲. 中国绿色增长程度评价及实现路径研究［D］. 大连理工大学博士学位论文，2016.

[83] 郭永杰，米文宝，赵莹. 宁夏县域绿色发展水平空间分异及影响因素 [J]. 经济地理，2015 (3)：45-51.

[84] 郭毓东. 能源消费与经济增长——生态环境协调发展研究 [D]. 中国地质大学博士学位论文，2015.

[85] 国家计委等. 中国 21 世纪议程——中国 21 世纪人口、环境与发展白皮书 [M]. 北京：中国环境科学出版社，1994.

[86] 国家统计局能源统计司. 绿色发展指数计算方法 [N]. 中国信息报，2017-12-29.

[87] 哈丁·G. 生活在极限之内：生态学、经济学和人口禁忌 [M]. 戴星翼，张真译. 上海：上海译文出版社，2001.

[88] 韩晶，张新闻. 绿色增长是影响官员晋升的主要因素么？——基于 2003~2014 年省级面板数据的经验研究 [J]. 经济社会体制比较，2016 (5)：12-24.

[89] 韩雪梅. 西部地区 3E 系统协调发展研究 [D]. 兰州大学博士学位论文，2015.

[90] 郝栋. 绿色发展道路的哲学探析 [D]. 中共中央党校博士学位论文，2012.

[91] 贺爱忠. "两型"试验区服务业绿色发展的体制机制障碍与对策 [J]. 北京工商大学学报（社会科学版），2011，26 (6)：26-32.

[92] 胡鞍钢，周绍杰. 绿色发展：功能界定、机制分析与发展战略 [J]. 中国人口·资源与环境，2014，24 (1)：14-20.

[93] 胡鞍钢. 中国创新绿色发展 [M]. 北京：中国人民大学出版社，2012.

[94] 黄建欢，吕海龙，王良健. 金融发展影响区域绿色发展的机理——基于生态效率和空间计量的研究 [J]. 地理研究，2014，33 (3)：532-545.

[95] 黄娟. 科技创新与绿色发展的关系——兼论中国特色绿色科技创新之路 [J]. 新疆师范大学学报（哲学社会科学版），2017，38 (2)：

33-41.

［96］黄茂兴，叶琪．马克思主义绿色发展观与当代中国的绿色发展——兼评环境与发展不相容论［J］．经济研究，2017，52（6）：17-30.

［97］黄世坤．中国低碳经济区域推进机制研究［D］．西南财经大学博士学位论文，2012.

［98］黄跃，李琳．中国城市群绿色发展水平综合测度与时空演化［J］．地理研究，2017，36（7）：1309-1322.

［99］黄志红．长江中游城市群生态文明建设评价研究［D］．中国地质大学博士学位论文，2016.

［100］霍尔·B.，克尔·M. L. 1991~1992 绿色指数：美国各州环境质量的评价［M］．北京师范大学经济与资源管理研究院译．北京：北京师范大学出版社，2011.

［101］姜磊，柏玲，吴玉鸣．中国省域经济、资源与环境协调分析——兼论三系统耦合公式及其扩展形式［J］．自然资源学报，2017，32（5）：788-799.

［102］蒋殿春，张宇．经济转型与外商直接投资技术溢出效应［J］．经济研究，2008（7）：26-38.

［103］蒋南平，向仁康．中国经济绿色发展的若干问题［J］．当代经济研究，2013（2）：50 -54.

［104］金刚，沈坤荣，胡汉辉．中国省际创新知识的空间溢出效应测度——基于地理距离的视角［J］．经济理论与经济管理，2015（12）：30-43.

［105］景维民，张璐．环境管制、对外开放与中国工业的绿色技术进步［J］．经济研究，2014，49（9）：34-47.

［106］剧宇宏．中国绿色经济发展的机制与制度研究［D］．武汉理工大学博士学位论文，2009.

［107］卡森·L．寂静的春天［M］．吕瑞兰，李长生译．上海：上海译文出版社，2008.

［108］科尔斯塔德·C. D. 环境经济学［M］. 彭超，王秀芳译. 北京：中国人民大学出版社，2016.

［109］科斯. 财产权利与制度变迁——产权学与新制度经济学派译文集［M］. 刘守英译. 上海：三联书店，1994.

［110］兰德尔·A. 资源经济学：从经济角度对自然资源和环境政策的探讨［M］. 施以正译 . 北京：商务印书馆，1989.

［111］李斌，彭星，欧阳铭珂. 环境规制、绿色全要素生产率与中国工业发展方式转变——基于36个工业行业数据的实证研究［J］. 中国工业经济，2013（4）：56-68.

［112］李斌，苏珈漩. 产业结构调整有利于绿色经济发展吗？——基于空间计量模型的实证研究［J］. 生态经济，2016，32（6）：32-37.

［113］李斌，张晓冬. 中国产业结构升级对碳减排的影响研究［J］. 产经评论，2017，8（2）：79-92.

［114］李斌. 绿色新政下中国绿色经济发展的相关问题研究［D］. 东北财经大学博士学位论文，2013.

［115］李国柱. 经济增长与环境协调发展的计量分析［M］. 北京：中国经济出版社，2007.

［116］李虹，熊振兴. 生态占用、绿色发展与环境税改革［J］. 经济研究，2017，52（7）：124-138.

［117］李顺毅. 绿色发展与居民幸福感——基于中国综合社会调查数据的实证分析［J］. 财贸研究，2017，28（1）：1-12.

［118］李想. 人与自然和谐共生研究［D］. 中共中央党校博士学位论文，2010.

［119］李向前，曾莺. 绿色经济［M］. 成都：西南财经大学出版社，2001.

［120］李晓西，刘一萌，宋涛. 人类绿色发展指数的测算［J］. 中国社会科学，2014（6）：69-95，207-208.

［121］李新宁. 矿产资源密集型区域绿色发展机理及评价研究［D］.

中国地质大学博士学位论文，2013.

［122］李晅煜. 我国能源、经济、环境（3E）系统发展相关性分析与研究［D］. 天津大学博士学位论文，2009.

［123］李雪娇，何爱平. 绿色发展的制约因素及其路径拿捏［J］. 改革，2016（6）：90-99.

［124］李志青. 把握好环境保护与经济增长的平衡［N］. 学习时报，2015-11-26.

［125］李志青. 绿色发展指数会带来什么变化？［N］. 中国环境报，2018-01-05.

［126］李周. 中国经济学如何研究绿色发展［J］. 改革，2016（6）：133-140.

［127］厉以宁，章铮. 环境经济学［M］. 北京：中国计划出版社，1996.

［128］林春艳，孔凡超. 技术创新、模仿创新及技术引进与产业结构转型升级——基于动态空间 Durbin 模型的研究［J］. 宏观经济研究，2016（5）：106-118.

［129］刘传江，胡威. 外商直接投资提升了中国的碳生产率吗？——基于空间面板 Durbin 模型的经验分析［J］. 世界经济研究，2016（1）：99-109，137.

［130］刘恩云，常明明. 国内绿色发展研究前沿述评［J］. 贵州财经大学学报，2016（3）：105-110.

［131］刘明广. 中国省域绿色发展水平测量与空间演化［J］. 华南师范大学学报（社会科学版），2017（3）：37-44，189-190.

［132］刘上洋. 欠发达地区生态与经济协调发展研究［M］. 北京：社会科学文献出版社，2017.

［133］刘书英. 我国低碳经济发展研究［D］. 天津大学博士学位论文，2012.

［134］刘思华. 科学发展观视域中的绿色发展［J］. 当代经济研究，

2011（5）：65 -70.

［135］刘薇. 北京实现创新驱动绿色发展的制约因素与促进机制研究［J］. 生产力研究，2012（12）：126-128.

［136］刘薇. 国内外绿色创新与发展研究动态综述［J］. 中国环境管理干部学院学报，2012，22（5）：17-20.

［137］刘晓星. 经济绿色转型任重道远［N］. 中国环境报，2015-09-04.

［138］刘雅君. 韩国低碳绿色经济发展研究［D］. 吉林大学博士学位论文，2015.

［139］卢强，吴清华，周永章等. 工业绿色发展评价指标体系及应用于广东省区域评价的分析［J］. 生态环境学报，2013，22（3）：528 -534.

［140］鲁传一. 资源与环境经济学［M］. 北京：清华大学出版社，2004.

［141］吕福新. 绿色发展的基本关系及模式——浙商和遂昌的实践［J］. 管理世界，2013（11）：166-169.

［142］吕薇. 绿色发展：体制机制与政策［M］. 北京：中国发展出版社，2015.

［143］马丽梅，张晓. 中国雾霾污染的空间效应及经济、能源结构影响［J］. 中国工业经济，2014（4）：19-31.

［144］梅多斯·D. H. 增长的极限［M］. 李涛，王智勇译. 北京：机械工业出版社，2006.

［145］梅多斯·T. H.，梅多斯·D. L.，兰德斯·J. 超越极限：正视全球性崩溃，展望可持续的未来［M］. 赵旭译. 上海：上海世纪出版集团，2001.

［146］明翠琴. 中国经济绿色增长评价指标体系研究［D］. 华中科技大学博士学位论文，2016.

［147］倪外. 基于低碳经济的区域发展模式研究［D］. 华东师范大学博士学位论文，2011.

［148］宁吉喆. 积极开展绿色发展评价，着力助推生态文明建设

[N]. 中国信息报，2016-12-26.

[149] 欧变玲，郎冰，张非同. 时变空间权重矩阵面板数据模型稳健LM检验有效性研究 [J]. 统计研究，2015，32（10）：98-105.

[150] 欧阳志云，赵娟娟，桂振华等. 中国城市的绿色发展评价 [J]. 中国人口·资源与环境，2009（5）：11-15.

[151] 潘文卿，李子奈，刘强. 中国产业间的技术溢出效应：基于35个工业部门的经验研究 [J]. 经济研究，2011，46（7）：18-29.

[152] 潘文卿. 中国区域经济差异与收敛 [J]. 中国社会科学，2010（1）：72-84，222-223.

[153] 潘文砚. 中国低碳经济发展水平的多维评价及实证研究 [D]. 华中科技大学博士学位论文，2014.

[154] 皮尔斯·D. 绿色经济的蓝图——衡量可持续发展 [M]. 李巍，曹利军，王淑华等译. 北京：北京师范大学出版社，1996.

[155] 珀曼·R.，马越，麦吉利夫·J. 等. 自然资源与环境经济学（第二版）[M]. 张涛，李智勇，张真等译. 北京：中国经济出版社，2002.

[156] 钱争鸣，刘晓晨. 环境管制与绿色经济效率 [J]. 统计研究，2015，32（7）：12-18.

[157] 秦军，唐华一. 技术创新推动低碳经济发展的机理研究 [J]. 生态经济，2015，31（9）：39-42.

[158] 秦书生，晋晓晓. 政府、市场和公众协同促进绿色发展机制构建 [J]. 中国特色社会主义研究，2017（3）：93-98.

[159] 秦书生，杨硕. 习近平的绿色发展思想探析 [J]. 理论学刊，2015（6）：4-11.

[160] 萨缪尔森·P. A.，诺德豪斯·W. D. 经济学 [M]. 萧琛译. 北京：华夏出版社，1999.

[161] 森·A. 伦理学与经济学 [M]. 王宇，王文玉译. 北京：商务印书馆，2000.

[162] 沈满洪，高登奎，王颖. 生态经济学（第二版）[M]. 北京：

中国环境出版社，2016.

［163］沈满洪. 生态经济学的定义、范畴与规律［J］. 生态经济，2009（1）：42-47，182.

［164］盛馥来，诸大建. 绿色经济——联合国视野中的理论、方法与案例［M］. 北京：中国财政经济出版社，2015.

［165］石建平. 绿色 GDP 的新思路［J］. 红旗文稿，2013（14）：26-27.

［166］世界银行. 2009 年世界发展指标［M］. 北京：中国财政出版社，2010.

［167］舒绍福. 绿色发展的环境政策革新：国际镜鉴与启示［J］. 改革，2016（3）：102-109.

［168］孙才志，童艳丽，刘文新. 中国绿色化发展水平测度及动态演化规律［J］. 经济地理，2017（2）：15-22.

［169］孙瑾，刘文革，周钰迪. 中国对外开放、产业结构与绿色经济增长——基于省际面板数据的实证检验［J］. 管理世界，2014（6）：172-173.

［170］泰坦伯格·T. 环境与自然资源经济学（第五版）［M］. 严旭阳等译. 北京：经济科学出版社，2003.

［171］谭娟，陈晓春. 基于产业结构视角的政府环境规制对低碳经济影响分析［J］. 经济学家，2011（10）：91-97.

［172］谭娟. 政府环境规制对低碳经济发展的影响及其实证研究［D］. 湖南大学博士学位论文，2012.

［173］陶晓红，齐亚伟. 中国区域经济时空演变的加权空间马尔科夫链分析［J］. 中国工业经济，2013（5）：31-43.

［174］万伦来，黄志斌. 绿色技术创新：推动我国经济可持续发展的有效途径［J］. 生态经济，2004（6）：29-31.

［175］王丹，熊晓琳. 以绿色发展理念推进生态文明建设［J］. 红旗文稿，2017（1）20-22.

［176］王德发. 绿色 GDP：环境与经济综合核算体系及其应用［M］.

上海：上海财经大学出版社，2008.

［177］王弓. 经济增长、金融发展与城镇化的协调研究［D］. 北京交通大学博士学位论文，2016.

［178］王海芹，高世楫. 我国绿色发展萌芽、起步与政策演进：若干阶段性特征观察［J］. 改革，2016（3）：6-26.

［179］王金南，曹东，陈潇君. 国家绿色发展战略规划的初步构想［J］. 环境保护，2006（6）：39-43，49.

［180］王俊. 创新驱动和绿色发展的体制机制改革研究［J］. 经济体制改革，2016（6）：25-32.

［181］王俊峰. 中国能源·经济·环境（3E）协调发展的研究与政策选择［D］. 中国社会科学院研究生院博士学位论文，2000.

［182］王玲玲，张艳国. 绿色发展内涵探微［J］. 社会主义研究，2012（5）：143 -146.

［183］王敏，黄滢. 中国的环境污染与经济增长［J］. 经济学（季刊），2015，14（2）：557-578.

［184］王鹏，尤济红. 中国环境管制效果的评价研究——基于工业绿色发展的一个空间视角［J］. 经济社会体制比较，2016（5）：25-42.

［185］王晓云，魏琦，胡贤辉. 我国城市绿色经济效率综合测度及时空分异——基于 DEA-BCC 和 Malmquist 模型［J］. 生态经济，2016，32（3）：40-45.

［186］王亚平，任建兰，程钰. 科技创新对绿色发展的影响机制与区域创新体系构建［J］. 山东师范大学学报（人文社会科学版），2017，62（4）：68-76.

［187］王永芹. 当代中国绿色发展观研究［D］. 武汉大学博士学位论文，2014.

［188］魏晓双. 中国省域生态文明建设评价研究［D］. 北京林业大学博士学位论文，2013.

［189］吴郭泉. 广西岩溶地区可持续自然资源开发利用研究［D］. 昆

明理工大学博士学位论文，2006.

［190］吴淑岱. 联合国气候变化框架公约［M］. 北京：中国环境科学出版社，1994.

［191］吴玉鸣，张燕. 中国区域经济增长与环境的耦合协调发展研究［J］. 资源科学，2008，30（1）：25-30.

［192］吴振信，谢晓晶，王书平. 经济增长、产业结构对碳排放的影响分析——基于中国的省际面板数据［J］. 中国管理科学，2012，20（3）：161-166.

［193］郗永勤，艾良友. 我国省域循环经济发展的综合评价、类型分析与路径探讨［J］. 中国行政管理，2015（4）：107-112.

［194］夏勇. 脱钩与追赶：中国城市绿色发展路径研究［J］. 财经研究，2017，43（9）：122-133.

［195］向俊杰. 我国生态文明建设的协调治理体系研究［D］. 吉林大学博士学位论文，2015.

［196］向书坚，郑瑞坤. 中国绿色经济发展指数研究［J］. 统计研究，2013（3）：72-77.

［197］熊彼特·J. A. 经济发展理论［M］. 上海：上海远东出版社，2001.

［198］熊德国. 系统科学理论在区域可持续发展中的应用研究［D］. 重庆大学博士学位论文，2004.

［199］熊灵，齐绍洲. 金融发展与中国省区碳排放——基于STIRPAT模型和动态面板数据分析［J］. 中国地质大学学报（社会科学版），2016，16（2）：63-73.

［200］熊清华，程厚思. 走向绿色的发展［M］. 昆明：云南人民出版社，2002.

［201］修静. 工业技术进步的绿色偏向性测度：资本与劳动［J］. 改革，2016（9）：68-78.

［202］许和连，邓玉萍. 外商直接投资导致了中国的环境污染吗？——基于中国省际面板数据的空间计量研究［J］. 管理世界，2012

(2)：30-43.

［203］许宪春. 绿色经济发展与绿色经济核算［J］. 统计与信息论坛，2010，25（11）：20-23.

［204］许晓燕，赵定涛，洪进. 绿色技术创新的影响因素分析——基于中国专利的实证研究［J］. 中南大学学报（社会科学版），2013，19(2)：29-33.

［205］许正松，孔凡斌. 经济发展水平、产业结构与环境污染——基于江西省的实证分析［J］. 当代财经，2014（8）：15-20.

［206］严成樑，李涛，兰伟. 金融发展、创新与二氧化碳排放［J］. 金融研究，2016（1）：14-30.

［207］杨博琼，王晓兵，杨军，赵启然. 中国绿色发展和外商直接投资政策选择［J］. 中国人口·资源与环境，2013，23（10）：119-126.

［208］杨多贵，高飞鹏．“绿色”发展道路的理论解析［J］. 科学管理研究，2006（5）：20-23.

［209］杨龙，胡晓珍. 基于DEA的中国绿色经济效率地区差异与收敛分析［J］. 经济学家，2010（2）：46-54.

［210］杨志江，文超祥. 中国绿色发展效率的评价与区域差异［J］. 经济地理，2017，37（3）：10-18.

［211］杨志梁. 我国能源、经济和环境（3E）系统协调发展机制研究——基于能源生态系统视角［D］. 北京交通大学博士学位论文，2011.

［212］姚洋. 发展经济学［M］. 北京：北京大学出版社，2013.

［213］叶文虎，仝川. 联合国可持续发展指标体系述评［J］. 中国人口·资源与环境，1997（3）：83-87.

［214］尹晓芬. 中国低碳经济发展动力与路径研究［D］. 武汉大学博士学位论文，2013.

［215］俞立平，潘云涛，武夷山. TOPSIS在期刊评价中的应用及在高次幂下的推广［J］. 统计研究，2012，29（12）：96-101.

［216］原毅军，谢荣辉．FDI、环境规制与中国工业绿色全要素生产率

增长——基于 Luenberger 指数的实证研究［J］. 国际贸易问题，2015（8）：84-93.

［217］约翰·斯图亚特·穆勒．政治经济学原理［M］．金镝，金熠译. 北京：华夏出版社，2017.

［218］约瑟夫·熊彼特. 经济发展理论［M］. 何畏，易家详等译. 北京：商务印书馆，1990.

［219］曾嵘，魏一鸣，范英等. 人口、资源、环境与经济协调发展系统分析［J］. 系统工程理论与实践，2000（12）：1-6.

［220］曾贤刚，毕瑞亨. 绿色经济发展总体评价与区域差异分析［J］. 环境科学研究，2014（12）：1564-1570.

［221］张春霞. 绿色经济发展研究［M］. 北京：中国林业出版社，2002.

［222］张帆，李东. 环境与自然资源经济学［M］. 上海：上海人民出版社，2007.

［223］张广海，赵韦舒. 中国新型城镇化与旅游化互动效应及其空间差异［J］. 经济地理，2017（1）：196-204.

［224］张宏雷. 绿色技术溢出与中国城市群经济发展研究［D］. 北京理工大学博士学位论文，2015.

［225］张欢，罗畅，成金华等. 湖北省绿色发展水平测度及其空间关系［J］. 经济地理，2016，36（9）：158-165.

［226］张坤民，杜斌. 环境可持续性指数：尝试评价国家或地区环境可持续能力的指标［J］. 环境保护，2002（8）：24-29.

［227］张瑞萍. 西部生态环境与经济增长协调发展研究［D］. 兰州大学博士学位论文，2015.

［228］张伟，李虎林，安学兵. 利用 FDI 增强我国绿色创新能力的理论模型与思路探讨［J］. 管理世界，2011（12）：170-171.

［229］赵弘志. 绿色经济发展和管理［M］. 沈阳：东北大学出版社，2003.

［230］郑德凤，臧正，孙才志. 绿色经济、绿色发展及绿色转型研究综述［J］. 生态经济，2015（2）：64-68.

［231］郑红霞，王毅，黄宝荣. 绿色发展评价指标体系研究综述［J］. 工业技术经济，2013，33（2）：142-152.

［232］郑瑞坤. 我国绿色经济发展评价研究［D］. 中南财经政法大学博士学位论文，2012.

［233］中国科学院可持续发展研究组. 2000 中国可持续发展战略报告［M］. 北京：科学出版社，2000.

［234］中华人民共和国环境保护部. 中国环境统计公报 2008［M］. 北京：中国环境科学出版社，2009.

［235］钟绍军. 中国新型城镇化发展质量测度及区域差异研究［D］. 中南财经政法大学博士学位论文，2016.

［236］钟水映，冯英杰. 中国省际间绿色发展福利测量与评价［J］. 中国人口·资源与环境，2017，27（9）：196-204.

［237］周冯琦，陈宁. 生态经济学理论前沿［M］. 上海：上海社会科学院出版社，2016.

［238］周瑞刚. 边疆城市经济圈人口、资源与环境协调发展研究——以滇中城市经济圈为例［D］. 云南大学博士学位论文，2016.

［239］周沂，贺灿飞，刘颖. 中国污染密集型产业地理分布研究［J］. 自然资源学报，2015，30（7）：1183-1196.

附　录

附表 1　2006~2015 年 30 个省、区、市的资源利用指数排序

地区＼年份	2006	2007	2008	2009	2010	2011	2012	2013	2014	2015
北京	1	2	3	3	1	1	2	1	2	1
天津	4	4	2	8	5	6	7	5	7	8
河北	23	22	20	18	23	24	22	25	23	22
山西	25	18	9	24	28	28	24	26	27	29
内蒙古	8	20	8	14	26	26	23	11	21	17
辽宁	28	24	21	19	21	22	25	17	24	26
吉林	6	3	4	15	11	16	4	6	9	3
黑龙江	9	9	5	10	8	11	13	9	10	5
上海	7	13	7	27	12	3	6	20	1	10
江苏	27	27	24	25	27	27	29	27	28	23
浙江	10	17	19	6	17	12	10	21	12	7
安徽	26	14	27	20	7	13	17	24	8	20
福建	16	25	18	17	20	19	8	13	13	4
江西	21	28	14	26	15	23	9	29	17	16
山东	18	16	13	16	14	17	27	7	26	24
河南	22	5	17	13	9	14	11	12	5	19
湖北	17	12	23	21	25	21	26	4	22	9
湖南	24	11	16	22	18	18	15	14	19	21
广东	11	30	28	29	24	8	18	18	29	28
广西	20	10	26	9	19	20	28	23	18	14
海南	2	1	1	1	2	4	3	3	4	6
重庆	5	15	6	5	3	5	1	2	6	2
四川	3	7	15	7	4	2	14	10	11	25

续表

年份 地区	2006	2007	2008	2009	2010	2011	2012	2013	2014	2015
贵州	19	8	25	11	13	10	20	15	15	15
云南	13	26	22	12	10	7	19	8	16	11
陕西	14	6	10	4	6	9	16	16	14	18
甘肃	15	19	11	23	22	15	12	19	20	13
青海	12	23	12	2	16	25	5	22	3	12
宁夏	29	21	29	28	29	30	21	28	25	27
新疆	30	29	30	30	30	29	30	30	30	30

附表 2 2006~2015 年 30 个省、区、市的环境治理指数排序

年份 地区	2006	2007	2008	2009	2010	2011	2012	2013	2014	2015
北京	1	1	1	6	2	3	2	2	1	6
天津	2	7	10	7	27	20	6	6	7	13
河北	17	10	4	4	10	18	11	9	5	3
山西	20	23	21	13	7	14	8	5	3	2
内蒙古	11	13	20	14	21	19	4	11	10	5
辽宁	8	15	13	17	11	15	7	10	19	16
吉林	29	21	25	22	24	24	26	26	25	25
黑龙江	21	29	29	28	23	25	27	27	29	28
上海	6	8	3	1	1	2	15	15	2	1
江苏	3	4	8	5	9	9	12	8	9	8
浙江	5	6	2	3	5	6	5	4	6	4
安徽	26	19	14	18	18	10	9	3	8	12
福建	14	5	16	16	19	11	13	16	23	17
江西	23	22	15	11	16	12	10	20	17	26
山东	7	3	6	2	3	13	3	1	4	21
河南	12	11	9	9	12	16	18	17	13	18
湖北	22	20	22	21	22	23	21	21	18	10
湖南	24	25	23	23	13	7	17	24	21	20
广东	10	24	19	8	4	5	16	14	15	15

续表

年份 地区	2006	2007	2008	2009	2010	2011	2012	2013	2014	2015
广西	18	14	17	12	17	4	22	23	24	11
海南	15	26	12	24	25	21	24	22	27	24
重庆	9	2	5	10	6	1	1	7	16	19
四川	19	16	18	27	20	8	19	19	22	23
贵州	13	12	7	19	8	17	20	18	12	7
云南	28	18	24	20	15	26	23	25	20	22
陕西	30	30	30	15	14	22	14	13	11	14
甘肃	16	17	28	29	28	27	28	29	28	29
青海	25	27	27	30	30	29	30	30	30	30
宁夏	4	9	11	25	29	28	25	12	14	9
新疆	27	28	26	26	26	30	29	28	26	27

附表 3　2006~2015 年 30 个省、区、市的环境质量指数排序

年份 地区	2006	2007	2008	2009	2010	2011	2012	2013	2014	2015
北京	25	25	24	25	26	28	28	23	25	26
天津	16	14	16	19	20	18	22	29	29	30
河北	26	27	27	26	25	25	27	30	30	29
山西	28	29	29	29	27	22	21	25	23	23
内蒙古	20	10	8	8	8	10	13	18	17	16
辽宁	30	30	30	30	30	30	30	26	27	28
吉林	15	17	18	14	14	14	11	13	13	13
黑龙江	17	20	22	22	18	19	17	16	16	17
上海	24	24	26	27	28	29	29	24	24	24
江苏	29	26	25	24	24	24	20	20	20	20
浙江	11	12	13	11	11	17	18	15	15	15
安徽	13	19	21	17	19	16	14	14	14	14
福建	3	4	4	3	4	4	5	4	5	7
江西	4	3	5	4	10	8	8	10	9	9
山东	27	28	28	28	29	26	25	28	26	25

续表

年份 地区	2006	2007	2008	2009	2010	2011	2012	2013	2014	2015
河南	22	23	23	23	22	27	26	27	28	27
湖北	10	11	11	12	12	13	12	12	12	12
湖南	9	7	9	6	6	6	9	5	4	4
广东	21	22	20	18	17	20	19	17	19	19
广西	2	2	1	1	1	1	2	2	2	2
海南	1	1	2	2	2	2	1	1	1	1
重庆	7	8	7	5	5	5	6	6	6	8
四川	8	9	10	9	7	11	15	19	18	18
贵州	5	6	6	7	9	7	4	3	3	3
云南	18	18	12	13	13	9	7	7	7	6
陕西	12	16	14	15	23	23	24	22	21	21
甘肃	23	21	17	21	21	15	10	9	10	10
青海	6	5	3	10	3	3	3	8	8	5
宁夏	14	13	15	20	16	21	23	21	22	22
新疆	19	15	19	16	15	12	16	11	11	11

附表 4　2006~2015 年 30 个省、区、市的生态保护指数排序

年份 地区	2006	2007	2008	2009	2010	2011	2012	2013	2014	2015
北京	24	20	23	20	20	20	20	20	21	20
天津	26	27	26	28	30	30	30	27	28	28
河北	16	16	16	17	17	16	16	19	20	19
山西	27	26	27	27	26	26	26	28	27	27
内蒙古	7	7	8	8	8	8	8	7	7	7
辽宁	15	15	15	15	15	13	14	15	15	15
吉林	5	4	4	5	4	5	6	5	5	5
黑龙江	3	1	2	1	1	1	1	1	1	1
上海	12	13	13	11	14	15	15	12	14	14
江苏	29	30	29	29	28	29	29	23	23	23
浙江	10	9	10	9	10	10	10	10	10	10

续表

年份 地区	2006	2007	2008	2009	2010	2011	2012	2013	2014	2015
安徽	23	23	21	21	21	21	21	22	22	22
福建	4	5	5	6	6	6	4	4	4	4
江西	6	6	6	4	5	4	5	6	6	6
山东	19	18	20	22	22	22	24	25	26	26
河南	18	25	22	24	24	23	23	21	19	21
湖北	17	17	17	18	18	18	19	16	16	16
湖南	13	11	12	12	11	11	11	11	11	11
广东	9	8	9	10	9	9	9	9	9	9
广西	11	10	11	7	7	7	7	8	8	8
海南	8	12	7	13	12	12	12	13	12	12
重庆	21	19	19	16	16	17	18	18	17	18
四川	1	3	1	3	3	3	3	3	3	3
贵州	20	21	18	19	19	19	17	17	18	17
云南	2	2	3	2	2	2	2	2	2	2
陕西	14	14	14	14	13	14	13	14	13	13
甘肃	22	22	24	23	23	24	22	26	25	25
青海	25	24	25	25	25	25	25	24	24	24
宁夏	30	29	30	30	29	27	27	30	30	30
新疆	28	28	28	26	27	28	28	29	29	29

附表 5　2006~2015 年 30 个省、区、市的经济增长质量指数排序

年份 地区	2006	2007	2008	2009	2010	2011	2012	2013	2014	2015
北京	1	1	1	1	1	1	1	1	1	1
天津	5	4	3	3	3	3	3	3	4	3
河北	28	28	29	27	29	29	29	30	30	26
山西	27	20	28	29	25	27	23	19	26	25
内蒙古	3	6	5	5	18	15	22	23	20	19
辽宁	6	7	7	6	10	12	12	10	14	21
吉林	12	13	9	17	19	16	20	28	28	28

续表

地区＼年份	2006	2007	2008	2009	2010	2011	2012	2013	2014	2015
黑龙江	25	27	19	20	21	21	19	21	21	16
上海	2	2	2	2	2	2	2	2	2	2
江苏	7	8	6	4	4	4	4	5	5	5
浙江	8	5	12	11	6	6	5	4	3	4
安徽	16	19	16	18	5	20	16	16	15	13
福建	9	12	10	12	12	13	8	9	9	9
江西	29	29	22	24	24	24	25	24	19	20
山东	14	17	15	16	17	14	10	8	7	8
河南	22	22	26	28	28	26	30	27	22	22
湖北	10	9	8	8	8	9	13	11	10	10
湖南	17	14	14	10	16	18	15	15	12	11
广东	4	3	11	15	9	8	6	6	6	6
广西	20	21	21	19	23	25	26	26	27	29
海南	24	18	27	22	13	19	24	14	13	14
重庆	13	11	13	9	7	7	7	7	8	7
四川	15	15	23	14	15	10	14	20	17	15
贵州	18	16	17	13	14	5	9	13	16	18
云南	26	24	24	23	26	17	18	17	25	23
陕西	11	10	4	7	11	11	11	12	11	12
甘肃	23	26	25	25	27	22	17	18	18	17
青海	19	23	18	26	20	28	28	29	29	30
宁夏	21	25	20	21	22	23	21	22	23	24
新疆	30	30	30	30	30	30	27	25	24	27

附表 6　2006~2015 年 30 个省、区、市的绿色生活指数排序

地区＼年份	2006	2007	2008	2009	2010	2011	2012	2013	2014	2015
北京	1	2	1	1	1	1	1	1	1	1
天津	3	4	4	5	4	4	4	4	4	5
河北	9	9	9	10	10	12	13	14	15	14

续表

年份 地区	2006	2007	2008	2009	2010	2011	2012	2013	2014	2015
山西	10	12	11	12	18	19	19	19	19	19
内蒙古	30	30	30	30	30	29	26	29	28	29
辽宁	14	15	15	15	14	20	15	16	16	17
吉林	21	20	17	17	15	14	14	15	12	12
黑龙江	17	19	19	19	21	18	20	20	22	21
上海	2	1	2	2	2	2	2	2	2	2
江苏	4	3	3	3	3	3	3	3	3	3
浙江	5	5	5	4	5	5	5	5	5	4
安徽	24	27	29	28	28	28	28	28	26	25
福建	8	8	8	8	8	7	7	6	6	6
江西	19	17	16	14	12	11	12	13	14	15
山东	7	7	7	6	6	6	6	7	7	7
河南	20	21	20	23	24	23	23	25	23	24
湖北	12	13	14	11	13	17	17	17	17	18
湖南	15	18	18	18	20	21	21	22	21	20
广东	6	6	6	7	7	8	8	8	8	8
广西	23	23	24	24	22	25	24	21	18	16
海南	13	14	13	13	11	13	11	11	11	13
重庆	16	11	10	9	9	9	9	9	10	10
四川	26	25	27	26	25	24	25	23	24	23
贵州	25	24	28	29	29	30	30	26	29	26
云南	22	22	23	22	23	22	22	24	25	27
陕西	28	29	25	25	26	27	29	30	30	30
甘肃	27	28	26	27	27	26	27	27	27	28
青海	11	10	12	16	16	16	18	18	20	22
宁夏	29	26	22	20	19	15	16	12	13	11
新疆	18	16	21	21	17	10	10	10	9	9

附表 7　2006~2015 年 30 个省、区、市的绿色发展指数排序

地区 \ 年份	2006	2007	2008	2009	2010	2011	2012	2013	2014	2015
北京	1	1	1	2	1	1	1	1	1	1
天津	5	6	4	12	16	15	14	21	22	23
河北	27	27	24	23	25	25	25	30	30	29
山西	29	29	29	29	27	28	26	28	29	30
内蒙古	13	13	11	11	18	17	17	16	16	16
辽宁	28	28	26	26	24	23	27	22	26	27
吉林	14	10	10	13	15	16	9	10	13	10
黑龙江	10	15	13	15	12	13	11	7	11	9
上海	7	8	7	9	9	6	10	14	2	3
江苏	20	24	22	21	22	22	22	20	20	18
浙江	6	4	5	3	6	9	6	9	6	6
安徽	24	25	27	24	19	18	19	19	15	19
福建	4	2	3	5	5	5	2	4	3	2
江西	12	17	8	10	10	12	5	17	8	11
山东	21	18	19	22	21	21	23	18	25	24
河南	23	21	23	25	23	27	28	26	21	26
湖北	18	14	20	19	20	20	20	6	17	12
湖南	19	12	15	16	11	11	12	12	12	13
广东	8	23	18	20	13	7	13	11	18	17
广西	11	7	12	4	8	8	15	13	10	8
海南	2	3	2	1	4	4	4	3	4	7
重庆	9	9	6	6	2	3	3	2	5	4
四川	3	5	9	8	3	2	8	8	9	15
贵州	16	11	17	18	14	14	16	15	14	14
云南	15	16	14	7	7	10	7	5	7	5
陕西	22	20	21	14	17	19	21	24	23	22
甘肃	26	26	25	28	28	26	24	23	24	20
青海	17	19	16	17	26	24	18	25	19	21
宁夏	25	22	28	27	29	30	29	27	27	28
新疆	30	30	30	30	30	29	30	29	28	25

附表 8　2006~2015 年 30 个省、区、市的生态环境综合指数

地区＼年份	2006	2007	2008	2009	2010	2011	2012	2013	2014	2015
北京	0.489	0.487	0.523	0.496	0.506	0.518	0.515	0.520	0.532	0.516
天津	0.502	0.509	0.515	0.510	0.459	0.502	0.520	0.446	0.452	0.454
河北	0.406	0.449	0.491	0.499	0.503	0.503	0.521	0.440	0.466	0.496
山西	0.359	0.385	0.406	0.443	0.477	0.503	0.524	0.487	0.502	0.532
内蒙古	0.504	0.545	0.557	0.584	0.576	0.583	0.605	0.590	0.601	0.617
辽宁	0.406	0.422	0.450	0.456	0.486	0.493	0.509	0.518	0.508	0.518
吉林	0.475	0.530	0.533	0.561	0.552	0.557	0.589	0.591	0.591	0.609
黑龙江	0.520	0.516	0.531	0.548	0.571	0.578	0.607	0.612	0.605	0.625
上海	0.469	0.488	0.513	0.551	0.524	0.522	0.513	0.525	0.548	0.570
江苏	0.421	0.454	0.479	0.485	0.487	0.494	0.527	0.531	0.536	0.547
浙江	0.539	0.558	0.585	0.591	0.592	0.572	0.588	0.594	0.597	0.610
安徽	0.439	0.474	0.501	0.507	0.505	0.540	0.560	0.567	0.565	0.571
福建	0.574	0.613	0.596	0.603	0.604	0.619	0.640	0.645	0.636	0.648
江西	0.534	0.565	0.596	0.611	0.595	0.609	0.628	0.614	0.626	0.630
山东	0.426	0.463	0.473	0.477	0.485	0.484	0.519	0.487	0.492	0.497
河南	0.453	0.464	0.502	0.495	0.497	0.481	0.501	0.484	0.504	0.501
湖北	0.465	0.506	0.508	0.532	0.526	0.532	0.558	0.572	0.580	0.598
湖南	0.484	0.521	0.539	0.561	0.593	0.608	0.603	0.603	0.615	0.632
广东	0.500	0.492	0.525	0.556	0.573	0.576	0.574	0.582	0.581	0.589
广西	0.543	0.579	0.599	0.636	0.618	0.650	0.631	0.630	0.631	0.655
海南	0.581	0.553	0.619	0.571	0.569	0.599	0.617	0.618	0.607	0.634
重庆	0.506	0.556	0.572	0.576	0.595	0.614	0.606	0.601	0.599	0.609
四川	0.559	0.576	0.597	0.584	0.615	0.629	0.625	0.617	0.618	0.634
贵州	0.510	0.534	0.567	0.542	0.572	0.572	0.594	0.604	0.614	0.629
云南	0.498	0.553	0.567	0.597	0.613	0.591	0.641	0.646	0.663	0.681
陕西	0.447	0.475	0.484	0.542	0.519	0.520	0.547	0.535	0.549	0.564
甘肃	0.426	0.471	0.464	0.452	0.461	0.486	0.524	0.534	0.540	0.545
青海	0.465	0.495	0.515	0.475	0.468	0.509	0.543	0.518	0.530	0.549
宁夏	0.489	0.500	0.511	0.469	0.456	0.452	0.493	0.499	0.502	0.515
新疆	0.416	0.446	0.463	0.473	0.485	0.465	0.504	0.525	0.533	0.548

附表 9 2006~2015 年中国 30 个省、区、市经济与资源的协调等级

地区＼年份	2006	2007	2008	2009	2010	2011	2012	2013	2014	2015
北京	4	4	4	4	4	4	4	4	4	4
天津	3	3	3	3	3	3	3	3	3	3
河北	2	2	2	2	2	2	2	2	2	2
山西	1	2	2	1	1	1	2	2	2	2
内蒙古	1	1	1	2	1	1	2	2	2	2
辽宁	2	2	2	2	2	2	2	2	2	2
吉林	2	2	2	2	2	2	3	2	2	3
黑龙江	1	2	2	2	2	2	2	2	2	2
上海	3	3	3	3	3	3	4	3	4	4
江苏	2	2	2	2	2	2	3	3	3	3
浙江	2	3	2	3	3	3	3	3	3	3
安徽	1	1	1	1	2	2	2	2	2	2
福建	2	2	2	2	2	2	3	3	3	3
江西	1	1	2	2	2	2	2	2	2	2
山东	2	2	2	2	2	2	3	3	3	3
河南	1	2	1	1	2	2	2	2	2	2
湖北	2	2	2	2	2	2	2	3	2	3
湖南	1	2	2	2	2	2	2	2	2	2
广东	2	2	2	2	2	3	3	3	2	2
广西	1	1	1	2	2	1	2	2	2	2
海南	2	2	2	2	3	2	3	3	3	3
重庆	2	2	2	2	3	3	3	3	3	3
四川	1	2	1	2	2	2	2	2	2	2
贵州	1	1	1	2	2	2	2	2	2	2
云南	1	1	1	2	2	2	2	2	2	2
陕西	1	1	2	2	2	2	2	2	2	2
甘肃	1	1	1	1	1	2	2	2	2	2
青海	2	2	2	2	2	2	2	2	2	2
宁夏	1	1	1	1	1	1	2	2	2	2
新疆	1	1	1	1	1	1	1	1	1	2

附表 10　2006~2015 年中国 30 个省、区、市经济与生态环境的协调等级

地区＼年份	2006	2007	2008	2009	2010	2011	2012	2013	2014	2015
北京	3	3	3	3	3	3	3	3	3	3
天津	3	3	3	3	2	3	3	2	2	2
河北	1	1	2	2	2	2	2	1	2	2
山西	1	1	1	1	2	2	2	2	2	3
内蒙古	1	2	2	2	2	3	3	3	3	3
辽宁	1	1	2	2	2	2	2	3	2	3
吉林	2	2	2	3	3	3	3	3	3	3
黑龙江	2	2	2	2	3	3	3	3	3	3
上海	2	3	3	3	3	3	3	3	3	4
江苏	1	2	2	2	2	3	3	3	3	3
浙江	3	3	3	3	3	3	4	4	4	4
安徽	1	1	2	2	2	2	3	3	3	3
福建	3	3	3	3	3	4	4	4	4	4
江西	2	2	3	3	3	3	3	3	3	3
山东	1	2	2	2	2	2	3	2	2	3
河南	1	2	2	2	2	2	2	2	2	2
湖北	2	2	2	3	3	3	3	3	3	3
湖南	2	2	2	3	3	3	3	3	3	4
广东	2	2	3	3	3	3	3	3	3	4
广西	2	2	2	3	3	3	3	3	3	3
海南	2	2	3	3	3	3	3	3	3	4
重庆	2	3	3	3	3	4	3	4	3	4
四川	2	2	2	3	3	3	3	3	3	3
贵州	1	2	2	2	3	3	3	3	3	3
云南	1	2	2	3	3	3	3	3	3	3
陕西	1	2	2	2	2	2	3	2	2	2
甘肃	1	1	1	1	1	2	2	2	3	3
青海	2	2	2	2	2	2	3	2	2	3
宁夏	1	1	2	2	2	2	2	2	2	3
新疆	1	1	1	1	2	2	2	3	3	3

附表 11　2006~2015 年中国 30 个省、区、市经济与资源、生态环境的协调等级

地区＼年份	2006	2007	2008	2009	2010	2011	2012	2013	2014	2015
北京	3	3	4	3	4	4	4	4	4	4
天津	3	3	3	3	3	3	3	3	3	3
河北	1	2	2	2	2	2	2	2	2	2
山西	1	1	1	1	2	2	2	2	2	2
内蒙古	1	2	2	2	2	2	2	2	2	3
辽宁	1	2	2	2	2	2	2	3	2	2
吉林	2	2	2	2	2	3	3	3	3	3
黑龙江	2	2	2	2	2	3	3	3	3	3
上海	3	3	3	3	3	3	3	3	4	4
江苏	2	2	2	2	2	2	3	3	3	3
浙江	3	3	3	3	3	3	3	3	3	4
安徽	1	1	1	2	2	2	2	2	3	3
福建	3	3	3	3	3	3	3	3	3	4
江西	2	2	2	2	2	2	3	3	3	3
山东	2	2	2	2	2	2	3	3	2	3
河南	1	2	2	2	2	2	2	2	2	2
湖北	2	2	2	2	2	2	3	3	3	3
湖南	2	2	2	2	2	2	3	3	3	3
广东	2	2	2	2	3	3	3	3	3	3
广西	2	2	2	2	2	2	2	3	3	3
海南	2	3	3	3	3	3	3	3	3	3
重庆	2	3	3	3	3	3	3	4	3	4
四川	2	2	2	2	3	3	3	3	3	3
贵州	1	2	2	2	2	3	3	3	3	3
云南	1	2	2	2	2	3	3	3	3	3
陕西	1	2	2	2	2	2	2	2	2	2
甘肃	1	1	1	1	1	2	2	2	2	3
青海	2	2	2	2	2	2	3	2	3	2
宁夏	1	1	1	2	2	1	2	2	2	2
新疆	1	1	1	1	1	1	1	1	2	2

后　记

这本书是在我博士论文基础上进行修改完善的修订稿。2015 年，我幸运地成为中南财经政法大学统计学专业的一名博士生。从博士论文选题、结构安排到论文成稿，我的导师朱喜安教授都给予了悉心的指导，书稿凝结着朱老师的心血与睿智，学生谨向朱老师致以最诚挚的敬意和最衷心的感谢！统计学导师组也在博士论文开题、撰写和预答辩等过程中耐心指导并提出诸多宝贵意见，使我获益颇多。

需要说明的是，本书第三章（中国区域绿色发展水平测度）及第六章（中国绿色发展水平的影响因素研究）的部分内容已经发表于《经济经纬》2019 年第 1 期。

本书的出版得到河南省高等学校人文社会科学重点研究基地“河南教育统计研究中心”、河南财经政法大学统计与大数据学院刘定平教授的中原千人计划专项、安阳师范学院统计与数学学院王超老师的国家社会科学基金项目（19BTJ051）和河南省教育厅人文科学研究项目（2020-ZZJH-044）的资助，并且经济管理出版社在本书出版过程中也付出了很多努力，在此一并郑重致谢。

此外，还要感谢谷伟老师在我的博士求学之路上给予的帮助和鼓励；感谢郑瑞坤、钟绍军、韩爱华、朱贺等各位同窗好友对我论文写作的启发和帮助；感谢河南财经政法大学统计与大数据学院的领导和同事们对我的支持和帮助，为我顺利完成博士学业助力！最后特别感谢家人对我的大力支持和鼓励，使我能专心致志完成自己的学业！

美丽的腊梅花即将再次凌寒绽放，离开中南财经政法大学也有一年多的时光了，难忘南湖上落日的余晖、文波的钟楼和晓南湖畔的九孔桥，更难忘导师们的谆谆教诲，未来我将继续努力前行！

郝淑双

2019 年 12 月于河南财经政法大学龙子湖校区